U0541297

中国文明的历史
[七]

元朝的兴亡

[日]田村实造——编著　　许明德——翻译

民主与建设出版社
·北京·

本书执笔者

田村实造　绪言　成吉思汗的诞生与成长　迈向统一的道路　建国
　　　　　从游牧国家到世界帝国——在世界史上登场　对成吉思汗的评价
　　　　　继承者们　从蒙古帝国到大元帝国
　　　　　征服南宋　元军　经济与社会（世祖的经济政策）
　　　　　连接欧亚的新干线（东西方交通之路）
萩原淳平　经济与社会（身份制社会与蒙古至上主义）动乱与元朝的灭亡
　　　　　回到北方的蒙古人
惠谷俊之　由欧洲来的众人　连接欧亚的新干线（东西文化的交流）

执笔者介绍

萩原淳平　1920年出生于静冈县。1946年，毕业于京都大学文学部史学科（专攻东洋史）。后来在京都大学文学部担任副教授和教授。1984年退休，成为京都大学名誉教授。同年又在立正大学文学部出任教授，直至1991年退休。专攻明代蒙古史，著有《明代蒙古史研究》等。2000年逝世。

惠谷俊之　1933年生。广岛县人。1956年，毕业于京都大学文学部史学科（专攻东洋史）。后又在京都大学研究生院完成博士课程。1969年9月，于东海大学文学部史学科担任专职讲师期间离世。主要论文包括《答剌罕考》《关于海都之乱的考察》等。

目　录

绪　言 / 1
关于蒙古 / 1　　蒙古之名的起源 / 3　　蒙古帝国出现的意义 / 4

第一章　成吉思汗的诞生与成长 / 6
铁木真出生 / 6　　十二世纪的蒙古高原 / 8　　也速该死于非命 / 10
少年时代的铁木真 / 11　　九死一生 / 13　　迎娶孛儿帖 / 14
与王罕相会 / 15　　札木合的出现 / 16

第二章　迈向统一的道路 / 19
拥立成吉思汗 / 19　　十三翼之战 / 20　　歼灭塔塔儿部 / 21
与札木合的决战 / 22　　札木合的阴谋 / 25　　王罕的结局 / 26
天无二日 / 28　　畏兀儿文与印章 / 30　　枭雄札木合的末路 / 32

第三章　建　国 / 34
忽里勒台大会 / 34　　建　国 / 35　　成吉思汗的扎撒（大法令）/ 38
广义的扎撒 / 40　　狭义的扎撒 / 43

第四章　从游牧国家到世界帝国——在世界史上登场 / 47
征服森林部落 / 47　　西夏王国 / 48　　挑战金国 / 50　　围攻中部 / 52
金国内部的情况 / 53　　迁徙到河南的金人 / 54　　西州回鹘与喀喇契丹 / 55
花剌子模王国 / 57　　讹答剌城攻防战 / 60　　撒马尔罕 / 61
花剌子模国王的结局 / 62　　巴尔赫城的破坏 / 63　　渡过印度河的王子 / 65
成吉思汗回到东方 / 66　　分封诸皇子 / 67　　巨星陨落 / 70

第五章　对成吉思汗的评价 / 72

宽容与仁慈 / 72　赏罚分明 / 74　蒙古的骑士道 / 77
成吉思汗与女性 / 78

第六章　继承者们 / 81

继任的皇子 / 81　蒙古的忽里勒台大会 / 84　金国的灭亡 / 86
汉地的恩人 / 87　蒙古的间谍战 / 90　拔都远征欧洲 / 92
钦察汗国 / 94　条条大道通哈拉和林 / 95　驿传的制度 / 97
守成之功 / 100　哈拉和林 / 102　后来的花剌子模王国 / 104
党派之争——窝阔台派与拖雷派 / 105　蒙哥汗的政治 / 107
伊尔汗国 / 109　宪宗蒙哥汗之死 / 110

第七章　从蒙古帝国到大元帝国 / 113

游牧制与农耕制的对立 / 113　阿里不哥 / 115　两个忽里勒台大会 / 117
由游牧国家到征服王朝 / 119　元朝的建立 / 120　汉人军阀与州县制 / 124
蒙古草原西北的风云 / 128　海都何时叛乱 / 131　两雄的生死决战 / 132

第八章　征服南宋 / 135

元朝与南宋两国背后的考虑 / 135　襄阳攻防战 / 137　最后的悲剧 / 139
文天祥与正气歌 / 144

第九章　元　军 / 146

文永之役 / 146

黄金的吸引力 / 146　元军 / 149　蒙古的国书 / 150
元使来访 / 152
国难来临 / 155　征东军的入侵 / 157　元军登陆 / 159
元军的战术与武器 / 160

弘安之役 / 163

斩杀元使 / 163　幕府的应战准备 / 164　元军再次出征的策略 / 164
东路军 / 166　江南军 / 168　神　风 / 169　为什么元军会战败呢 / 171

世祖的执着 / 173

第十章　经济与社会 / 177

世祖的经济政策 / 177

军事费用 / 177　给予蒙古诸王经济援助 / 179　税　制 / 181
专卖制 / 184　海外贸易 / 185　通货政策 / 187　世祖与财政家们 / 193
卢世荣与桑哥 / 195

身份制社会与蒙古至上主义 / 198

身份制社会 / 198　蒙古人 / 199　色目人 / 201　汉人的士人阶层 / 204
胥吏的本质 / 207　奴　婢 / 210　蒙古至上主义 / 212
二元对立 / 215

第十一章　由欧洲来的众人 / 217

两位传教士 / 217

十字军及其性质 / 217　十字军带来的影响 / 220　华使卡尔平尼 / 221
踏上草原之路 / 223　贵由汗的回信 / 224　鲁布鲁克的使命 / 226
草原之都 / 228

大旅行家马可·波罗 / 230

威尼斯的宝石商 / 230　波罗兄弟到访中国 / 233　再次往东方进发 / 234
大都汗八里城 / 237　大都的警备 / 237　大汗的宫殿 / 240
马可·波罗眼中的中国 / 243　《东方见闻录》/ 246

第十二章　连接欧亚的新干线 / 248

东西方交通之路 / 248

陆路与海路 / 248　草原之路 / 249　丝绸之路 / 252　海　路 / 256

东西文化的交流 / 258

基督教与伊斯兰教 / 258　天文学与火炮术 / 260　印刷术与指南针 / 262

绘画与陶瓷器 / 263　八思巴文 / 264

第十三章　动乱与元朝的灭亡 / 266

最后的君主 / 266　争夺继承权 / 268　权臣伯颜 / 270
脱脱的时代 / 272　藏传佛教 / 273　农民起义 / 275
韩山童与日本 / 277　红巾军 / 279　蒙古军的内部矛盾 / 281
盐　徒 / 283　张士诚 / 284　方国珍 / 286　放弃大都 / 288

第十四章　回到北方的蒙古人 / 291

民族大迁徙 / 291　北元的问题 / 293　纳哈出的去留 / 295
北元的去向 / 297　鞑靼与瓦剌 / 299　奇妙的三角关系 / 301
永乐帝亲征的真相 / 302　兀良哈三卫 / 304　也先汗 / 305

相关年表 / 309

解　说 / 315

出版后记 / 329

绪　言

关于蒙古

　　万里长城像一条巨龙一样在中国北部绵延不断。在长城以外，广阔的蒙古高原一直伸展到遥远的西伯利亚。蒙古高原东抵大兴安岭，大兴安岭纵跨南北，将蒙古高原与东北地区分隔开来。另外，在蒙古高原的西方则有阿尔泰山脉，蒙古高原越过阿尔泰山脉一直延伸到新疆的准噶尔盆地。蒙古高原幅员辽阔，它不仅是蒙古人的居所，也曾是蒙古帝国的根据地。蒙古高原平均海拔1580米，除了从高原的中央到东部横亘着戈壁沙漠，大部分都是草原，因此形成了天然的大牧场，自古以来由游牧民族占据。直到现在，这些游牧民族仍是如此，他们在这里饲养着羊、马、牛、骆驼等家畜，依靠它们的肉、毛皮和乳制品为生，有时他们也会拿这些物产与中原的农民交换大米、小麦、纺织物和日用品，借此营生。

蒙古高原以戈壁沙漠为界，历史上曾习惯称其北为漠北，其南为漠南。但到了十七世纪，清朝又习惯将漠北称为外蒙古，漠南称为内蒙古。至今日（1967年），外蒙古除了作为独立国的蒙古人民共和国，还包括隶属苏联的布里亚特共和国和图瓦自治州[1]。至于内蒙古，则大部分以内蒙古自治区的形式成了中华人民共和国的一部分，此外，原来内蒙古的西北地区并入了新疆维吾尔自治区之中，同样也隶属于中华人民共和国。内蒙古自治区之中又包含了东部蒙古（即热河、察哈尔、绥远、鄂尔多斯等地）和西套蒙古（包括贺兰山、额济纳、青海等地）两部分。[2]

蒙古高原如上所述是高原地带。此外，由于它同时位处内陆干燥地带，因此温差很大，环境十分严峻。夏天最高可达三十四五摄氏度，而到了冬天，气温却常常降至零下四十摄氏度左右。一日之中，天气状况也经常急剧变化。十三世纪蒙古帝国建立时，他们大概也面对相似的气候环境。这一点也可从卡尔平尼（Plano Carpini，?—1252年，方济各会修士）和鲁布鲁克（William de Rubruk，1215—1270年，方济各会修士）等旅行者的记述中体现出来，他们在十三世纪时由欧洲出发到达蒙古。在他们的著作中，可看到以下记载：

> 从二月开始到第二年五月为止，冰雪都没有融化。甚至到了五月，天气有时也非常寒冷。人畜因严寒而死，

---

[1] 现在的俄罗斯联邦图瓦共和国。——编注
[2] 本书成书年代较早，所述行政区划与今不同。——编注

蒙古高原上放牧牛羊

也是屡见不鲜的事。到了夏天,有时会有雷雨,甚至会有下雪的情况。

成吉思汗在如此恶劣的条件之下崛起,统一蒙古,并建立了横跨欧洲与亚洲的帝国,成就空前绝后。因此我们可以说,这个民族有着令人震惊的力量。

蒙古之名的起源

"蒙古利亚"一名意谓蒙古人居住的地方。虽然这是到了近代欧洲人才开始使用的称谓,但"蒙古"这名字却源远流长。中国唐代的史料(如《旧唐书》和《新唐书》)中就把亚洲北部的一个部族称为蒙兀、蒙瓦。另外,十到十二世纪期间的中国史书中出现了萌古子、盲骨子、蒙国斯、蒙古里等名字。这大概都可以视为蒙古或其复数[①]的音译。因此,中国人到了唐代,最迟到了八九世纪时,便应该已经知道了"蒙古"这个称号。

但是,蒙古族在那个时候不过是亚洲北部微不足道的小部族而已。至于今天,我们用蒙古来指称北亚的大部分地区,这是十三世纪成吉思汗建立大蒙古帝国以后的事。学者对于"蒙古"一名的含义,至今为止提出了各种说法。虽然诸家所论莫衷一是,但其中大概以蒙古语中指"银"的说法最为可靠。

蒙古帝国出现的意义

踏入十三世纪之初,成吉思汗把蒙古高原的多个游牧部族统合起来,建立了蒙古帝国。就像接下来我们将会论述的那样,蒙古帝国的建立在各个层面都有深远的历史意义。

(一)九世纪中叶,回鹘(Uighur〔回纥〕,从八世纪中叶到九世纪中叶活跃于蒙古高原的突厥系民族)王国解体。此后长达四百年的时间,蒙古高原各部族形成割据,维持分裂,而蒙古帝国为蒙古高原带来了统一。

(二)从蒙古帝国建国到今天,蒙古高原一直都是蒙古族居住的地方。

[①] 蒙古,按清代满语读为 monggo,其复数形式作 monggoso。——编注

（三）蒙古帝国从蒙古高原开始进一步扩张版图，最后成为庞大的帝国，疆域覆盖东亚、中亚、俄罗斯南部，以至西亚等地。因此，当蒙古征服南宋并成立元朝时，连接东亚、蒙古高原、西亚、欧洲的世界交通也就应运而生，东西文化交流也就变得更加兴盛。

（四）有关蒙古帝国与日本的关系，一般人会用所谓"元寇"①的说法来指称文永和弘安两场战役。这给予人双方关系极坏的印象，但事实上这只是一时的现象而已。在这两场战役的前后一百年间，日本与元朝的贸易非常发达。通过不少来元留学的日本僧侣，元代的文化也得以广泛地传入日本。一般来说，似乎还没有太多人注意到两国交流的密切。

---

① 这是日本人的说法，日本人称"元寇"或"蒙古袭来"。——编注

第一章　成吉思汗的诞生与成长

铁木真出生

蒙古帝国的开国始祖是成吉思汗，铁木真是成吉思汗的本名。有关其由来，可以参考下面的论述。

有蒙古的《古事记》之称的《元朝秘史》（别名《蒙古秘史》）是以成吉思汗为主角的历史故事书，它记载了蒙古族口耳相传的有关成吉思汗的故事。其中内容以蒙古族始祖的故事开始，以太宗窝阔台汗即位作结。这本书大概在1240年前后以古畏兀儿文字（？）书写而成，共有正集十卷和续集二卷，原书名是《蒙古

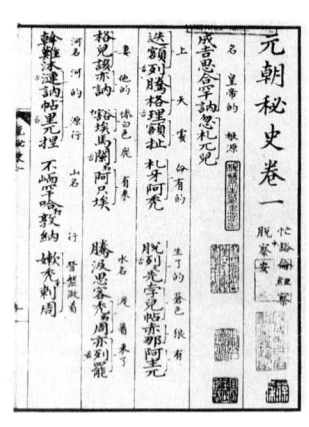

《元朝秘史》（四部丛刊本），大字是用汉字拼写的蒙古语

的秘密历史》(Mongghol-un nighucha tobchaghan)。日本有那珂通世博士的著名译注《成吉思汗实录》,而以下引用的《蒙古秘史》的文句,即笔者将《成吉思汗实录》翻译而成的现代文,后面引用时不再赘述。① 根据《蒙古秘史》,到了大约十二世纪前半期,合不勒汗支配了全蒙古各个部族,而这位合不勒汗的孙儿也速该·把阿秃儿成为蒙古草原上一个勇悍果敢的部族首领,他的刚毅举世无双,因此众人都称他为勇士。

蒙古部一直与同族的塔塔儿部(Tartar,十二到十三世纪之间以呼伦贝尔草原为中心形成的一大势力)是宿敌。勇士也速该击败了塔塔儿部,并捕获了一个名叫铁木真兀格的部族首领。当他胜利归来,把大量战利品运回斡难河上游的帐幕时,他的爱妻诃额仑恰好生下了一个男婴。由于蒙古自古以来的习惯是为新生儿取与重大事件相关的名字,因此,也速该把他的儿子命名为铁木真。

铁木真出生之际,右手拳头之中紧握着红色的血块。萨满(占卜师)看到这个情境,便预言这个婴儿将会成为无人能敌的武将。这个预言果然应验了,这个名为铁木真的小孩将成为世界史上最强的支配者成吉思汗。

话虽如此,少年时代铁木真的命运却并不像预言般顺心称意。实际上,他当时的生活是相当艰苦的。

铁木真出生的年份并无定说,有人认为他出生于公元1161年或1162年,也有人提出他出生于1155年。同样,我

---

① 《蒙古秘史》有余大钧的中译本(河北人民出版社,2001年),下文引用时一概参考了这个版本的译文。——译注

们对不少英雄诞生的详情其实都不太了解，譬如丰臣秀吉，其生年就不必说了，就连他还是日吉丸时发生的事情也已被当时的传说隐藏起来了。即便如此，我们说铁木真是在十二世纪中晚期出生的，也应该不会有任何疑问。接下来，我们将会说明这个时代蒙古高原各个游牧民部族的形势，然后再叙述成吉思汗的诞生和崛起。

十二世纪的蒙古高原

现在让我们先把舞台转到十二世纪铁木真出生时的蒙古高原。这个时候蒙古高原上有蒙古系和突厥系的部族，他们大多都过着游牧的生活，并没有形成统一的凝聚势力，正互相争逐资源，试图割据一方。当时，由东北崛起的女真族建立了金国（1115—1234年），他们支配了淮水以北的中国北方和东北方等地。蒙古高原上的诸游牧部族，或多或少都受到了金国的影响。

纵观蒙古高原上游牧部族的结构，各个部族都由数个有密切关系的氏族组成。另外，他们还出于军事和政治上的原因组成了部落同盟。他们把这种部族同盟的指导者称为"汗"或"可汗"，有时也会以汉语中"王"的音译来做称呼。部族长老和家势显赫的贵族为了显示自己的身份，常会使用"拔都儿"（即英雄、勇士）、"薛禅"或"毗伽"（均指贤者）、"太子"（来自汉语）、"那颜"（官人）、"特勤"（突厥语中王族之意）等称号。这些人身边围绕着众多平民以及充当奴隶的仆从。

在这些部族同盟之中，最有势力的莫过于以下三个：（1）在蒙古高原东方的呼伦湖、贝尔湖附近形成游牧圈的塔塔儿部；（2）在蒙古高原中部的鄂尔浑河和土拉河流域游牧的克烈部；（3）占据了高原西方阿尔泰山脉地区的突厥系乃蛮部。许多不属于这三大部族联盟的弱小部族散布在蒙古高原的各个角落，而蒙古部正是其中一个小部族。不过，踏入十二世纪，蒙古部里的合不勒成了部族首领，势力突飞猛进。后来，合不勒得到了"汗"的称号，蒙古部落联盟也已具备了足以攻击金国的实力。

对于大金帝国来说，他们不得不在这只幼狼完全长大成一头强大的灰狼以前，及早着手处置。为了达到目的，金人使用了狡猾的手段让各部族自相残杀。当时，俺巴孩继承了合不勒汗，成为蒙古部落联盟的大汗。金国唆使以往顺从自己的塔塔儿部设计加害俺巴孩汗，并把他杀死。

根据《蒙古秘史》，俺巴孩汗死前对蒙古的部民留下了这

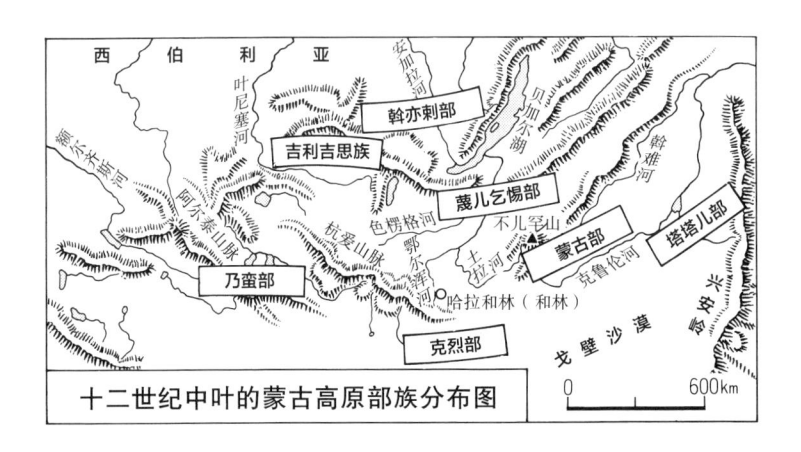

十二世纪中叶的蒙古高原部族分布图

样的遗言：

> 哪怕你们的五个指头的指甲全部秃尽了，十个指头全部磨尽了，也要试着为我报仇！

蒙古部和塔塔儿部以后就成了同族的宿敌。由于俺巴孩汗之死实在让人措手不及，蒙古部骤然失去了他们信赖的领袖，他们迈向统一的趋势也就被无情地破坏了。

铁木真的父亲也速该·把阿秃儿正是合不勒汗之孙。虽然也速该摆脱了俺巴孩汗去世的阴影，继续发展势力，但在上述这样的情况之下，他不得不率领全族与宿敌塔塔儿部频频交战。恰好在他也不知道第几次战胜敌人、胜利而归的时候，铁木真诞生了。

也速该死于非命

铁木真九岁的时候，也速该便为自己的儿子出外寻找结婚的对象。亚洲北部的游牧民一般都会遵守族外婚的风俗习惯，蒙古部民也不例外。根据族外婚的原则，他们必须与特定的氏族同伴缔结婚姻关系。弘吉剌部（Ongirat，蒙古系的一个部族，在兴安岭的西北山麓游牧。他们与塔塔儿部相邻，从十二至十三世纪开始，他们成为蒙古草原东部的一大势力）是其中一个与也速该的氏族有通婚关系的部族。因此，也速该从弘吉剌部中挑选了一个名叫孛儿帖的女子，作为儿子铁木真的夫人。孛儿帖比铁木真年长一岁，是一位贤淑的女子。而按照传统习俗，铁木真要住在孛儿帖的家里劳作。

也速该为儿子挑选了结婚对象，便安心踏上了回家的路。这时意想不到的灾难却降临到他的头上。也速该在归途中，遇上了一群塔塔儿部民在饮酒狂欢。他在那些部民的邀请下，接受他们的招待参加酒宴。在此前反复的战争中，塔塔儿的部民对于也速该这个勇士已非常熟悉，尤其是他在最近一战中，捕获了包括部族首领铁木真兀格在内的两个塔塔儿人。这件事让塔塔儿的部民对他异常怨恨，因此他们秘密把毒药混入也速该的食物之中，劝他进食。不久，也速该回到家后，就毒发身亡了。

少年时代的铁木真

随着也速该死去，铁木真一家瞬间没落了。铁木真与他的母亲和弟弟也就开始了艰苦的生活，困乏与不幸一下子袭来了。

泰赤乌部与也速该同族①，他们此前一直站在也速该一方，与也速该合作，这时却舍弃了铁木真一家，开始迁移到其他地方居住。许多部民都跟随着泰赤乌部离开。尽管也速该的妻子诃额仑是个聪明而坚毅的人，但作为一个带着幼儿的寡妇，她也无法做些什么。诃额仑与也速该的遗孤被众人弃之不顾，被

---

① 俺巴孩汗是成吉思汗曾祖父合不勒汗的堂兄弟和继承者，即属于泰赤乌部。俺巴孩汗死后，权力又落回合不勒汗直系子孙手中。本书中出现的蒙古部，极狭义上指的只是合不勒汗一系，若在广义上，泰赤乌部也属于蒙古部。而这些草原上大大小小的部落后来统一形成了蒙古族。——编注

丢弃到最艰难的绝境之中。草原上的生活是残酷的,可以说,几乎没有任何家族能在被部族抛弃的情况下生存下去。即使是要放牧少量的家畜,他们也没有条件可以做到。尽管如此,据《蒙古秘史》的记载,诃额仑仍"紧系其固姑冠,以腰带紧束其衣",前往斡难河畔,采拾山梨、山樱等树上的野果,又掘取野葱和野韭菜之根,以供养整个家庭。铁木真也在斡难河边捕鱼,并到草原上捕捉野鼠,从而帮助母亲。

诃额仑并不仅仅在糊口,她完全没有丢失草原上游牧贵族的骄傲,而是费尽心力养育着自己的孩子。她每晚都会给年幼的孩子讲述孛儿只斤氏的传说,以及他们祖先英勇的事迹。

铁木真和他的弟弟们转眼就长大了。铁木真身材高大,目光也变得像能把人射穿一般锐利无比。他得到上天的眷顾,有着天赋的才能。特别是,他基于正义而生的权力欲、贯穿其一生的旺盛的征服欲,从少年时代起就是常人的一倍。以下就是一个例子。

有一次,铁木真和他的弟弟合撒儿钓了一条鱼,那条鱼却被他们同父异母的弟弟别克帖儿和别勒古台夺去了。他们向母亲投诉,母亲却因他们兄弟相争而责备他们。她说:"除影子外再也没有朋友,除尾巴外再也没有鞭子。"

铁木真一家没有依靠,只能通过兄弟同心协力才能把泰赤乌部打倒,夺回那些只顾自身利益的部民。诃额仑认为这才是最迫切的事情,但铁木真对于母亲的忠告却充耳不闻,最终用箭把别克帖儿射杀了。

铁木真面对猎物分配不均的情况,就连自己的弟弟也不会包容或宽恕。这种态度可说是他人生的信条。正是这种正义感为他带来了权力，也使他日后所得的汗位更加稳固。

九死一生

兄弟相残以后，铁木真一家马上迎来了最险恶的危机。这就是泰赤乌部的袭击。

"小鸟的羽毛逐渐丰满，羊羔儿长大了！"《蒙古秘史》记述了这样的话，说明了泰赤乌部对于铁木真成长为一个优秀的人物还是心存畏惧的。因此，他们对铁木真一家发动了奇袭，打算借此把铁木真抓走。这引发了激烈的斗争，泰赤乌部紧紧盯着铁木真穷追不舍，而铁木真则逃到山林之中。

泰赤乌部紧随其后，却在密林深处跟丢了铁木真的行踪。于是，他们把森林的出口都包围起来。铁木真在树林里过了数日，其间他有两次打算逃出去，但每次都有些不可思议的事情发生，他认为这是上天的保佑，于是放弃了逃出去的念头。但在第九天食物耗尽也没法取胜的情况之下，他最终走出树林，束手就擒。但是，正是这个时候，借助锁儿罕·失剌的才智，铁木真终于在险境中找到了生机。

泰赤乌部在抓住铁木真以后，对他严加看守。但有一次，他们在月圆之夜举行酒宴，放松了对铁木真的戒备。铁木真趁着这个偶然出现的机会，把监视他的年轻人击倒，逃到斡难河的岸边。他走到水中，只把头伸出来，这却被锁儿罕·失剌发现了。锁儿罕·失剌故意装出没有看见铁木真的样子，但手上戴着木枷的铁木真终究不可能走远，于是他费尽力气走到锁儿罕·失剌的家,再次寻求锁儿罕·失剌的帮助。锁儿罕·失剌犹豫不决,但他的孩子却鼓起勇气,把铁木真的木枷解下来。他们让铁木真伏在马车之中,又在上面铺上羊毛。第二天早上,泰赤乌部派人逐一搜索部族内的每个帐篷,来到了锁儿罕·失剌的家。正当他们要翻开铁木真所匿藏的马车上的羊毛时,锁儿罕·失剌说:"这么热的天气,在羊毛里怎么受得了!"锁儿罕·失剌让那些人离去了,而铁木真也就从凶悍的敌人手中逃了出来,回到家中。

蒙古帝国的大汗铁木真曾在他的少年时代经历了充满苦难和危险的生活。度过这样的危机,他更相信自己拥有强大的生命力,更相信上天特别眷顾自己。而这种自信以及他对上天的信仰,促使他在面对逆境之际也能有坚毅果断的态度,驱使他以坚定不移的信念处世行事。

迎娶孛儿帖

铁木真终于成年了,他对于保卫自己与家族有了更大的自信心。正是这个时候,他决定要到父亲在自己的少年时代为自己去缔结婚约的弘吉剌部,把孛儿帖迎娶过来。

他与弟弟别勒古台一起,向着弘吉剌部出发了。孛儿帖的父亲一看到长大了的铁木真就非常高兴,于是便按照昔日的婚约把女儿许配给铁木真。他又把黑貂裘送给铁木真,作为送给这个女婿的礼物。这是铁木真从未见过的贵重物品。如今,铁木真总算成为草原上有着光辉历史的家族的首领。除了贤淑的妻子、勇猛的弟弟，他还有了不可多得的能干而忠实的部下。他身上也渐渐散发出草原贵族的威严。他胸中所怀，乃是昔日听到的祖先合不勒汗和俺巴孩汗的辉煌的梦想，也就是要把全蒙古统一起来。

但是，这个辉煌的梦想很快也就受挫了。有一天，铁木真一家在斡难河畔被勇悍的沙漠部族蔑儿乞惕部（Merkid）的一队士兵急袭，铁木真最心爱的妻子孛儿帖也被他们掳走了。此前铁木真的矛头一直指向宿敌泰赤乌部，然而他现在首先要考虑的，却是如何挑战蔑儿乞惕部，把妻子孛儿帖抢回来。

单凭铁木真一家的力量，怎么都不可能跟蔑儿乞惕部抗衡。蒙古部民大半都在泰赤乌部的掌握之中，铁木真不过是被蒙古部遗弃的一匹狼。以一己之力反过来与蔑儿乞惕部开战，到底是不现实的想法。无论如何，铁木真都不得不从蒙古部以外找寻有势力的人的帮助。这时，浮现在铁木真脑海里的就是克烈部首领王罕。

与王罕相会

克烈部是蒙古高原中部最有势力的一个部族，他们游牧于鄂尔浑河与土拉河流域。他们的首领王罕当初曾与铁木真的父亲也速该·把阿秃儿结为安答（盟友）。

克烈部原本就与西部地区的民族有所交流，又跟支配中国西北部的党项族所建的西夏国（1038—1227年。党项族在中国西北部所建立的国家，由李元昊创立，国号为大夏）互通消息。他们的势力比塔塔儿部和泰赤乌部等都要更强，文明开化程度也远远超越了其他部族。但是，王罕的人品和器量实在都不适合成为这个大部族的首领。也速该作为这样的人的盟友，他在明里暗里都替王罕解决了不少麻烦。

于是，铁木真带着两个弟弟，一起去见亡父的盟友王罕。他们把从孛儿帖那边拿到的貂裘呈献给王罕，请求他的帮助。那时，王罕正驻扎在土拉河河畔，他很高兴地迎接了自己旧友的遗孤，立即答应铁木真会成为他的后援。

铁木真相信自己依靠王罕的后援，可以获得百万人的支持。同时，他还找到了另一个强大的盟友，即札木合。

札木合的出现

札木合（Jamuqa，？—1205年，蒙古札达兰部的首领）也是出身名门的草原贵族，他以卓越的才智成为蒙古族中一个势力强大的部族首领。他与铁木真的祖先有同宗的关系，两人自幼就认识对方，后来也互相交换约誓，结为安答。

也速该死后，铁木真一家随即没落。因此，铁木真也就不知不觉与从属于泰赤乌部的札木合变得疏远起来。但现在，通过王罕穿针引线，铁木真与札木合重拾昔日的友谊，变成关系密切的盟友。许多以往跟随也速该的部下，后来都加入札木合的军队之中。因此，铁木真和札木合二人可谓一拍即合。

这样一来，铁木真得到了亡父的盟友克烈部首领王罕的帮助，也得到了自己的盟友札木合的支持。他发动了对蔑儿乞惕部的复仇战，大获全胜，从蔑儿乞惕部手中夺回了孛儿帖。孛儿帖在被俘的这段时间里，曾经与蔑儿乞惕部的力士赤勒格儿·孛阔（孛阔乃取相扑者之意）同住在一起。这为长子术赤的出生蒙上了阴影。至于游牧民族的复仇战，到底进行得如何彻底呢？《蒙古秘史》中就有一段非常生动的描写，其文如下：

> 那些曾追赶铁木真的三百蔑儿乞惕人，连同其子子孙孙，全都被扬灰般地灭绝。剩余的妇女、儿童，凡可搂抱的，就都搂抱了，凡可以叫进家门里役使的，就收留入家门。

根据上面的描述，游牧民族的战斗中，所有部族族人都会参与战争，也就是全面开战的意思。因此，假如有一方在战争中败下阵来，战败的士兵会被全部杀掉，至于他们家人和所有的财产则会被胜利者抢夺过来，女子会成为妻妾或下婢，孩子则会沦为奴隶。

虽然蔑儿乞惕部这次遇到重大的打击，但《蒙古秘史》中有"三百蔑儿乞惕人"的说法，也就是说，铁木真所击杀的不过是蔑儿乞惕部中的一部分人而已。真正歼灭蔑儿乞惕部，是发生在1204年铁木真平定乃蛮王国以后的事。这一点将会在下一章"迈向统一的道路"中再说明。

与其说这次对战蔑儿乞惕部能取得如此可观的胜利，是由于王罕与盟友札木合提供了强大的援助，倒不如说，通过这次胜利，铁木真卓越的军事才能在蒙古部民之中获得了极高的评价。而且，他宽厚的人品所散发出来的魅力，也使他逐渐赢得蒙古部民的尊敬。围绕他集结起来的军团，也渐渐壮大起来。铁木真这时已不再是草原上的一匹狼了，那些转投到札木合帐下的也速该的旧部下，这时亦开始对铁木真首肯心折。

在这次战争以后，铁木真与札木合约有一年半左右的时间住在相同的营地，一起行动，互相照应。但此后，札木合离开了铁木真。其中原因大概是札木合对铁木真心存猜忌，他恐怕自己的部下会转而跟随铁木真。

第二章　迈向统一的道路

拥立成吉思汗

铁木真与札木合分道扬镳，这不仅仅是两个人的问题。本来从属两人的各个氏族和草原战士也各自按照自己的意愿，或投奔铁木真，或追随札木合。那些踊跃加入铁木真一派的人中，有铁木真的伯父或者其他合不勒汗的子孙，还有速客虔和札剌亦儿等氏族。他们，也就是蒙古部，是上天挑选出来的氏族。这时候还没有像合不勒一般把全蒙古族统一起来的大汗，他们不得不尽早找出一个能够统一蒙古族的英雄，把他拥立为大汗。他们相信这个英雄就是铁木真。因此，蒙古部部众便立下了以下的盟誓，把铁木真推举为大汗，给予他成吉思汗的称号。这是己酉年（1189年）的事。

《蒙古秘史》里有下面的记载：

阿勒坛、忽察儿、薛扯·别乞共同商议好，对铁木真说："我们立你做汗！铁木真你做了汗啊，众敌在前，我们愿做先锋冲上去，把美貌的姑娘、贵妇，把宫帐、帐房，拿来给你！我们要把异邦百姓的美丽贵妇和美女，把臀节好的骟马，掳掠来给你！围猎狡兽时，我们愿为先驱前去围赶，把旷野的野兽，围赶得肚皮挨着肚皮，把山崖上的野兽，围赶得大腿挨着大腿！作战时，如果违背你的号令，可离散我们的妻妾，没收我们的家产，把我们的头颅抛在地上而去！太平时日，如果破坏了你的决议，可没收我们的奴仆，夺去我们的妻妾、子女，把我们抛弃在无人烟的地方！

从这段文字中，我们可窥见蒙古草原的贵族与战士同他们的大汗的个人关系以及臣对君的服从关系。这就是蒙古草原上游牧民族的封建制度。

十三翼之战

铁木真获得了成吉思汗的称号以后，泰赤乌部、札木合集团、成吉思汗集团割据一方，蒙古部也就形成了三足鼎立的局面。泰赤乌部固然已是成吉思汗的宿敌，而此时此刻成吉思汗与札木合也形成了敌对关系，二人有着尖锐的矛盾。后来，只是一点轻微的冲突，就引发了成吉思汗与札木合双方激烈的战争。

事情的起源是札木合的弟弟把成吉思汗的马群劫走了。

当札木合的弟弟把马群带回去时,他却被成吉思汗一方的人给射杀了。札木合获知自己的弟弟被杀,于是动员了三万人(?),并把士兵分为十三翼(队),前去攻打成吉思汗。成吉思汗立即做出响应,同样也以十三支部队迎击。两个军团恶斗连场,最终成吉思汗败下阵来,往斡难河方向撤退。

这场战争史称十三翼之战,是成吉思汗一生之中最激烈、最危险的战役。由于札木合这时以凶残的方法处置自己的俘虏,他麾下的数个氏族都畏惧他凶狠的性格,反而投奔到战败的成吉思汗的幕下。从札木合的角度看,他虽然在这场战役中得胜,但结果却大大丧失了民心。反过来说,成吉思汗虽然因这次败北而受挫,但却意外地得到了好机会。

歼灭塔塔儿部

大金帝国当时统治着蒙古草原的东部,他们为了遏制蒙古部崛起,利用了塔塔儿部。此前俺巴孩汗被塔塔儿部掳走,又被送交金国,便是由金国指使的。金国把俺巴孩汗杀掉,把蒙古部统一全族的苗头连根拔起,但如今塔塔儿部已变得更强大了,他们不会再任由金国控制。

因此,金国把塔塔儿部当成了敌人。他们笼络了克烈部的王罕,打算从东西两路出兵夹击塔塔儿部。金国派丞相王京(完颜襄)担任远征军司令官,领兵北上,攻打塔塔儿部的主力。

塔塔儿部是成吉思汗先祖的仇敌,成吉思汗也一直希望可以击倒他们。他怎可能放过这样的好机会呢?虽然成吉思汗还未完全从十三翼之战的创伤中恢复过来，但他立即重整旗鼓，派兵与王罕会合，一同前往征伐塔塔儿部。联合军从西北方攻击塔塔儿部，在那里把塔塔儿人击溃了。后来，成吉思汗和王罕就分取了塔塔儿部的部民。但是，这个时候溃灭的只是塔塔儿部其中一个部族。真正把塔塔儿部所有部族歼灭是数年以后，也就是1202年发生的事。

尽管塔塔儿部作为部族全灭以后就丧失了独立性，但塔塔儿人本身还是可以以蒙古族的身份从军，参与南征北战。拔都率领蒙古军入侵欧洲时，很多塔塔儿人也参与了这场远征。由于他们奋不顾身地作战，欧洲人一般把蒙古军称为塔塔儿军，对他们不寒而栗。直到近代为止，有部分欧洲人还是会把满族人和蒙古人通称为塔塔儿人。另外，有些欧洲人把东北平原、蒙古草原，有时甚至把蒙古草原以北的部分地区称呼为鞑靼利亚（塔塔儿人居住的地方）。这些现象都可从上述的一段历史中得到解释。

金军的司令官王京丞相听到塔塔儿败北的消息后非常高兴，于是便把金国的封号赐给成吉思汗和王罕，以褒扬他们的军功。特别是王罕，由于他从金国皇帝处得到"王"的称号，因此他很喜欢自称"王罕"，以此在部族内炫耀自己的成就。这就是克烈部首领王罕其名的由来。

与札木合的决战

成吉思汗给塔塔儿部迎头痛击，又从金国那面得到封赏，正是意气风发的时候。为了报十三翼之战的仇，他邀王罕一同出兵攻打驻扎在克鲁伦河河畔的札木合军团。这时札木合刚刚获得蒙古十一个部族的拥戴，成为古儿汗（大汗）。札木合也是个有识之士，他很早就察觉到形势变化，于是他与泰赤乌部联手，一同迎接成吉思汗的挑战。两军在阔亦田一地对阵。成吉思汗在这次战役中取得优势，札木合的军队只得往较远的额尔古纳河（即克鲁伦河的下游）退却。于是，王罕带兵追击札木合，成吉思汗则负责追击泰赤乌部。

这次成吉思汗把泰赤乌部一族连同他们的子子孙孙像清扫灰尘一般全部歼灭了。成吉思汗的父亲死后，泰赤乌部不但把蒙古部部民抢去，还抛弃了成吉思汗母子，此后更曾经想夺去成吉思汗的性命。到了这时候，成吉思汗终于成功地向泰赤乌部报仇雪恨，把累积下来的愤怨完完全全发泄了出来。

在成吉思汗的一生中，这次会战也是异常激烈的。他自己被毒箭射伤，几乎丧失了性命。《蒙古秘史》就记录了有关这场战争的两三件事：

> 成吉思汗在那次厮杀中，颈脉受伤，流血不止。当时，者勒篾不停地用嘴吸吮成吉思汗颈部的淤血。他坐守在成吉思汗身旁，一直到半夜。者勒篾只穿着内裤，跑进对峙的敌营里，找到一大桶奶酪，就把这桶奶酪带了回来。成吉思汗喝了调水的奶酪以后，就恢复了元气。
>
> 成吉思汗很感激者勒篾的忠勇，于是他降旨道："以前蔑儿乞惕人袭来时，你曾救过我一次性命。现在你用嘴吸吮淤血，又救了我的性命。我干渴烦躁，你不顾一

切地舍命闯入敌营，取来奶酪，调水供我饮用，又救了我的性命。你这三次救命之恩，我将牢记在心中。"

从此以后，者勒篾便成为成吉思汗忠心耿耿的四大将军之一。

提到勇将，还有同属四大将军的哲别。虽然他是这时向成吉思汗投降的其中一个泰赤乌部人，但他在降服之际却没有失去身为武将应有的刚毅的态度。这一点也可从《蒙古秘史》中找到生动的描写：

成吉思汗说："在阔亦田地方对阵作战时，从山岭上射来一支箭，射断了我的战马白嘴黄马的颈脊的人是谁？"

哲别听了说："从山上射箭的人是我。现在大汗若赐我死，只不过溅污了一掌之地。但若蒙大汗恩赦，我愿在大汗面前，去横断深水，冲碎明石，到指派的地方去冲碎青石，到奉命进攻的地方去冲碎黑石。"

成吉思汗说："凡是与人敌对，对于自己所杀和所敌对的事，就要隐身、讳言。这个人却把所杀和所敌对的事，不加隐讳地告诉我。这是个可做友伴的人。"

成吉思汗把泰赤乌部的哲别纳为家臣，由此可以看出成吉思汗宽容的性格。

成吉思汗就这样歼灭了宿敌泰赤乌部，击倒了札木合的军团，往统一全蒙古的路迈出了一步。但在他的面前，还有妨碍着他的其他强敌。其中，王罕的克烈部，以及占据西方阿尔泰山麓一带的乃蛮部，都是非常强大的对手。

札木合的阴谋

面对成吉思汗势力突然兴起，即使是经常为他提供强大后援的王罕，也开始感到不安。而狡猾的札木合看穿了心思动摇的王罕。因此，札木合便向王罕那个不太聪明的儿子桑昆进谗言说：

> 我的安答铁木真与乃蛮部塔阳汗有约定，也派有使者。他口头上与王罕称为父子，心里却另有图谋。如果不先下手，你们会怎么样？如果你们去攻打铁木真，我就从横里一同杀入。

札木合尝试以此煽动他们对成吉思汗的敌意。虽然王罕听到这些话后，一开始反驳了儿子桑昆的提议，说道：

> 你们为什么对我儿铁木真那样想呢？迄今我们还倚靠着他呢，现在如果对我儿怀着那样的恶念，上天不会佑护我们的！札木合是个说话没准儿的人，是个搬弄是非的人。

但最后他还是败给了桑昆与札木合的反复游说，于是便设计要把成吉思汗叫来,把他捉住并杀死。

但是,成吉思汗早就识破了他们的奸计,他推却了王罕的邀约。于是桑昆便说:"咱们的计谋被发觉了,咱们明天早晨去包围他,把他捉住。"

为了突袭成吉思汗,桑昆开始做准备。这消息却被牧马人以急报的方式传到成吉思汗那边。因此,成吉思汗得以在事前洞悉敌人的举动,调动士兵,准备迎战。

王罕的结局

即使对成吉思汗来说,与蒙古部族内最强的克烈部战斗也算得上是非常血腥的一役。因此,他必须与部下齐心合力,拧成一股力量应战。凭借这种团结坚实的力量,他们终于在傍晚时分把敌军击退。虽然如此,成吉思汗军中也出现了大量的死伤者。成吉思汗对于敌人会否发动突袭有所警戒,因此他在巴勒渚纳湖湖畔这不便于大军行动的沼泽地之上扎下营来。

这个时候,陆续有人从敌方赶来向成吉思汗投降,人们聚集在成吉思汗的周围。就像这样,无论战争的胜败,成吉思汗在每一场战役中都使得自己的军团变得更加强大。当时的人对成吉思汗有这样的印象:

> 成吉思汗把自己穿着的衣服脱去,把衣服送给其他人。又从自己所乘的马匹上下来,把马匹送给其他人。

这样的做法似乎是成吉思汗精心设计的表演。即便如此,他的宽宏大量对于其他人来说也是相当具有吸引力的。

成吉思汗在巴勒渚纳湖湖畔等待时机时，弟弟合撒儿把自己的妻儿抛弃在王罕处，也匆匆赶来了。追随成吉思汗的部下人数逐步增加。在这里，成吉思汗重新整编军队，与麾下的主要将领共饮巴勒渚纳湖的湖水，发誓要团结一致。这就是所谓的"巴勒渚纳湖之誓"。这些部下作为建国的功臣，奠定了成吉思汗统一蒙古草原的基石。

"巴勒渚纳湖之誓"使成吉思汗军的士气高涨。把全蒙古尽收手中的大好时机终于来临，不能再错失了。于是成吉思汗率领全军，直接往王罕的大本营突进。

这个时候，王罕正在金帐中举行宴会，没有丝毫戒备。成吉思汗刚好杀了王罕一个措手不及。克烈部花了三日三夜的时间负隅顽抗，最终都敌不过骁勇善战的蒙古军。王罕和他的儿子桑昆惨败了。虽然他们两人逃出了虎口，但不久以后，王罕就在乃蛮部的国境附近被乃蛮部的守备兵发现，最后被杀。桑昆虽然逃到更遥远的地方去了，但很快也在那个地方死去。克烈部的部民大多被分配给各个功臣。

除了交代成吉思汗与王罕的战役，《蒙古秘史》还记载了一段关于成吉思汗的有趣的轶事：

王罕父子败下阵来，他们之所以能逃出生天，是因为有一位勇士装成了王罕的样子进行防卫战。这勇士战了三日三夜，终于在耗尽所有力气后，前来向成吉思汗投降。他说："如今，叫我死，我就死！若蒙成吉思汗恩赦，我愿为您效力。"成吉思汗听了以后，说道："不忍舍弃正当的可汗，为了让他逃走保命而厮杀,岂不是大丈夫吗?这是可以做友伴的人。"于是便赐他不死。

天无二日

成吉思汗虽然成功把王罕击倒,吞并了克烈部,但他最后的强敌乃蛮还雄踞在西方一带。乃蛮是突厥族,占据了蒙古草原的最西部。由于他们在阿尔泰山山麓一带游牧,因此他们很早就接触到回鹘人,受到了其文化的影响,又通过粟特商人和穆斯林商人与西亚的伊斯兰各国有所交流。十一世纪时,他们又受到聂斯脱利派的基督教(景教)影响。他们是蒙古草原的各个游牧部族之中文明程度最高的部族,他们也会使用畏兀儿文。

乃蛮其实并不是部族,他们已经是一个王国。他们称呼自己的首领为塔阳汗,其势力远比克烈部和塔塔儿部强大。金国皇帝把大王的称号赐予乃蛮的首领台不花,而台不花为了炫耀自己的实力,就称呼自己为大王汗(即"太阳汗"或"塔阳汗")。

塔阳汗一直在夸耀自己身为大王的威信,但是由于他早已受到绿洲文化的洗礼,因此他在游牧民之中其实是个柔弱的君主。老臣可克薛兀·撒卜剌黑就曾经因为他的无能而叹息道:"我的塔阳汗你太懦弱,除了放鹰、狩猎,你什么心思、什么本领也没有。"

虽然他是个懦弱无能的人,但当他听到成吉思汗把克烈部的王罕打败时,他说道:

> 听说东边有那么一些蒙古人,那些百姓用弓箭胁迫以前的年迈大汗王罕,把他击倒了。如今那些人也想取而代之,担任大汗吗?天无二日,地上怎么可以有两个大汗呢?咱们去把那些蒙古人捉来吧。

为了夹击成吉思汗,乃蛮打算与在万里长城地带游牧的汪古部(十二至十三世纪在长城附近的河套地区东北边游牧的蒙古系部族)结成攻守同盟。但是,汪古部不但拒绝了乃蛮的请求,还把塔阳汗的计划通报给成吉思汗。

这时成吉思汗正在草原上狩猎,忽然接到敌人将要来攻击的消息,于是他立刻备战,编组军队。到了这个时候,成吉思汗的军队规模已相当庞大。他按照亚洲北部游牧民族的习惯,以十进法把士兵编为千人、百人、十人等队伍。另外,他挑选了有军事经验的、相熟而忠心的人为千户长或百户长,让他们带领各个队伍。他又设立了扯儿必这个新官职,负责管理部队的辎重。最后,他把千户长、百户长的子弟收编为亲卫军,让他们保护大汗。

成吉思汗做了周全的准备后,到了四月十六日(1204年),他就主动领兵往杭爱山出发,攻打乃蛮的征讨军去了。这里说是四月,换算成新历其实是5月下旬。对于游牧民族来说,马匹在冬天没有得到充分的喂养,还是非常瘦弱的时候,军队出师会有很大的风险。但是,这不单是成吉思汗出兵的不利条件,对于敌人来说也是如此。另外,成吉思汗认为:"士兵人数多时,作战时死伤者也一定多;士兵人数少,作战时死伤者就会减少。"部将于是都振奋了起来。成吉思汗又命令："我们向乃蛮进军时，要像灌木丛般分布，摆开大海般的阵势，像凿子般地攻进去！"

成吉思汗凭借这种胆识与勇气，最终把敌人击溃。乃蛮军在这一场战役中溃灭，而塔阳汗也被成吉思汗抓住（1204年）。

塔阳汗的儿子虽然与父亲并不相似，是个勇悍的战士，但面对这无可挽回的颓势，他只能率领少数部下向西逃往盘踞在楚河（或称垂河、吹河）流域的喀喇契丹（西辽）王国，寻求他们的庇护。

畏兀儿文与印章

成吉思汗征服乃蛮，并非仅仅是把幅员辽阔的土地和为数众多的游牧民收归自己管理。乃蛮人从很早的时候开始，就受到绿洲文化——回鹘文化的影响。他们以畏兀儿文来书写各种记录，例如为了征收租税而制的户籍簿，以及审判记录等。另外，他们也使用畏兀儿文来雕刻印章等。

成吉思汗在1204年消灭乃蛮时，抓住了回鹘人塔塔统阿。据说，由于这样的关系，畏兀儿文也就通过塔塔统阿而广泛流传开来（可参考《蒙古秘史》和《元史·塔塔统阿传》）。我们可以从这个传说推想，蒙古族人使用畏兀儿文大概始于他们征伐乃蛮前后。

那之后畏兀儿文很快便广为蒙古部民所使用。两年后（1206年），成吉思汗即位，他任用了他的义弟失吉·忽秃忽

为最高法官,并降旨说:

> 蒙长生天佑护,平定了全国百姓,你可充当朕的耳目。依照从全国百姓中分封朕的母亲、诸弟、诸子以分民之例,可将游牧民、定居民分一些给你。无论何人,不许违背你说的话。在万民之中,你可惩治盗贼和欺诈者,按道理应该处死的处死,应该惩罚的惩罚。把全体领民的分配情况和所断的案件都写在青册(账簿)上面。这些条文将一直传承到子子孙孙之手,永远不得更改。

我们可以由此推测,当时已有人开始使用畏兀儿文书写户籍簿以及简单的审判记录。

根据长春真人(1148—1228年。本名丘处机,字通密,道教全真派的道士)所撰《长春真人西游记》,成吉思汗远征西方之际,左右会有书记侍在身边。他们会以畏兀儿文把成吉思汗的言行一一记录下来。十四至十五世纪之间的西亚学者也曾提到成吉思汗的法令和训示全都由畏兀儿文写成。这一点大概是毋庸置疑的。

另外,我们还可参考《黑鞑事略》的记载。《黑鞑事略》是元太宗窝阔台汗四年(1232年)由南宋王朝派遣到蒙古帝国的使者所写成的。根据这本书,当时蒙古的燕京(即现在的北京)里就有很多人都非常热衷学习畏兀儿文。因此,虽然世祖忽必烈在至元六年(1269年)新制八思巴文字,把它定为元朝国字并努力使其普及,但只有公文文书才会用上八思巴文字，一般场合仍旧会使用畏兀儿文。从这个情况中，也可知畏兀儿文已广泛流传。

虽然畏兀儿文也是由上而下纵向书写，但每一列写完却是由左移向右，与日本假名文字相反。现在的蒙古文字，不过是在这种畏兀儿文之上稍加变更而成的。

枭雄札木合的末路

成吉思汗在消灭了蒙古高原最强大的敌人乃蛮后，到了秋天，就对北方的森林部族蔑儿乞惕部发动第二次讨伐，以抢夺这个长年的敌人的国土，劫去他们的部民。成吉思汗在这场战争中得到了蔑儿乞惕部的美人忽兰·哈敦。忽兰·哈敦是成吉思汗的第四个妃子，她是个能背诵蒙古诗歌的美女，也可以说是一位才女。

成吉思汗先是把塔塔儿部歼灭，继而统一了泰赤乌部，击倒克烈部的王罕，现在还先后征服了乃蛮、蔑儿乞惕部。到了这个时候，他已经名副其实地统一了整个蒙古草原。相对而言，成吉思汗的敌人札木合又有怎么样的经历呢？

札木合曾在十三翼之战中，一度把成吉思汗打败。不过，他在阔亦田之战中一败涂地，后来虽与王罕联手对抗成吉思汗，但却再次战败，最后他与塔阳汗共同出战时第三次又尝到了败绩。如此一来，这个枭雄渐渐被万人唾弃，昔日的英雄形象荡然无存，沦落为强盗集团的首领。最终，札木合被自己的部下捉住，送到了成吉思汗的面前。

成吉思汗感念昔日两个人曾是盟友，于是利用了杀死身

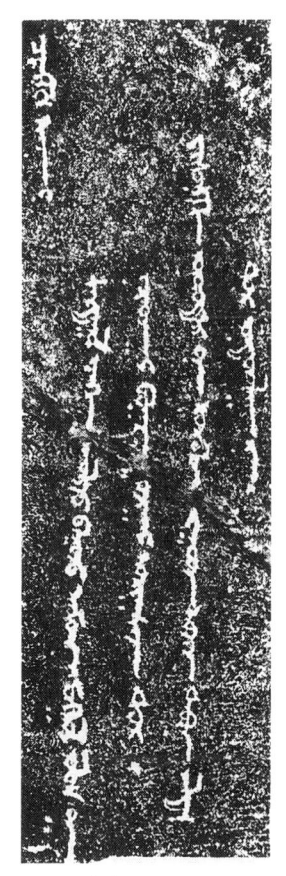

成吉思汗石刻
最早以畏兀儿文字书写蒙古语的碑文

份高贵的罪人的方法，先把札木合的头放进袋中，再把他绞杀。这称为不流血之死，是蒙古自古以来的风俗，往往用于皇族的犯罪者身上，是一种特殊的恩典。这很清楚地反映了成吉思汗对于先前多次玩弄权谋的敌人，虽然憎恶其罪行，却不讨厌其为人的宽宏大量的态度。

第三章 建 国

忽里勒台大会

成吉思汗消灭了乃蛮以后,正式统一了整个亚洲北部,其领土由东面兴安岭西麓的呼伦贝尔(海拉尔)草原开始,延展至西边的阿尔泰山脉,北边则直抵西伯利亚南部的贝加尔湖。

与其说成吉思汗统一了全蒙古,不如说他征服了包括突厥族和蒙古族在内的辽阔的蒙古草原上的所有游牧民。到了丙寅年(1206年),他在斡难河的上游立起九斿白纛(旗号),召开了忽里勒台大会(部族集会。"忽里勒台"在蒙古语中是"集会"之意。大会上一般会协商国家大事,如推举大汗、出征外国、颁布法令等重大事件),接受了大汗的称号。对于成吉思汗来说,这可以说是他第二次即位为大汗了。此前,他在1189年已获蒙古族数个部族的推举而得到大汗的称号。而这一次，他是名副其实地统一了整个蒙古草原上的全部牧民，成为他们的领袖。借由这一次大会，他向内外宣告了自己的身份。在这个意义上，历史学家一般会把1206年视为成吉思汗正式即位的年份。而这一年他四十岁左右，刚好到了所谓的不惑之年。

长久以来的梦想终于实现了。成吉思汗从此恢复了蒙古部的光荣，成为全蒙古草原的游牧民的统治者。蒙古草原在经历了漫长的时期后出现了拥有"蒙古"这个共通名号的统一体。这距离九世纪大回鹘王国覆灭，已经有三百五六十年的时间。

推举成吉思汗的这次忽里勒台大会有一个重大的意义。此前蒙古族在推举他们的领袖时首先要考虑的是宗教权威，成吉思汗却扭转了这种情况，他把政治权威放到最高位，而宗教权威则只能处于政治权威之下。

当时全蒙古族最尊崇的宗教领袖就是大萨满阔阔出（属于晃豁坛氏，蒙古人称呼他为"帖卜腾格理"〔通天巫〕，对他非常尊敬）。阔阔出宣告成吉思汗就是得到长生天授命的人，负责统治这个世界上的所有民众。根据阔阔出的这个宣言，成吉思汗成为世上唯一的政治权威。在这样的背景下，成吉思汗这个霸主接受了蒙古草原上各游牧民政治和精神上的归附，开始着手经营蒙古帝国。

建　国

成吉思汗建国的第一步就是要整编亲卫军。蒙古的亲卫军由一万人组成,有的是由成吉思汗所信赖的草原贵族(万户长、千户长、百户长)的子弟中挑选出来的;有的则是由一般百姓子弟之中选拔出来的。他们拥有各项技能,相貌出众。这支亲卫军的结构如下:

> 宿卫一千人(队长为也客·捏兀邻)
> 箭筒士一千人(队长为也孙·帖额)
> 侍卫八千人(队长八人,分别为斡格列·扯儿必、不合、阿勒赤歹、朵歹·扯儿必、多豁勒忽·扯儿必、察乃、阿忽台、阿儿孩·合撒儿)

他们平常会以轮番护卫士的身份在大汗身边侍候。到了战争的时候,他们中有一部分人会获拔擢,成为军队的指挥官。就这样,成吉思汗通过这些亲卫士兵,与全军上下连成一体。成吉思汗对于每一个亲卫兵都非常熟悉,他不会委派其他人处理涉及亲卫军的诉讼,必会亲力亲为裁决这类纠纷。

> 今后朕的继位子孙要世世代代想到他们,如同想到朕遗留的珍宝,不要使他们受任何委屈,要厚待他们。要把朕的一万名轮番护卫士,看作护福之神。

我们可以从这句话中看到,成吉思汗完全信任自己的亲卫军将士。

第二步是以千户制为基础组织军团和部族。成吉思汗把

成吉思汗像（出自《历代帝后像》）

组织自己所统领的各个部族视为当前急务，千户制这种制度，正具有军队组织和社会组织这两方面的建构。作为组织军队的方法，千户制以千人为基本部队，进而再以十进法的编制把军队细分为百人、十人的小部队。这种以十进法为基础组织军队的方法，虽然在很久之前已有亚洲北部的游牧民族使用，但蒙古人所用的千户制是直接从突厥处学来的。由于亚洲北部的游牧民社会本来就是基于军制组织起来的，因此其部族结构就直接成了这种军队组织的保证。

十二世纪成吉思汗建国以前，氏族制已在蒙古族社会中逐渐崩坏。于是，成吉思汗便以千户制为根基重新编组军队和部族，把能征集一千名士兵的部落或部族作为基本的社会单位，再在这社会单位之下细分出百户、十户等下层组织。他重新建立了这种军队和社会架构，借此提高军事和行政的效能。换句话说，成吉思汗以这种千户制为基础建设出了蒙古游牧帝国。

因此，成吉思汗在忽里勒台大会上对建国的功臣论功行赏之际，便按照这些功臣对于建设蒙古帝国的贡献，把他们相应地任命为千户长或百户长，让他们各自统领相应数量的部民。由于这时成吉思汗把八十八名功臣任命为九十五个千户的千户长，我们可以推测，蒙古帝国建国之初，充当军以主力的士兵人数在九万到十万左右。

在蒙古草原上的游牧民之中，氏族制一直根深蒂固地残存着。成吉思汗利用千户制，逐渐改变了这样的现状，把氏族制替换为千户制，整理成以自己为顶端的封建体制。

另外，在蒙古军团编制里，千户之上尚有把三到五个千户，或者更多个千户合并而成的万户。万户并非社会组织的单位，它只是为了方便把整个蒙古军分为中军、左翼军（东军）、右翼军（西军）三大军团而做出的军事编制而已。

成吉思汗的扎撒（大法令）

在经营蒙古游牧国家的第一阶段，成吉思汗强化了亲卫军，巩固了权力，又以千户制为基础整备军事组织，重新编组部族社会（以强化与自己的封建关系为方针重新编组）。而除了整顿亲卫军的制度和一般兵制，成吉思汗还逐一把自古以来蒙古族中传承下来的习俗化为法令，我们将其通称为成吉思汗的扎撒（大法令）。

虽然讨论自己的经历实在有点不好意思，不过笔者还是想说，在四十年前笔者还是学生的时候，对于蒙古帝国为什么能迅速地崛起非常感兴趣，而笔者认为，或许蒙古帝国崛起的其中一个因素正是成吉思汗的扎撒。

正确来说，扎撒（jasa）的全称应该是扎撒黑（jasak），在蒙古语中有法、法序、法制的意思。我们写的汉字"扎撒"或"扎撒黑"是蒙古语的音译，"大法令"才是这个概念的意译。

扎撒只是个普通名词，不过成吉思汗的扎撒除了被汉译成大法令，有时还会被汉译成大体例和大宪章等，由于蒙古帝国及大元帝国的民众都遵守它，对它非常尊重，所以当他们提到扎撒时，他们都是专指成吉思汗的扎撒，扎撒一词也就成了专有名词。可是，这个扎撒究竟有什么具体内容？它是什么时候制定的呢？很遗憾的是，我们还不能确切地回答这些问题。因此，在研究扎撒的学者之中，有些人选择以广泛的定义理解扎撒的内容，有些人则以狭义的方式考虑问题。前者除了把律令视为扎撒的一部分，还把军律及一般的军制都包括在扎撒之内。相对而言，后者则只考虑律令，也就是那些以成吉思汗的命令的形式确认了的蒙古族风俗。换言之，他们考虑的是蒙古族流传下来的习惯法。

我在这里采取广义的理解，把与军备相关的制度、亲卫军制度、律令（包括习惯法），以及训言（Bilik）等广泛的法令全都考虑进来。

假如我们将一般军制也都视为扎撒的内容，那么制定扎撒的时间大概是：(1) 铁木真第一次获推举为成吉思汗时（1189 年）；(2) 成吉思汗领兵征服乃蛮前夕（1204 年春），当时正值蒙古要与大敌乃蛮战斗，因此他不得不及早肃正军纪，强化部内的统治；(3) 成吉思汗在 1206 年于斡难河举行忽里勒台大会之时。在这次忽里勒台大会中，成吉思汗整合了前两次的规定，不但制定了新国家（Ulus，蒙古语中指称国家或部族联合体）的政务规则，更制定了裁决民众的审判法，以及征收租税的赋税法等。这次大会的特色在于成吉思汗把上述所有条文都以新使用的畏兀儿文记录了下来。由于上两次制定扎撒时，蒙古并没有自己的文字，因此他们大概没有做任何记录。从这一点我们可以推断出，真正宣布扎撒的时间，大概就是 1206 年的忽里勒台大会。

然而，我们不得不注意的是，认为整个扎撒完全是在忽里勒台大会中形成的看法并不正确，因为成吉思汗仍会以敕令的形式继续在大会后增补扎撒的内容。

广义的扎撒

之前我们说可以从广义上理解扎撒，也就是把军制也包括在扎撒之内。成吉思汗把一生中的大部分时间都花费在战争之中，因此他最注意的事情莫过于军制。军制的整饬正是成吉思汗统一蒙古草原的关键所在。假如我们从这个角度出发，我们当然会觉得成吉思汗的扎撒中必须包括军制。

军制可以分为一般军制和亲卫军的军制。其中，我们前面已经提到前者的组织和军官的职分：千人队（大队）以千

帐幕的聚落和蒙古士兵

户为长官,是军队的核心,其下是由百户充当指挥官的百人队(中队),以及以十户(牌子头)为首的十人队(小队);另外,千户之上还设有万户长一职,他们会指挥由三千至五千人组成的军队。这些军官平常会担任各部族或是各部落的部长、领主,成为行政上的负责人。

要使这样的军制发挥十足的效果,维持严正的军纪尤其重要。学者哈默尔·普尔戈什塔里(Joseph von Hammer-Purgstall)就谈道:

> 运用严峻的刑罚,可以把一个野蛮而未开化的部族很好地转化为征服世界的军队。而这正是依靠成吉思汗的扎撒。

他对成吉思汗能令军人严格遵守扎撒所载的军纪这一点赞誉有加。下面我们即尝试列举两三条军律:

1. 下属必须绝对服从长官。

2. 违犯军令者，处以死刑。

3. 在没有号令下掠夺敌人财物，或抢占缴获品者，均处死刑。

我们在前文也已交代过亲卫军的组织和职守，自从1206年成吉思汗把亲卫军的人数定为一万以来，这个数目大抵已成为元朝一代的定制。亲卫军可细分为宿卫（夜里当值的卫士）一千人、箭筒士（备有弓矢的武装卫士）一千人和侍卫八千人，这一万名卫士又分为四班轮番做亲卫军。

他们的职务包括：

1. 日间当值——由侍卫和箭筒士负责。

2. 夜间当值——由宿卫负责，他们同时兼任侍卫、箭筒士和厨官（负责饮食的官员）。

3. 杂务。

对不遵守职责之人的规定如下：

1. 无故缺勤者，初犯受三下杖责，再犯受七下杖责，三犯当受三十七杖责，流放远方。

2. 没有大汗的允许，不得擅自把刑罚加诸轮番护卫士之上。

3. 躲避值班的轮番护卫士当被流放远方。

相对地，这些轮番护卫士也可享受特别的待遇。举例而言，轮番护卫士的地位高于各千户的官员（千户长），轮番护卫士的家族成员的地位又高于各百户和十户的官员（百户长、十户长）。假如有人与轮番护卫士斗殴，那个人将会受到惩罚。

纵观元朝一代，亲卫军都受到皇帝特别的恩宠，在宫廷内耀武扬威。正因如此，他们也就成了很大的祸患。

狭义的扎撒

狭义的扎撒相当于所谓的律令，其大部分都是旧有的习惯，只是成吉思汗使之律令化了而已。因此，我们会从狭义的扎撒中找到有关社会道德与家庭道德的条文，也会找到针对恶行的戒律，有时还可以找到一些迷信的规定。也就是说，就像学者巴托尔德（Vasily Bartold）研究的那样，扎撒中包含了成吉思汗认可的舆论和国家风俗。成吉思汗特别尊重游牧民旧有的习惯，即使是迷信的事项，他都一样会纳入他的禁令和命令之中。这大概是因为他考虑到这样做非常有利于统治人民。

扎撒中相当于"律"的部分，包含了死刑、流刑、笞刑、充军四种刑罚。盗窃牛、马等家畜的贼人会被处以死刑，这是因为游牧民族要维持生计，必定要防止贼人偷窃家畜。所以他们以特别严厉的方式处罚犯人。除此以外，强奸或私通者会被处以死刑，还有拾遗不报者也会被判处死刑，这都很好地显示出游牧民拥有性格上的洁癖。扎撒也改变了一些原有的罚则，譬如屠杀家畜方面，假如有人利用与历来习惯相反的方法屠宰家畜，又或者把家畜的喉头割断以宰杀家畜，他们均会被判死刑。另外，如果有人擅闯皇帝和诸王的帐殿，他将被处以死刑。

不过，针对这样的刑罚，扎撒特别设有赔偿制，让人可以用赔偿来代替实际服刑。这也可以说是成吉思汗扎撒的一个特色，而后来元代的刑法也沿用了这项蒙古固有的法例。也就是说，在元朝，假如有人犯下杀人、伤人、盗窃等罪行，他们可以用赔偿取代实际服刑。

扎撒中相当于"令"（禁令、命令）的部分，大多为游牧民自古以来遵循的禁忌。例如：

> 不得于水中、灰烬中便溺。
> 禁止跨越燃烧的火焰、桌子和器皿。
> 不得用流水来清洗食器。
> 禁止以小刀或斧头生火。

这类禁令体现了蒙古人把水和火视为神圣之物的观念。此外，针对白衣的禁忌，乃至针对马匹和马鞭的禁令等，都可从扎撒中找到。

除此之外，成吉思汗对子弟的训言也在扎撒中占据了重要的位置。我们可以从中看到以下内容：

任用诸臣之法、处分各功臣之法、要求他们尊重扎撒、训诫他们不要忘本而沦为柔弱之人、规劝他们不要忘记祖先立国的劳苦、劝告他们奖励平时狩猎。

扎撒还包括成吉思汗对将军的训示。波斯的历史学家拉施特·阿拉赫就记录了三十条成吉思汗的训言,其中我们可以看到下列内容:

善治家者即善治国;善于率领十人作战者,即可委付以千人、万人,他能率领千人、万人作战。

幼者到长者处时,长者未发问,幼者不应发言。

马在肥时能疾驰,瘦时也能疾驰,肥瘦适中时也可以疾驰,这样的马匹才可称为良马。

面对人民就好像乳牛一般,面对敌人就不得不像鸷鸟一样。

了解自己,才能够识人。

一个家庭的事情很多都依靠妻子料理。

观察这个家庭,就知道这个人了。

君主嗜酒就会丢失自己的职分,臣下嗜酒也会丢失自己的职分,将军嗜酒就会使军纪松弛,士兵嗜酒就会引起变故,常人嗜酒就会倾尽家财,仆人嗜酒就不能尽忠职守。

成吉思汗除了像上面所说的那样强化亲卫军、编成千户体制、宣布法令外,他还为整顿国家的秩序而在规范新政务、管理宫营、为狩猎设定统一的制度、整备军队辎重等方面倾注了很多的心血。

第四章　从游牧国家到世界帝国——在世界史上登场

征服森林部落

　　成吉思汗统一了蒙古草原，整备出游牧国家的体制。从第二年（1207 年）开始，他便展开了征服外部世界的战争。

　　先是成吉思汗的长子术赤出发远征西北方的"森林部落"斡亦剌族（Oirat，十二世纪以后出现在历史上的半猎半牧的蒙古系部族，明时称瓦剌）和吉利吉思族（Kirghiz，自古以来在叶尼塞河上游半猎半牧的部族）。"森林部落"是当时住在蒙古草原北方（现在西伯利亚南部）森林地带的蒙古系猎户，以剽悍著称。与草原上的蒙古族比较，他们还是相对落后的，其社会构造以氏族制为基础，十分单纯。

　　术赤征服了这些"森林部落"，胜利而归。为了奖励术赤初次上阵便立下大功，成吉思汗降旨道：

> 在朕诸子之中,术赤你是长子,你初出家门,出征顺利,所到之处,人马无恙,不费力地招降了有福的森林部落。今朕将这些森林部落的百姓都赐给你。

后来,术赤占据了蒙古帝国的西北方,他的子孙又把领地扩大到俄罗斯南部,形成幅员广大的钦察汗国。而这就是其由来。

恰恰在术赤征讨"森林部落"前后,成吉思汗也毅然出兵,讨伐在南方与蒙古接壤的西夏王国。

西夏王国

此时,与蒙古帝国相接的河套地区到贺兰山、阿拉善沙漠、敦煌地区(今宁夏、甘肃两省),都属于西夏王国的疆域。西夏人属于党项族一支,他们的国力很是强大。他们自十世纪末从河套地区崛起,侵占了河西地方(甘肃省西部),到了十一世纪前半,又占领了凉州(甘肃武威)、甘州(甘肃张掖)、沙州(甘肃敦煌)等地。这些地区是连接中原和西域的交通要道,因此西夏人也就独占了东西贸易上的利益。他们学习了中原王朝的国家体制,有完备的官制、兵制和礼乐制度,也创造了自己的文字(西夏文字),国号称为大夏。西夏一名是宋人的称呼,原因是这个国家位处于宋朝的西北。

十世纪到十二世纪初正是西夏的全盛时期。当时,他们与辽、北宋分庭抗礼,形成三国鼎立的局面。金国崛起之后,把辽国和北宋消灭了。西夏趁机坐收渔人之利,扩大了国家的版图，与大金帝国东西对峙。但是，金国与西夏的外交关系，一直都是相对和谐的。

虽说成吉思汗早在即位的前一年已开始攻打这个富强的国家，但真正的征服战其实要到1209年至1210年。当时，由于蒙古军引水攻打西夏国都中兴府（兴庆），西夏国王李安全最后献女请和，答应以后送上人质，缴纳岁贡，在蒙古征伐别国时提供相当数量的援兵。

> 一听到成吉思汗的大名，我们就十分敬畏。如今您神威之身亲自驾临，我们更加敬畏。我们唐兀惕（即党项族——译注）百姓愿做您的右手，为您效力。
>
> 我们愿为您效力。但是我们是定居地区的居民，居民住在建筑好的城郭里。若要我们急速征战，激战厮杀，我们恐怕不能随从急速征战，不能随从激战。若蒙成吉思汗降恩，我们唐兀惕百姓愿把亲手织好的毛织缎匹献给您，愿从驯服了的猎鹰中挑选好的敬献给您。

以上是《蒙古秘史》对于当时西夏国王李安全投降条件的记载。从这一段文字中，我们可以看到西夏王国是个城郭国家。尤其是西夏的国都中兴府，更是一座呈现出中国特色的坚固的城市。蒙古军至今为止一直只是与同为游牧民的族人战斗。因此，对于他们来说，这场攻略中兴府的战役是一次珍贵的体验。因为从此以后，蒙古军的征服战争所面对的对手都是定居城郭的居民。这些人以坚固的城塞为根据地，还会运用复杂的战略。

征服城郭国家，并不像征服一个游牧部族或游牧国家那样简单。即使是西夏，也没有在这一刻被蒙古完全平定。此后十数年过去，直到1227年成吉思汗死前的那段时间，西夏才被彻底征服。

挑战金国

成吉思汗在讨伐了西夏以后，当前的敌人就成了大金帝国。成吉思汗入侵西夏王国，其实也可看成是他在攻打大金帝国前小试牛刀的举措。

自古以来，亚洲北部的游牧民都特别羡慕定居于南方与西方的农民。尤其是中原丰厚的财富和精美的器物，更让他们羡慕。他们经常会攻打掠夺这些地方，而当他们失败时，他们又会热烈期盼通过贸易的手段来换取财富和器物。因此，对于中原王朝来说，来自北方的侵略可谓无休无止。汉族人民用凭今日的常识难以想象的方法，建筑了宏伟的万里长城来防卫北方游牧民的入侵。这可以说是汉族人民最后的手段。

统一了蒙古草原的成吉思汗当然也不例外，为了使蒙古帝国能继续发展下去，入侵中原似乎是必然的结果。

除此之外，对于成吉思汗来说，金国还是他不共戴天的仇敌。此前，成吉思汗的祖先俺巴孩汗便是被塔塔儿人抓住，交到了金国手上，最后被杀害的。当时，俺巴孩汗留下了这样的遗言："哪怕你们的五个指头的指甲全部秃尽了，十个指头全部磨尽了，也要试着为我报仇！"如此一来，成吉思汗就具备了征伐金国的道义，可以大义凛然地鼓舞将士，出兵金国。

可是，单是出师有名并不足以使成吉思汗满足。他在踏上征途之前，一个人在帐殿之中待了三天。在这三日之内，他向上天诉说金人残酷地杀害了自己的祖先俺巴孩汗的事，祈求上天能保佑他们，好让他们能成功地向金国报仇。他祷告期间，士兵和民众包围在帐殿周围，以蒙古语高呼："长生天呀！长生天呀！"

成吉思汗非常清楚强敌金国的实力，他不仅仅是鼓舞士气，还以慎重的态度对战争做了周全的准备。到上阵之前，成吉思汗已经悄悄收集了所有与金国有关的情报，包括政府内部的实情、军队配备的状况，以及城塞和补给点的位置等。这些情报大多数来自从金国逃亡的人，以及在长城地带游牧的同族汪古部。也有一些情报收集自往来于中原地区与中亚、从事东西贸易的回鹘商人和撒马尔罕的粟特商人。

1211年（太祖六年）春，成吉思汗带着术赤、察合台、

居庸关云台，元代藏传佛教的代表建筑

窝阔台、拖雷四个儿子，率领麾下猛将踏上了征途。远征军分为左翼、右翼、中央（本军）三军，直指河北、山西、山东地区。勇将哲别担任成吉思汗本军的先锋。本军取得了抚州，又越过了野狐岭，占领了宣德州，却在居庸关遇到了坚固的防守。接下来我们将据《蒙古秘史》追踪当时的战斗情况。

围攻中部

蒙古军把金军击退，又打败了契丹、女真等勇悍之兵，直到抵达居庸关前，他们都视人命如草芥般地大开杀戒。后来，哲别夺取了居庸关关门，越过了八达岭，于是蒙古本军就在龙虎台扎下营来。

成吉思汗由此一举攻向中都（现在的北京），而哲别等人则对河北、山东的各个城市展开攻势。金国皇帝（宣宗）看到中都被围攻，深知自己怎样也不可能与蒙古军对抗，于是便提出签订城下之盟（无条件投降）。这个时候，金国丞相完颜

居庸关石刻

福兴对宣宗进行了如下这番劝谏：

> 按照天地气运，已到了大位更替的时候了。蒙古人来势很猛，已打败并歼灭了我勇猛的契丹、女真主力军，夺取了我们所倚靠的居庸关。如今我们再整军出战，若被蒙古军打败，各处城郡中的军队必将溃散，不再服从我们。若蒙金帝恩准，如今可商议归顺蒙古汗，与蒙古人议和，让蒙古人退走。
>
> 等蒙古人退走后，再做别的考虑，到时候我们再商议。听说蒙古人马不服水土，得了疫病，可献女给他们的汗，多送金银、缎匹、财物给他们的军队。但不知我们所商议的，他们听从与否？

于是金国皇帝提出把金、银、绢帛和自己的公主进献给成吉思汗，并向蒙古投降。成吉思汗答应了这些条件，把正在转战各地的蒙古军聚集起来，带着大量财物往长城之外扬长而去。这是元太祖九年（1214年）三月发生的事。

金国内部的情况

金国如此轻易便提出城下之盟，背后其实牵涉到金国内部复杂的政治状况。说来，当蒙古军突破金国国境的防卫线，开始迫近中都时，金国的君主还是第七代皇帝卫绍王。但是，防卫军总指挥官纥石烈执中害怕自己会因防卫蒙古军失败而被问罪，于是发动了政变，把卫绍王杀死，迎立了卫绍王的侄儿为金宣宗（第六代皇帝章宗同父异母的哥哥）。这是宣宗贞祐元年（1213年）九月的事。

虽然宣宗即位以后，处分了叛臣，平息了政变，但这一切都太迟了。他们对于蒙古军的进攻根本无计可施，不但中都被蒙古军围攻，河北、山东、山西各地也遭受了蒙古军的蹂躏。对于金国来说，这实在是最不幸的时候。

金国吸取了这次国都被包围的教训，为了避免再被蒙古军袭击，在成吉思汗撤退以后立刻便迁都到河南的汴京（河南开封）。成吉思汗听到这个消息，对于金国背信弃义的行为勃然大怒，于是再次展开攻势。第二年（1215年）五月蒙古军攻陷中都，占领了河北、山东等黄河以北的地区。接下来我们简略地叙述一下把国都迁移到河南的金国的情况。

迁徙到河南的金人

一般认为，大概有一百万女真人随同帝室一起迁移到河南。不久，河南即出现了粮食问题。于是，金国政府在那里招募佃农开垦官田，又从佃农身上收取加倍的租米。而农民们并没有默然待之，不平之声充斥于街头巷尾之中。女真人之中也有些人希望能从事农耕，金国政府把土地交给了他们，但这些人对于耕稼一无所知，只是满足于游手好闲的生活，根本不去劳作。再加上，黄河一再泛滥，淹没河南大片土地，汉人与女真人围绕土地的矛盾就变得越来越尖锐了。

另一方面，由于财政匮乏，金国政府开始滥发法定纸币（交钞）。纸币一般有政府实力的保证，才可能保持它的价值。

当时的百姓无论是对金国政府军事能力，还是经济实力都已经丧失信心，政府当然也就没有能力保障纸币的价值。纸币的价值虽一再下跌，政府却顾不上那么多，只能继续发行新纸币。因此，纸币越发失去价值，导致物价腾贵，形成了经济学上恶性的通货膨胀。

这样一来，金国也就开始暴露出走向灭亡的迹象。位处江南的南宋、立足西方的西夏此前一直被金国压迫，这时也都不再沉默，开始入侵金国的国境。假如我们把北方的蒙古也算上去，那么金国就是南方、北方、西方三面受敌，况且他们全非等闲的敌人。另外，金国国内的农民难以忍受动荡的局势与困乏的处境，也在全国各地发动了叛乱。金国人有的逃亡到南宋，有的则秘密串通蒙古，这样的情况屡禁不止。在这最恶劣的情势之下，金宣宗于1224年驾崩。虽然哀宗后来即位，但正如哀宗这一称号所显示的那样，他成了金国最后的皇帝，金国只又苟延残喘地延续了十一年。

西州回鹘与喀喇契丹

现在就让我们把目光转向西方。

以阿尔泰山脉为界与乃蛮南部相接的是回鹘的根据地。从八世纪中叶开始，回鹘人（畏兀儿人）占领了蒙古草原大概一百年的时间。不过，在九世纪中叶回鹘王国崩解之后，他们迁移到西南方，以天山北麓的别失八里为首都，建立了西州回鹘王国。可是，迁徙之后的回鹘人享受着定居的生活，以往那种民族的能量也就完全消失了。他们一开始成为辽帝国的属国，在辽国灭亡后，辽国的一名王族成员又建立了喀喇契丹（西辽王国），于是他们后来又成了喀喇契丹的属国。

因为西州回鹘占据着东西贸易路线上的要地，回鹘人就舍弃了游牧，放弃了驱赶家畜的生活，摇身一变成为坐在骆驼背上以经商为主的民族，为了谋利而奔波劳碌。因此，面对蒙古帝国的兴起，他们从商人的角度出发做盘算，最终选择放弃原来的宗主国喀喇契丹，转而效忠蒙古帝国。为了证明自己归顺了蒙古，西州回鹘的国王于1211年到了成吉思汗在克鲁伦河上游的营帐去伺候他。那个时候，蒙古军已屡次攻打西夏王国，西夏的国都中兴府也已被攻陷。

喀喇契丹在西州回鹘旁边。如前所述，当女真族所建立的金国崛起，灭了契丹族所建立的辽国后，契丹族的耶律大石逃到西方去，建立了喀喇契丹（1124年）。喀喇契丹定都于中亚的楚河河畔（1132年或1133年），不久他们又控制了东西贸易的要路，渐渐发展成昌盛富裕的大国。

到了成吉思汗的时代，喀喇契丹由第三代君主直鲁古出任葛尔汗（即大汗），国内纷争不断。这时，被蒙古击败的乃蛮塔阳汗之子屈出律逃亡来到了喀喇契丹。这是因为喀喇契丹就在乃蛮的西南方，两国只隔着阿尔泰山。到了1211年，屈出律最终篡夺了喀喇契丹的王位。1218年，成吉思汗派遣勇将哲别带同两万兵马讨伐屈出律。哲别擒住了屈出律，最后将他斩杀，喀喇契丹王国也就宣告灭亡。

喀喇契丹轻易地灭亡了。根据西方史料的记载，其中一个重要原因就是国内各宗教的对立。耶律大石开始带领契丹族建设喀喇契丹的时候，伊斯兰教已在中亚广泛传播。然而，作为统治者的契丹族却信奉佛教。信奉佛教的契丹人与信奉伊斯兰教的居民都生活在这个国家之中，他们经常有信仰上的冲突。后来，乃蛮王子屈出律夺取王位，变成喀喇契丹的国王。他听从契丹族后妃的说法，一心信奉佛教，因此政府与伊斯兰教的对立也就变得更加激烈。此时，哲别率领蒙古军发动攻势，他们宣扬信仰自由，正好回应了穆斯林的不满。因此，很多居民都把蒙古军视为解放者，特别欢迎他们。战乱在喀喇契丹全国各地爆发，不久屈出律便被擒获斩杀了。

花剌子模王国

花剌子模王国（Khwārazm，996—1220年。国名源自人们对阿姆河下游流域的通称）位于阿姆河的旁边，北边与喀喇契丹王国接壤。它的国力强盛，对于成吉思汗来说，是个足以教人惊惧的敌手。可是，成吉思汗攻下了金国这个东方的大国，与金国皇帝缔结了城下之盟，又消灭了西方邻近蒙古国境的喀喇契丹王国，将这广大的领土全部占领了，这些消息足以使花剌子模国王心胆俱寒。原来，蒙古与花剌子模两国之间一直都隔着喀喇契丹王国，但现在两国国境却直接连接起来了。两者的激烈冲突只不过是时间的问题而已。在这里，我们先交代一下有关花剌子模王国的情况。

花剌子模王国又可以称为花剌子模沙王朝，王族是突厥族出身。花剌子模的建国者本来是塞尔柱王朝的一个奴隶，他获得解放后，便成了花剌子模地区的统治者。到了他孙儿那一代（1077年），花剌子模从塞尔柱王朝中独立，增强了军事实力，巩固了王朝的基础。阿拉乌丁·摩诃末（1200—1220年在位）是与成吉思汗同期的沙阿（国王）。那个时候，伊朗和阿富汗都在摩诃末的管辖之下。至于东面，他在喀喇契丹灭亡后，便将势力一直延伸到锡尔河。如此一来，这个国家的领地也就覆盖了中亚、伊朗、阿富汗这广大的地域。另外，其国都撒马尔罕位处东西交通的要道，也就是丝绸之路之上，人们要向印度方面进发，也要经由撒马尔罕，因此它可谓是东西文明的十字路口。阿拉乌丁·摩诃末非常好学，他把各个地方的学者招揽到这个城市，同时自诩为伊斯兰教的东方保护者。

成吉思汗在征服了喀喇契丹以后，便派遣使节到花剌子模王国，希望能劝服他们归顺自己。使者最终无功而还，大概对于花剌子模的沙阿来说，他的自尊心绝对不会容许自己向新兴的蒙古帝国俯首称臣。

根据西方史料记载，花剌子模国王摩诃末对于成吉思汗的一举一动非常关心，为了探知东方的形势，他向蒙古派遣

巴格达的黄金清真寺

了使者。成吉思汗以礼招待了花剌子模的使者，希望与花剌子模王国交好，并进行贸易。蒙古还派遣了以回鹘人为首的四百五十人的商队去答谢花剌子模。然而，当这些使节进入花剌子模境内后，驻守讹答剌的东方总督诬称这些使节是间谍，借故将他们杀害了（1216年）。成吉思汗勃然大怒，派出了三人使团追究此事。结果使团一行三人，一人被杀，另外两人则被剃去头发，遭到如此羞辱后被驱逐回国。成吉思汗确认了这是花剌子模的挑衅，他立刻召开了忽里勒台大会，定下了远征花剌子模王国的计划。到了第二年（1219年），他率领二十万大军踏上征途。

> 怎么能让花剌子模人切断我们的金縻绳？咱们要为咱们的兀忽纳（人名）等一百名使者报仇雪冤，出征花剌子模！

从《蒙古秘史》的上述内容中也可看到，成吉思汗所派遣的商队（西方史料提到商队共有四百五十人，《蒙古秘史》则说是一百人）被杀是他出兵的直接原因。

对于成吉思汗西征的动机，史书还有另外一个说法，即巴格达的哈里发纳赛尔与摩诃末敌对，为此他向成吉思汗请求了援助。纳赛尔从1180年起便在巴格达登上了哈里发之位，不过自十世纪以来，哈里发的政治势力转弱，能够保持的仅仅是宗教上的权威。到了摩诃末统治时，花剌子模的势力渐渐壮大起来，于是哈里发开始暗中策划推翻摩诃末的运动。摩诃末则处处针对支撑哈里发的逊尼派，帮助在伊朗有不少信徒的什叶派（这个流派与逊尼派对立，他们把第四代哈里发阿里视为穆罕默德的正统继任人），利用他们压制哈里发纳赛尔。结合这样的背景来考虑，我们并不能轻易排除纳赛尔向成吉思汗求援的这个说法。不过，抛去这些，归根究底，成吉思汗出兵还是出于争夺东西世界贸易的占有权这样一个经济原因。

讹答剌城攻防战

成吉思汗远征花剌子模王国，不亚于他出兵攻打金国，也是异常重大的事件。他暂时中止了同金国和西夏的战斗，在东方留下了小部分兵力，把其余几乎所有兵力全都投入到这次西征之中。假如成吉思汗真的是在 1161 年出生的话，这个时候他已经五十九岁了。

蒙古军大约有二十万，他们的敌人花剌子模军则约有四十万。但是，若我们考虑士兵的素质与他们的训练情况，考虑士兵的战斗精神和军纪的严明程度，考虑指挥官的战术有多巧妙，那花剌子模军在各方面都不是蒙古军的对手。摩诃末知道蒙古军非常精悍优秀，因此他避开了在平原上与其展开对战，选择在各个城市坚守，在这些地方迎击蒙古军。

蒙古军在 1219 年秋天渡过了锡尔河，进入了锡尔河和阿姆河的河间地区。虽然军队于各方征战，但当中以讹答剌城（锡尔河中游流域的商业城市）的攻防战最为激烈。当时，进兵讹答剌城的是成吉思汗的第二子察合台和第三子窝阔台率领的第二军团。守卫此城的司令官正是那个把蒙古派遣过来的伊

蒙古骑兵的骑射
十三世纪德意志人描绘

斯兰商人全部杀死的男人。他知道蒙古军这次进攻是为了报复自己，自己无论如何也不可能置身事外，所以有奋战到最后一兵一卒的决心。这场抗战维持了五个月，讹答剌城的守军把全部箭矢都射出去了，连石头和瓦片都投出去了。不过，这名守备官最终还是被生擒了。他被押送到当时在撒马尔罕设营的成吉思汗面前，成吉思汗将其虐杀。

撒马尔罕

早在这之前，作为蒙古军第一军团的成吉思汗的本队已包围了位于撒马尔罕西方的布哈拉市，并将其攻陷。随后，成吉思汗立刻命令军队转向东方，前往相隔有五日路程的撒马尔罕。撒马尔罕是当时中亚最大的城市，人口有数十万。城内有壮丽的伊斯兰教寺院、豪华的宫殿和宅邸、繁华的市场，还有随处可见的漂亮的花圃、茂盛的果园。当时，耶律楚材陪同成吉思汗西征，他为撒马尔罕写下了下面这首诗：

> 寂寞河中府，连甍及万家。葡萄亲酿酒，杷榄看开花。
> 饱啖鸡舌肉，分餐马首瓜。人生唯口腹，何碍过流沙。

虽然耶律楚材语带讥讽，但他对于撒马尔罕热闹的景象、丰富甜美的食物是赞誉有加的。

这座城的守备军一共有四万人，由突厥人和伊朗人组成。虽然城中防备非常完善，也有充足准备能忍受长期的围困，但他们终究不是蒙古军的敌手。撒马尔罕被蒙古军包围了五日后，守备军便草草地开城投降了。蒙古军进入市内，大肆杀害居民，掠夺财产，只留下工匠的性命，并将这些人送到了蒙古。一般认为，撒马尔罕这么容易就被攻陷，原因是大部分的守备军都是突厥系康里人。康里人对蒙古人特别有亲切感，他们即使背叛了花剌子模，仍可以以同胞的身份编入蒙古军之中。

花剌子模国王的结局

我们再看一下花剌子模国王摩诃末在这段时间的行动，当他听到蒙古军进攻的消息后，便秘密逃出撒马尔罕，越过阿姆河，转移到了阿富汗北部的巴尔赫。不过，他已经失去了人民的信赖。摩诃末的长子札兰丁·明布尔努与他的父亲并不相似，只有他有勇气面对蒙古军，主张死守阿姆河的防卫线。不过，他的主张没有被采纳。摩诃末决定从巴尔赫出发前往伊朗，打算在那个地方重整旗鼓。

成吉思汗听闻花剌子模国王为了集结新锐军而打算出发去伊朗，便命令哲别和速不台赶紧带兵追击摩诃末。蒙古军行动极为迅速，摩诃末根本没有其他选择，最后只能逃亡到里海的一个孤岛上。不久，他就在这个岛上忧愤而死（1220年）。

哲别和速不台两位将军继续乘胜追击，从西方进攻伊朗北部。他们在攻下伊朗西北部阿塞拜疆地区的重要据点大不里士以后，领兵越过高加索山脉，沿着里海的西岸北进，后来又往西进发，从亚速海来到了南俄罗斯的草原。他们在这里击溃了俄罗斯诸国王公的联军（1223年），又攻向了各地。此后，他们才越过钦察草原与成吉思汗的本军合流。

巴尔赫城的破坏

1221年春天，从撒马尔罕南下的成吉思汗的本军渡过了阿姆河，开始对巴尔赫发动攻势。巴尔赫位于兴都库什山脉的北麓，是连接中国和西亚诸国的东西交通路线上的要冲。另外，如果人们从这座城市往南越过兴都库什山脉，就能通往印度。巴尔赫自古以来就是个相当有名的城市，传说琐罗亚斯德教（拜火教）就在巴尔赫创立。公元前四世纪，亚历山大大帝东征时曾经攻陷此地，在此殖民。亚历山大大帝死后，巴克特里亚王国以此地为中心建立了起来，传播希腊文化。著名的犍陀罗艺术，即是融合了巴克特里亚系的希腊文化和印度佛教文化而产生出来的佛教美术。

巴尔赫这个地方的佛教非常昌盛。七世纪时，玄奘经过中亚到印度学习佛教时，也曾访问这个地方。我们可从他的游记《大唐西域记》中窥见当地佛教的盛况："伽蓝（佛寺）百有余所，僧徒三千余人。"

据说，成吉思汗虽然答应了巴尔赫的投降，但是当他得知花剌子模王子札兰丁·明布尔努在巴尔赫东南一个名叫加兹尼的地方后，害怕自己在出兵讨伐的时候，巴尔赫会在后方制造混乱，因此便屠杀了巴尔赫的所有居民，破坏了所有城寨。这个城市现在看来只是个寂寞萧条的小乡村，传说可能与那时蒙古军残酷的行为有关。但是，这种说法或许稍微有点夸张，因为在蒙古军造成了巨大破坏的三四十年后，马可·波罗访问了这个地方，他写道：

> 巴尔赫城是一座宏伟的城市。古代的巴尔赫城比现在更加宏伟，是当地最大而且最美的城市，但是由于塔塔儿人等民族的屡次攻击，受到了严重破坏。城中有许多精美的宫殿以及用大理石修建的住宅，现在变成了断壁残垣。

虽然他也提到蒙古军的破坏，不过程度并不像传闻说的那么严重。我们可以知道的是，马可·波罗访问巴尔赫的时候，它还是一座大城市。

渡过印度河的王子

1220年，王子札兰丁·明布尔努与父亲分别以后便在加兹尼为战争做准备，其兵力已达数万。他们从加兹尼出发，到兴都库什山中的巴米扬迎击蒙古军的先锋。虽然暂时取得了胜利，但当成吉思汗的本军迫近时，他们也只好经加兹尼撤向东方的印度河。

成吉思汗的本军由巴尔赫出发一路追赶札兰丁·明布尔努，越过了兴都库什山脉，强攻巴米扬并把它彻底破坏。到了1221年年底，成吉思汗的本军进入了加兹尼，又从那里急起直追，正好在札兰丁·明布尔努要渡过印度河的时候赶上了他。印度河的两岸直立着高耸的悬崖，花剌子模军后方受到蒙

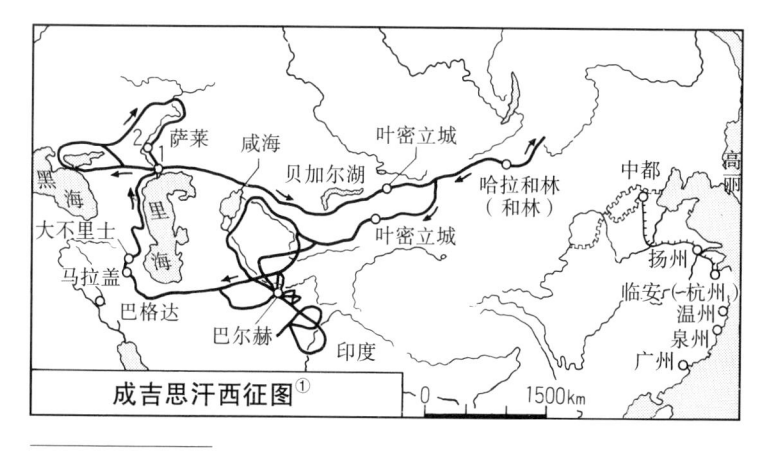

成吉思汗西征图①

① 本书插图系原文插附地图。——编注

古军的攻击，进退两难。札兰丁·明布尔努在反复数次突袭蒙古军之后，突然回转马首，乘着马匹从数丈的悬崖跳入河中，背着盾牌游到对岸，最终逃到了印度的德里。成吉思汗停下马，在河岸上一动不动地注视一切。他一边称赞花剌子模王子这位勇敢的武士，一边制止他的部下继续追击。

成吉思汗回到东方

由于札兰丁·明布尔努越过印度河逃亡到德里去了，因此蒙古军便开始对印度发动攻势。但是，他们无法忍受印度的暑气，行动被严重地妨碍了。最终，他们没有达到目的便撤退了。成吉思汗在1223年春天决意返回东方，他在撒马尔罕度过了1223年的夏天和冬天，到了1224年春天率军启程，在途中与哲别和速不台所带领的军队合流之后，最终于1225年的秋天回到蒙古草原，结束了前后七年的远征。

另外，我们再来看一下在这次西征之中术赤等皇子的行动。察合台和窝阔台率领第二军团进兵讹答剌城。他们在攻陷讹答剌后，便与术赤所统领的第三军团会合，攻下锡尔河下游的苦盏，又往西南进发，降伏了乌尔根奇。而成吉思汗的幼子拖雷则征伐了伊朗东部的呼罗珊，攻下了军事重地比尔詹德和内沙布尔，其中内沙布尔城的攻防战尤其惨烈。内沙布尔城的居民装置了数百支弩炮（发射箭矢的机器）和枪弩炮（发射长枪的机器），打算以当时新锐的兵器防御蒙古军。另一方面，攻城的蒙古军则除了弩炮和枪弩炮，还准备了数百上千个石油壶投射器（将石油点火再投掷出去的机器）和大量撞壁车（破坏城墙的车子）来进攻。两军展开了生死搏斗，最后内沙布尔城还是被攻陷了，据说城中居民只有大约四百个技工生还。

因为这次成吉思汗西征，蒙古帝国把西方的喀喇契丹王国和花剌子模王国消灭了，不仅占领了中亚，还拥有了远至阿姆河以南的西亚地区，包括阿富汗、伊朗等地区。而在东方，蒙古帝国还吞并了满洲①。在南方，蒙古帝国则越过长城，拥有了黄河以北的大部分土地。这样一来，一个庞大的世界帝国就形成了。

而这时候距离统一蒙古草原，蒙古帝国第一次在世界史上登场还不到二十年的时间。如若从铁木真落魄潦倒，彷徨在草原之上的少年时代开始算起，前后也不到五十年的岁月，实在令人惊叹。

分封诸皇子

成吉思汗结束远征，从西方凯旋。1225 年，他驻扎在土拉河河畔的本营。其间，他按照西征时各个儿子的表现，把广大的领土分封给他们。

成吉思汗曾经在 1206 年召开的忽里勒台大会上分封八十八位功臣，后来在第二年，他又想到自己的儿子和弟弟，也将民众分赐给他们。根据《蒙古秘史》所载，当成吉思汗的长子术赤征服了西北方的"森林部民"而凯旋时（1207

---

① 满洲是部族名而非地名。日本人用"满洲"称呼中国东北地区，是其侵略历史的遗留问题。读者须自辨。——编注

年），成吉思汗把这些森林部民赐给了术赤，同时他还把民众分给了其他的儿子和弟弟。以下让我们引用《蒙古秘史》的原文来加以说明：

> 成吉思汗降旨说："艰辛地收集百姓，有朕的母亲。在朕的诸子之中，长子是术赤。在朕的诸弟之中，幼弟是斡惕赤斤。"于是，他分给母亲、斡惕赤斤共一万户百姓。母亲嫌少，没有作声。分给术赤九千户百姓，分给察合台八千户百姓，分给窝阔台五千户百姓，分给拖雷五千户百姓，分给合撒儿四千户百姓，分给阿勒赤歹二千户百姓，分给别勒古台一千五百户百姓。

这里提到的赏赐人数，有时说明了是当时战士的数目。也就是说，成吉思汗把可以征集一定数目的战士的游牧民集团，以及足以令那些游牧民安乐生活的游牧地分封给了诸人。不过，并没有记载具体分封的是哪些地方。成吉思汗从西方远征归来以后，他又把新领土分封给了他的四个儿子。先前分赐人民只是分赐蒙古的游牧民，西征以后的分封则是在新领土上封邦建国。

首先，他把蒙古草原分给自己的幼子拖雷。不过，这当然是成吉思汗死后才能转交的土地。虽然拖雷在父亲死后继承了蒙古本土的拥有权，不过随着窝阔台即位为汗，拖雷非常果断地把蒙古本土大部分的土地都转让给他。至于长子术赤，他分得了里海北部康里人和钦察族所居住的地方（即现在哈萨克斯坦西部到乌克兰的土地)。而次子察合台则取得了东面伊犁河流域到西面撒马尔罕、布哈拉一带的喀喇契丹的旧领土(即现在的哈萨克斯坦东部和吉尔吉斯斯坦)。另外,三子窝阔台取得了阿尔泰山以西额敏河流域的乃蛮国故地(现在的准噶尔盆地一带)。

察合台的封地成了察合台汗国,窝阔台的封地则变成了窝阔台汗国。至于长子术赤,他得到了里海北部的吉尔吉斯草原,后来他的儿子拔都又远征欧洲,把疆土扩张到南俄罗斯一带。拔都就在这里建立了钦察汗国。

后来,到了第四代宪宗蒙哥汗在位的时候,他的弟弟旭烈兀汗攻打西亚,攻陷了伊斯兰帝国阿拔斯王朝的首都巴格达。1258年,旭烈兀建立了伊尔汗国。因此,人们一般把这四个汗国合称为蒙古帝国中的四大汗国。

蒙古帝国中的四大汗国表

国名	始祖	首都	疆域	国祚
察合台汗国	察合台	阿力麻里	中亚部分地区、新疆部分地区	1224—1369年
窝阔台汗国	窝阔台	叶密立城	蒙古草原西北部(准噶尔盆地)	1224—1310年
钦察汗国	拔都	萨莱城	西伯利亚西半部、俄罗斯南部	1243—1502年
伊尔汗国	旭烈兀	蔑剌哈 大不里士 苏丹尼耶	阿富汗、伊朗、伊拉克、土耳其、叙利亚	1258—1353年

巨星陨落

1225年年底，成吉思汗第二次亲征西夏。这次出兵有两个原因。第一，蒙古军在攻陷西夏国都中兴府（兴庆）时，西夏发誓会成为蒙古军的右手，以此作为投降的条件，不过当成吉思汗带兵西征时，西夏却没有遵守约誓，连人质也没有送上。另一个原因是，假如蒙古军要平定金国，他们必须完全控制西夏，才可以以此为根据地从西方攻打河南，冲击金军的侧面。

蒙古军南下攻下了西夏领土内的各个城市，征服西夏国的战争眼看便要取得胜利。这时，成吉思汗却在宁夏地区的六盘山中狩猎时坠马受伤。他因为这个伤，最终在1227年8月逝世了。成吉思汗在位二十二年，临终时只有拖雷陪伴在侧。成吉思汗留下了遗言，要求拖雷在西夏被歼灭前隐瞒自己的死讯。另外，他又命令拖雷把西夏国王李睍一族及西夏国都的居民全部杀死。由此，西夏自李元昊建立以来，经过了十代共一百九十五年后终于灭亡了。

蒙古军暗中把成吉思汗的遗骸送回蒙古草原，负责护送他的灵柩前行的蒙古兵在途中杀死了遇见的所有人。这可能是为了隐瞒成吉思汗的死讯，也可能是为了让成吉思汗死后仍有人侍奉，当然他们有这种想法是因为迷信。一般认为他的遗体被埋葬在斡难河、克鲁伦河、土拉河三条河的发源地不儿罕合勒敦山的一座山峰的深处。

根据传说，成吉思汗生前在不儿罕合勒敦山中狩猎时，向左右的人说："这个地方正适合当我的墓地。"由于不儿罕合勒敦山与蒙古族有很深的渊源,此后许多蒙古的大汗也被埋葬到这个地方。这个圣地由森林部民乌梁海族的千户所守护,其他人都不可接近这个地方。

不仅是蒙古人,一般亚洲北部的游牧民族都习惯把遗体深深地埋到地下,而并不会在地上留下丝毫的印记。踏入二十世纪,我们在蒙古草原上发现了不少匈奴贵族的坟墓,又在阿尔泰山中找到了许多突厥系高车族人的墓地,他们的遗体全都被深深地埋葬到地下,且地上并没有丝毫标识。我们至今为止都没有发现任何成吉思汗及他的继任者的坟地,这大概就是个中的原因吧。

第五章　对成吉思汗的评价

宽容与仁慈

　　成吉思汗作为全蒙古的大汗，拥有非常优越的出身。他祖父的家世显赫，但自从九岁时父亲死去以后，他一直过着艰苦的生活。先父的领地被敌人泰赤乌部夺走后，他们一家的生活陷入极大的困境之中，只能采集野草，捡拾树上掉下来的果实，猎取野鼠，勉强在饥饿中生存下去。

　　成吉思汗在这样的环境中好不容易长大成人，又突然被泰赤乌部袭击，经历了九死一生。没等他安下心来，很快又被蔑儿乞惕部袭击，甚至连他最爱的妻子孛儿帖也被掳走了。就这样，他的生命接连经历了各种苦难。

　　但正如古语所说："玉不琢，不成器。"成吉思汗在青年时代经历了这样的逆境，正好使他天赋的性格得到了磨炼。那么这种天赋的性格究竟是怎样的呢？

直到成年后结婚为止，成吉思汗都不过是在草原上彷徨的一匹狼。但他得到了克烈部长王罕和盟友札木合的帮助，成功向蔑儿乞惕部报仇雪恨。在这场复仇战后，他又很快吸引了草原上的战士为他效命。究其原因，这完全在于他宽容的性格，以及对自己部下的仁慈之心。他与札木合的关系，最能反映他的这种性格。

虽然成吉思汗与札木合出身的氏族不同，但因为他们同样是蒙古部的人，特别是牧地相连，因此年幼时就互相称对方为安答（盟友）。然而，二人到最后却又成了竞逐蒙古大汗之位的对手。

成吉思汗得到札木合的援助向蔑儿乞惕部报仇，夺回被掳去的妻子孛儿帖后，曾与札木合一同行动过。那时候成吉思汗集团的势力远比札木合集团的势力弱小。

然而，成吉思汗在那次共同生活中，以他宽容的品德完完全全收拢了人心。成吉思汗声望日重，不久札木合就为此而与他分开。这之后不久，成吉思汗就第一次获拥戴为蒙古大汗。

自古以来，一山不能藏二虎，成吉思汗与札木合二人是生命里的宿敌。而每次战役后，札木合的威势都更弱了。札木合当初在战事上总是占据优势，但成吉思汗的名声却一点没有衰败，即便札木合取得了胜利，其手下的战士也会出于仰慕而投靠成吉思汗。

这让札木合变得越来越焦躁，他玩弄了各种计策，但却节节败退，以致最终沦为贼寇。后来，他还被自己的随从背叛，被押送到成吉思汗面前。

然而，虽然数次被背叛，但成吉思汗还是非常怀念他跟札木合年幼时的关系。他打算宽恕札木合的罪行，却因札木合的请求，最后不得已，以一种蒙古特殊的恩典绞死了札木合。由此看来，成吉思汗实在是个有情有义的人。

赏罚分明

统一了整个蒙古族，接受了大汗之位的成吉思汗很好地做到了知人善用、赏罚分明，成为众望之所归。他一生几乎都在战场上度过，因此尤其注意军制的整备，以及军纪的严正。下面我们便举出这方面的实例予以说明。

皇座上的成吉思汗（出自拉施特的《史集》）

在远征花剌子模王国期间，术赤、察合台、窝阔台三个皇子在攻下阿姆河下游兀笼格赤城（花剌子模王国的旧都）时发生了一件事情，《蒙古秘史》对此有以下的记录：

> 术赤、察合台、窝阔台三个皇子占领了兀笼格赤城后，三个人把各城百姓分取了，没有留下献给成吉思汗的一份。成吉思汗恼怒术赤、察合台、窝阔台三个儿子，有三天没让他们拜见。于是，成吉思汗的臣下奏道：
>
> "我们征服了抗命不服的花剌子模的札兰丁，夺取了他的城邑、百姓。被分取的兀笼格赤城，分取的皇子们，都是成吉思汗所有的。蒙天地佑护，我们已如此征服了花剌子模的百姓，您的众多军马正在欢腾，大汗您为什么如此发怒呢？皇子们已经知错惧怕了，今后引以为鉴。但恐皇子们冷了心懈怠起来，望恩赐准予拜见吧！"
>
> 成吉思汗息了怒，让术赤、察合台、窝阔台三个儿子来见，引证祖言、分析古语责备他们，直说得他们无地自容，额上的汗擦也擦不尽。正在责备、教诲、宣谕时，他的侍臣向成吉思汗奏道：
>
> "像刚开始调教、练习的雏鹰，皇子们初学出征，为什么要这样责怪他们，使他们退缩、困惑呢？这样恐怕会使他们惧怕而灰心吧？从日出到日落之地，敌国还多。像指挥土蕃狗似的，让我们去征讨敌国吧。若蒙天地佑护，我们为您取来金银、缎匹、财物、百姓、人口……"
>
> 成吉思汗听了这番话后，息怒称是。

这一段文字是不是把成吉思汗的面目刻画得栩栩如生呢？顺带一提，我们在这里以口语翻译了《蒙古秘史》的一节，本来在蒙古语中这是很出色的文章，充分表现出了蒙古语高雅的格调。

从上文看来，成吉思汗会以严厉的军纪规训麾下的蒙古军。不过，西方的史学家却没有考虑这一点，他们认为成吉思汗享受侵略和征服的感觉，简直就像嗜血的恶魔一样。他们利用被蒙古人征服的伊斯兰教国家的书写记录作为素材，加上对作为异教徒的蒙古人的憎恶，因此对成吉思汗的行动的评价自然非常严苛，绝不能说是正确的实录。

成吉思汗西征是一场以寡敌众的远征。游牧民既然要长驱直进，入侵定居民的农耕地，就无可避免地会从敌人身上掠夺粮食。蒙古军在攻城时，首先会派出劝降的使者。如果敌方立刻投降，那他们不会在掠夺以外再做破坏。不过，如果敌人多少有反抗的尝试，他们一旦攻破城池，便会把那个城市的防卫设施破坏掉，把敌方的壮丁充军或全部杀死。如果敌方到最后仍负隅顽抗，又或者把劝降的军使杀死，那么蒙古军便会彻底地破坏城市，屠杀全部居民。这是蒙古军的惯例。

根据中国方面的史料，蒙古在征伐西夏王国和金国时，比上述的常态都要宽大。如果他们对待宿敌金国是那样的话，我们很难想象蒙古军在西征的时候会特别残酷。

巴米扬和内沙布尔遭到彻底的破坏，可以说是例外。巴米扬的情况是因为在攻城时察合台的孩子被流矢射杀。悲伤的成吉思汗决定要为爱孙报仇，因此强袭了这个城市，城里任何一个居民都未能幸免，任何一件物品都被彻底破坏。

内沙布尔城的情况也很相似。攻击军的主将是拖雷汗的妹夫脱忽察儿，他在这场战役中战死，蒙古军为了报仇把技工之外的全部居民都杀死了，据说城中尸体堆成了金字塔。这些情况都是因为一族之中有人被杀死了，蒙古军情绪高涨所致。这当然是难以容许的事情，不过这些情况也应该被看成是特例。

蒙古的骑士道

成吉思汗比谁都要重视蒙古的骑士道。即使是敌方的战士，要是能为自己的主公反抗到底，成吉思汗也会因此而丰厚地赏赐那个人。勇将哲别本来出身于泰赤乌部，他在阔亦田的激战之中，为成吉思汗的敌人泰赤乌部上阵，留到最后一刻，以强弓瞄准成吉思汗，最终弄伤了成吉思汗坐骑的下颚。不过，成吉思汗赞赏哲别的忠诚正直，决定起用他为家臣，最终把他培养成独当一面的名将。这事相当有名。

有些人与哲别的情况相反，他们在危急关头对旧主公弃而不顾。成吉思汗往往会把这些来投靠他的不忠者处斩，没有一点宽恕的余地。札木合的随从便是那样。札木合和他的五个随从一同沦为贼寇，随从把札木合抓住了，投奔成吉思汗，一心希望可以借此换取赏赐。这时，成吉思汗却反过来在札木合面前把那些不忠不义的随从处斩。正如前文所述，他满怀恩情地对待札木合这个背信弃义的朋友。

宽恕、仁慈等德行确实是身为将领应有的条件，而成吉思汗就是兼备这些德行的英雄。自古以来担任将领的人物很多，能够征服世界而被称为英雄的人也不少，亚历山大大帝、拿破仑，或是丰臣秀吉大概也可以列入其中。他们投入所有的力量征伐各国，攻城略地，扩大领土，不过那些庞大的帝国及其广阔的领土都在他们生前或死后立即瓦解了。只有成吉思汗创立的蒙古大帝国不同。他的子孙们，一支成为君临中国近一百年的统治者（大元帝国），一支控制亚洲西部接近一百五十年（伊尔汗国），还有一支则成功把俄罗斯人纳入统治之下超过两个世纪（钦察汗国）。这在世界史上实在令人惊叹。

成吉思汗与女性

俄国著名的蒙古史学家弗拉基米尔佐夫（Vladimir Zoff）在参考了《蒙古秘史》等材料后，这样论述成吉思汗与女性的关系：

> 成吉思汗除了孛儿帖、忽兰、也遂、也速干四位后妃，还有很多美丽的妃妾。因此，他在帐幕中时，往往会被这些美女簇拥着。即使是征战时，他也经常要几个后妃陪伴他。不过，他却没有沉溺于这些妃妾的美色之中。

在波斯的历史学家拉施特·阿拉赫的记录中，我们可以找到这样一段内容：

> 有一天，成吉思汗向他的幕僚博尔术问道："什么是人生

最大的快乐?"博尔术回答说:"在春天时带着猎鹰,骑着骏马,出外狩猎,当我看到猎鹰飞来把鸟儿击落时,就是最大的乐趣。"各个在场的将领都有相同的答案,大汗说道:"与此相比,战胜敌人,夺取他们的骏马,将他们的妻子和女儿捉住,把她们纳为自己的后妃,这才是人生最大的快乐。"

他的目标就是要打倒敌人,从敌人手中夺取猎物,因此他擒获女性的时候,就好像夺得财物和马匹一样快乐。可是,纵使成吉思汗具有宽容的德行,他身为人类,身为男性,有时候也会流露出嫉妒之情。这里我们引用一则《蒙古秘史》中流传的故事:

> 成吉思汗击破蔑儿乞惕部时,纳牙阿伴着蔑儿乞惕部的女子忽兰一同前来。成吉思汗知道纳牙阿中途把女子留在帐幕内三日三夜后,大怒着说:"仔细问了,按照法令来惩罚他。"正问话间,忽兰说:"纳牙阿是担心路上兵荒马乱,因此才要带我们同行。于是把我留在他的帐幕中三日。如今若蒙大汗降恩,与其审问纳牙阿,不如查验我这上天所赐、父母所生的肌肤吧。"成吉思汗听取忽兰之言,那天就查验了忽兰的身体,发现果然与她说的话半点不差。因此,成吉思汗特别宠爱忽兰,也因纳牙阿是"至诚之人"而赏赐了他。[①]

[①] 此处与《蒙古秘史》的文字记载略有出入,或非作者直接引用。——编注

我们还可引用另一则《蒙古秘史》中记载的故事：

> 一日，成吉思汗与塔塔儿出身的两位妃子也遂、也速干一同在外面饮酒，也遂长声叹息。成吉思汗因此有了嫉妒和疑惑之心，于是便到附近各部落调查，最后在帐幕附近发现一个年少的人。成吉思汗问他是什么人，那个人回答说："我是塔塔儿部的人，曾是也遂的夫婿。当初她被掳去时，我因为恐惧而逃走了。如今安定下来了，我想秘密打听一下她的消息。"成吉思汗知道了他是塔塔儿人，便命令人把他带到自己看不到的地方，把他斩杀了。

也有一些情况与此相反。他的正夫人孛儿帖被蔑儿乞惕部掳去后，成了敌方力士赤勒格儿的妻子。但成吉思汗夺回自己的妻子以后，还是没有改变对她的态度。这深厚的爱情实在值得尊敬。

第六章　继承者们

继任的皇子

根据《蒙古秘史》，成吉思汗打算出兵攻打花剌子模时，他的妃子也遂建议他选定汗位继承人：

> 大汗您越高山，渡大河，长途远征，只想平定诸国。但有生之物皆无常，一旦您大树般的身体突然倾倒，您那织麻般团结起来的百姓，交给谁掌管？您所生的杰出的四子中，您将把国家托付给谁？这事该让诸子、诸弟、众多下民、后妃们知道。

成吉思汗听到也遂的这番话以后，便让四个孩子各自叙述自己的意见。由于很久以前长子术赤的出身就成疑，大家都怀疑他可能有蔑儿乞惕的血统，因此他就失去了继承的资格。

窝阔台汗像

至于次子察合台，他因为术赤的出身而非常敌视自己的哥哥，而这也惹来术赤的反感。结果，在术赤、察合台两位兄长的推荐下，第三子窝阔台被指名为继任者。

虽说如此，但正如《蒙古秘史》所述，成吉思汗内定窝阔台继位一事并不是那么单纯的。后面我们还会提到，蒙古传统的习俗是会在忽里勒台大会上选出大汗。即使是成吉思汗，也不会单凭术赤和察合台的意见，就轻率地决定谁应该继承自己的事业，拥有这伟大的蒙古帝国，成为其元首。从四个王子之中，成吉思汗早就发现第三子窝阔台有着与父亲相差不远的豁达的度量和仁慈之心，而且他的性格非常温厚，在判断事情时也表现出很强大的意志力。因此，成吉思汗早在心中暗自决定要指定窝阔台为继任者，他只是瞄准了这次机会。趁着也遂皇后发言的这个时机，成吉思汗在因为西征而聚集的诸王和勇将面前，预先内定了继任者。同时，他也征求了儿子们的意见，这是希望将来兄弟之间不会产生争端。

窝阔台被推举为候选继任人，他发誓说：

> 如果今后我的子孙中出了尽管裹上草，牛也不吃，裹上油脂，狗也不吃的不肖子孙，出了麋鹿敢在他面前穿越，老鼠敢跟在后面走的无能子孙，那你们就把我的位置拿走吧。

就这样，成吉思汗内定了窝阔台为继承人，要让他成为蒙古帝国第二代大汗。因此，成吉思汗死后，蒙古诸王和主要的贵族按照传统于1228年在克鲁伦河的河中岛召开忽里勒台大会，遵照成吉思汗的遗愿，把窝阔台推举为蒙古帝国第二代大汗。窝阔台当时四十三岁。

《蒙古秘史》叙述道：

> 鼠儿年（戊子，1228年），察合台、拔都等右翼宗王，斡惕赤斤·那颜、也古、也孙格等左翼宗王，拖雷等本部宗王，公主们、驸马们、万户长们、千户长们聚集到一起，大聚会于克鲁伦河阔迭兀·阿剌勒（河中岛）举行，遵从成吉思汗指定继位人的圣旨，拥立窝阔台为大汗。

拖雷在成吉思汗死后监国（摄政），当时他的领地在斡难河和克鲁伦河两条河的流域，这次忽里勒台大会就是他召集的。正因如此，忽里勒台大会举行之初，大部分人的意见都倾

窝阔台汗即位,拖雷跪在地上(出自拉施特的《史集》)

向于拥戴拖雷。不过,大臣耶律楚材大力地居中斡旋,聚集了窝阔台的支持者,又对拖雷表明窝阔台才是他们先父生前提名的继承人,最后窝阔台终于可以即位。据说这次大会期间,有四十日都白白在宴会之中度过。

蒙古的忽里勒台大会

忽里勒台在蒙古语中有"集会"的意思,亚洲北部的民族从以前就有类似蒙古忽里勒台的部族集会。譬如匈奴就会在一年中的正月、五月(春天)和九月(秋天)举行三次集会。那个时候,各个部族族长和贵族会聚集起来,在单于(君主)主持之下,举行国家的祭典,为部族族民的安全、家畜的繁殖等祈祷，祭拜天地鬼神，同时也会讨论租税赋课和其他国家大事。这种集会的目的是通过祭奠天地鬼神，而使部族之间更加团结，同时在单于的统筹下召开联合会议，也可使国家政治更顺畅地运行下去。

蒙古族似乎也自古就有忽里勒台大会。成吉思汗的曾祖父就是在忽里勒台大会上获推举成为大汗的，札木合也是如此。但是，忽里勒台大会的规模变大，变成具有"国会"那样的性质，这是成吉思汗成立蒙古帝国之后才发生的事。

箭内亘博士的《蒙古的国会即忽里勒台大会》一文是有关忽里勒台大会的详细的研究。根据这篇论文，忽里勒台大会的成员有蒙古的各个王侯、驸马、功臣、高级官僚，他们在这里商议国家最重要的事项，包括：（1）选定大汗的候选人及进行即位的仪式；（2）议定征伐外国的计划；（3）宣布法令。其中蒙古大汗的选举尤其重要。为了避免掌权者独断行事，大汗由许多人推举出来。这就避开了父子世袭制和长子继承制，而是根据其人本身决定他能否成为大汗。即使忽里勒台大会并不像现在的议会制度或共和国的总统选举制一样进步，但它也是亚洲北部游牧民族所推行的一种朴素的民主制度。

可是，这样朴素的民主制度还没有很成熟，因此人们常常在忽里勒台大会上发生纠纷。在继承大汗之位这件事上，忽里勒台大会反而助长了皇族之间反目成仇、大臣之间互相倾轧的风气，之后还导致国家陷入分裂。而且，到了元代，受此影响，弑君的现象反复出现，权臣又形成了朋党，这最终演变成国家灭亡的主要原因。

金国的灭亡

窝阔台汗在中国称作元太宗[①]。太宗的双肩承担了父亲成吉思汗未完成的任务,就是要把东方的金国和西方的花剌子模王国完全征服。成吉思汗在远征西方时,任命了将军木华黎为金国的占领军总指挥,让他负责黄河以北的占领区域的善后处理工作。太宗在即位以后的第二年(1230年),便带同弟弟拖雷等人一起踏上征途,进攻在河南苟延残喘的金国。

拖雷带领右翼军从西南方攻打河南,太宗亲自渡过黄河从北方正面进攻,速不台的军队则包围了(金国)国都汴京。金国的哀宗为此忧惧交加,他把人质送上,又把金帛珍宝赠送

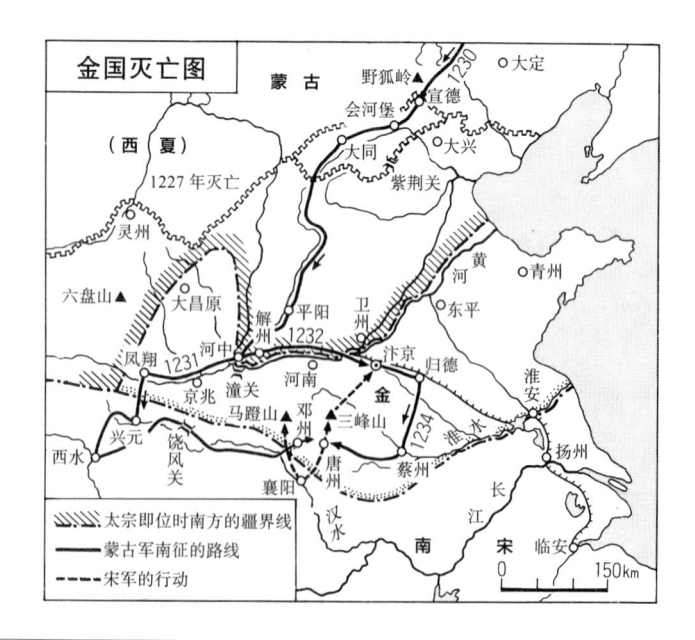

[①] 元太宗是忽必烈于1271年改国号为"元"后追尊窝阔台的庙号。——编注

给太宗，希望能与蒙古议和。太宗接受和议，暂时移兵到长城以北避暑。之后，太宗却突然被病魔侵袭，拖雷也患病了，最终还因此丧命。《蒙古秘史》中关于拖雷之死的说明很清楚地表现出蒙古人信奉萨满教（萨满〔巫师〕由神灵附体，治疗疾病，并能占卜家事和结婚等事项，给出预言）的宗教观：

> 窝阔台汗得了病，口不能言。得病难过时，人们让巫师占卜，他们说："金国的土地神、水神，因为他们的百姓被掳，各城被毁，所以急遽为祟。"宗王拖雷正在他身边，就说："如果大汗兄长你真有个不测，众多蒙古百姓将成为遗孤，金国人必将快意，让我来代替我的大汗兄长吧。"说着，巫师就诅咒了，把诅咒的水让拖雷大王喝了。

他们把病看作是敌方的神灵作祟，而拖雷则成了哥哥太宗的替身，奉献了性命。

另一方面，金国也违反了刚刚成立的和议——杀了蒙古劝降的使者。于是，汴京再次被蒙古军围攻。蒙古军派使者到南宋与其相约夹攻金国，蒙宋两军合力于1234年攻下蔡州城，迫使金哀宗自杀，又占领了河南地区。金国在经历了九代共一百二十年以后终于灭亡了。

汉地的恩人

从蒙古帝国到元帝国的整个时代，蒙古人把金国的旧领土——淮河以北的土地称为汉地。拯救汉人，让汉地没有因元朝统治而变成游牧地的人，正是名臣耶律楚材。

耶律楚材是契丹人，是辽国宗室的子孙。辽国灭亡之后，他的祖先几代都在金国当官，他的父亲就担任了尚书右丞这样的高官。耶律楚材于1190年出生，从小就聪明好学，通晓儒教、道教、佛教的教理，同时也精通天文、地理、医学、数学。因此，他十七岁时便已在科举中考得第一名。这一年恰巧是成吉思汗即位的那一年。

耶律楚材遇上成吉思汗，是成吉思汗第一次出征金国的时候。蒙古军攻陷金国中都（现在的北京）以后，成吉思汗听说耶律楚材作为政治家有着很高的声望，于是便把他请来当自己的政治顾问。从那以后，耶律楚材便诚心诚意地为创建蒙古帝国效命，为统治新征服的领地而竭尽全力。也正因如此，成吉思汗非常信任耶律楚材。他曾经对自己的儿子窝阔台汗

耶律楚材塑像（耶律楚材祠）

说:"这个人是上天赐给我们家的礼物,以后国家政治方面的大小事务都可委托给这个人处理。"

窝阔台汗也非常信服耶律楚材。有一次,他宴请诸王时,赐酒给耶律楚材,亲切地说:

> 朕遵循先帝遗命,一直衷心信赖你。如果你不在,我也不知道现在中原的政局会变得怎样。朕现在可以高枕无忧,完全是你的功劳。

以下还有一段逸事,可与窝阔台汗的话相呼应。

有一次,太宗的近臣进言说:"汉人对我国来说一点用也没有,我们不如把汉人全部赶走,把空出的土地改为牧地,您觉得怎样?"耶律楚材听到这番粗暴的话,便驳斥道:"如果做那样的事,陛下从今以后想要继续南征,那些军需究竟要从哪里找来呢?中原的租税、商税,以及盐、酒、铁等专卖品,一年间的收益可达到白银五十万两、帛八万匹、粮食四十万石。这就能提供充足的军费。"终于,太宗委托耶律楚材管理汉地的税收,汉地和汉人也因此躲过一劫。可见耶律楚材的建议和辅佐,为蒙古人统治汉地带来了多么大的助益。可以说,是耶律楚材把汉人从灾难中拯救了出来,他的确是汉人的恩人。

另外,自金末蒙古军入侵以来,汉地长期精神风貌不佳,耶律楚材一直努力不懈地复兴汉地的学问。当金国南迁以后的都城汴京(今河南开封)落入蒙古军手中时,耶律楚材找到了孔子第五十一代孙孔元措赐其尊号,又把散落在各个地方的与山东曲阜孔庙有渊源的礼乐之士聚集起来,借此复兴礼乐。他还保护了因战乱而漂泊凋零的儒家学者,为他们设立了编修所和经籍所。这些措施针对的不仅是学者和文人,还有稳定民心的作用,使汉地百姓惶恐不安的心平静了下来。耶律楚材在成吉思汗到窝阔台汗两代大汗手下任职,完成了辅翼的大任。到了1244年,太宗窝阔台汗死后四年,耶律楚材以五十五岁的年龄离开人世。

顺便一提,耶律楚材这个人身材高大,仪表堂堂。因为留着漂亮的胡须,所以人人都喜欢称呼他为"吾图撒合里"(长髯人)。他跟随成吉思汗西征,一直从中亚走到印度,经常在大汗面前进言,在蒙古军的作战和占领地的行政方面给出了不少建议。这场征途使其留下了名为《西游录》的游记。虽然这篇游记篇幅较短,但却是描写当时中亚各个地区的风土、民俗、文物的贵重资料。

蒙古的间谍战

在消灭金国的当年或是第二年,窝阔台汗便在忽里勒台大会中决定远征俄罗斯和欧洲。1236年,他任命术赤的儿子拔都为总指挥官,又委任从高加索一直转战到南俄罗斯的经验丰富的勇将速不台为副总指挥官,命其辅助拔都。察合台家、窝阔台家、拖雷家各自交付兵力,编成了远征军的大部队。特别是,察合台家的长子不里、窝阔台家的长子贵由(以后的定宗)、拖雷家的长子蒙哥(以后的宪宗)也参加了这次远征,成为一军的指挥官。窝阔台汗因为这次远征欧洲而意气风发，远征军的规模十分盛大。《蒙古秘史》中这样描述：

> 这次出征者之中，凡管领百姓的宗王，应在其诸子中命其长子出征。不管领百姓的宗王们，万户长、千户长、百户长、十户长们，无论何人，也应命其长子出征。公主、驸马们，也应照规矩命其长子出征。……如果派长子出征，则军多势盛，力量强大。那边的敌人众多，敌国很多，兵锋坚锐。据说那些百姓愤怒时用武器杀死自己，他们的武器很锋利。

蒙古军按照惯例在出发远征之前，为收集欧洲方面的消息，派遣了密探到莱茵河河畔。这件事可以从下面一节波希米亚的歌谣中推敲出来：

勇敢战斗的蒙古士兵（出自拉施特的《史集》）

这些卡鲁达斯人大概共有五百人。

他们的服装着实与众不同，徒步走来走去的样子实在奇异。

他们在头上戴上高高的帽子，在身上穿戴短短的衣服，又把绳子放入怀中。

在涓涓的小河边，他们直接用嘴喝水。

他们乞求食物时，感谢的言辞中，把神称呼为卡鲁达斯。除此以外，他们经常在话里提到卡鲁达斯，所以人人都称呼他们为卡鲁达斯人。

……

他们终于到达莱茵河，不久又踏上归途。波希米亚的人们太疏忽大意了，这成了他们懊悔的事。

我们也无法不懊恼，让这些人通过，让他们自由地在全国各地奔走，任由他们四处观看，任由他们侦察各国。

（岩村忍《蒙古的欧洲远征》，三省堂，昭和十六年〔1941年〕。为了使行文更易理解，引用时做了相应调整）

这些卡鲁达斯人说的就是从蒙古帝国来的间谍。

拔都远征欧洲

在拔都的指挥下，蒙古军像疾风一样席卷俄罗斯草原。1237年，蒙哥率领右翼军越过伏尔加河，年底便攻到了莫斯科。第二年2月，他们又攻陷了弗拉基米尔，在那里大开杀戒。3月，弗拉基米尔大公尤里二世最终战死。

拔都的本军暂时返回了大本营，但之后又向南俄罗斯推进。1240年，他们攻打基辅，在这个城池大肆杀戮。基辅这个美丽的城市被破坏，壮丽的基督教寺院也被烧毁了。蒙古军就这样在1240年之前征服了俄罗斯大部分城市。第二年（1241年），从基辅分出的一支蒙古军队击破波兰军，攻陷了克拉科夫，进入了德意志领地里格尼茨，在近郊把德意志和波兰联军击破了。这就是著名的瓦尔斯塔特战役（因战场而得名）。他们从这里南下，目标直指匈牙利，在与拔都的本军会合后，攻下了匈牙利的首都佩斯（布达佩斯），并蹂躏了沿途各地。匈牙利人以马扎尔人为主，他们是突厥系的民族，于九世纪末从顿河、第聂伯河河畔迁移到西方的多瑙河河畔，并在那里建国。

1241年，蒙古远征军在匈牙利的野外布阵过冬。不过在这个时候，窝阔台汗的死讯从本国传到拔都这里。这个消息随后立刻被传达给了在欧洲各地作战的诸王子和将军。1242年蒙古军便陆续从匈牙利撤退东归了。

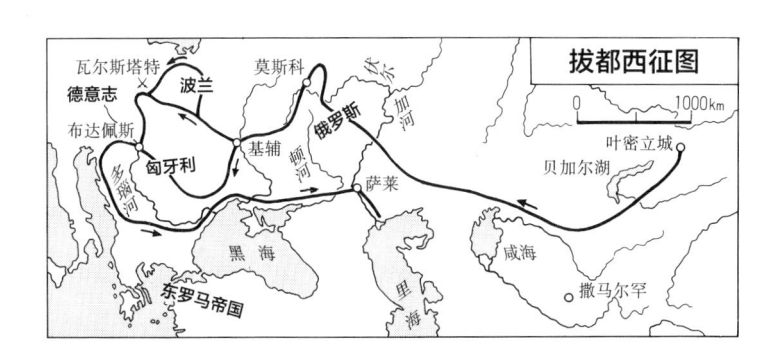

拔都西征图

钦察汗国

由于这一次大远征,那些占领地全部成为拔都的领土。他以伏尔加河下游的萨莱为首都,建立了钦察汗国(因为钦察部是汗国的主体,所以以此为国名)。在蒙古帝国之中,这个汗国位于最西端,从咸海和里海北方的吉尔吉斯草原,到黑海北方的南俄罗斯草原,还有拔都远征所得的欧洲东部(包括莫斯科、基辅等),这广大的领域全都属于钦察汗国。

钦察汗国的领地中除了以钦察部为中心的拔都的直辖地,东部还有拔都弟弟青帐汗和哥哥白帐汗所支配的领土,分别成了钦察汗国的其中一翼。

那么,让我们来考虑一下蒙古军这次远征欧洲,其规模如此之大,目标到底是什么?此前成吉思汗曾经对术赤说过:"由你这儿往西,只要蒙古军马蹄所能踏足的土地都交给你。"

拔都和其后妃(出自拉施特的《史集》)

不过，这个约定还没有实现，成吉思汗和术赤便都死了。假如窝阔台和察合台两家各自都拥有富饶的土地，这些领土都因位于东西交通贸易要道上而对经济极为有利，那么窝阔台汗也有责任把相应的领地分给术赤家。一般认为这就是拔都远征的主要目的。

条条大道通哈拉和林

《蒙古秘史》的最后记录了窝阔台汗自己的话，他说自己在位的时候，有四样功绩，也有四个过失。世界上的皇帝多喜欢夸耀自己的功业。就好像清朝的乾隆帝一样，他写作了《十全记》记录自己的"十大武功"，非常自满，却绝口不提自己的任何过失。与乾隆帝相比起来，窝阔台汗的四功四过，使他怎样看都比较大量，反倒容易让人有好感。这四样功绩的其中一样是：

> 为使我们的使臣在路上疾驰，以及搬运所需用的东西，设置了站赤（驿站）。

其意思是，为了能在蒙古帝国广大的领域内进行联络，设立了驿传制度。这是在窝阔台汗的伟大政绩里，特别值得详细讨论的一项。

在中国，从秦汉时期开始，驿传制度就已经相当发达，特别是唐代，连接首都长安和其他地方的驿传制度十分完备。根据西方波斯那边的史料，蒙古从成吉思汗时代开始已经仿效中原王朝的制度，在官道上设置了驿站。

> 成吉思汗仿照中原王朝的制度，为了使因公务而往返的使者更容易出行，在官道上设置驿舍，驿马、食粮、马车等都由附近居民来负担。由于道路上有严密的监察，盗贼的问题也解决了。(《多桑蒙古史》)

这样的制度大概是跟辽帝国和金帝国学回来的。不过，在成吉思汗的时代，大概只有一部分的公路设置了驿站。真正在蒙古帝国全国范围大规模实施了这个制度的是窝阔台汗。

> 我们的使臣来往，使得百姓也沿途奔驰，来往的使臣其行程迟延，百姓也劳累受苦。如今朕颁布定制，由各处千户，派出札木臣（主管驿务的人）和兀剌阿臣（主管驿马的人），在各处设置驿站。使臣们没有紧要事，不得沿着百姓处来往，而要沿着驿站来往。

这是《蒙古秘史》中窝阔台汗自己说的话。他决定从各个千户处调动驿传所需要的人马，配置到沿着道路所设的驿舍，目的是在不折腾平民的情况下，方便使者。

在这么广大的范围内设立驿传制度应该是在窝阔台汗即位的第六年，也就是1234年发生的事。那一年正是金国灭亡的时间，也是拔都的蒙古远征军出发的前一年。对于窝阔台汗来说，他有必要不断与察合台及拔都等人互通消息。《蒙古秘史》记下了驿传制度创办的始末，提到窝阔台打算要设置驿传，使从自己到察合台，再从察合台到西方的拔都之间都有能够相通的驿站，即清楚显示了窝阔台的这一用心。

接着第二年（1235 年），窝阔台在哈拉和林（Kharakhorum，在蒙古语里是"黑色森林"的意思）与中原边境上设立了三十七个驿站。这样一来，在蒙古的领土内，西面直至钦察汗国的乌拉河河畔及察合台汗国的阿姆河河畔，东面直至兴安岭，南面直至河南汴京，沿途各有驿传通往哈拉和林这个中心。古罗马的谚语说"条条大道通罗马"，同样道理，我们也可以说"条条大道通哈拉和林"。

驿传的制度

为了方便因公务而出行的使者，为了减轻百姓因使者往返而受的苦，蒙古设立了驿传的制度。不过，使用驿传的人并不只有执行公务的使者，王侯、功臣、政府官员、传送公文和贡品的人都会使用驿传。另外，由外国来的使节也能利用驿传。第三代定宗贵由汗在位时，罗马教皇派遣的卡尔平尼，第四代宪宗蒙哥汗在位时，法国国王派来的鲁布鲁克，全都利用了这个驿传的制度。

驿舍和驿舍的距离，按照地形和当地有没有居民而有所变化，所以并不固定。不过，马行一日的路程之中，会有至少一个或更多驿舍。譬如，根据卡尔平尼和鲁布鲁克的游记，他们横越吉尔吉斯草原时，只要马走一日，就会遇上为接待使者而设置的站赤（驿站），即使他们在路上看不到其他任何东西，也是会找到驿站的。至于在荒原之外的地方，他们有时会在一日里看到二三所驿站，甚至是七所驿站。他们会在驿站里更换新马，继续旅程。

人们利用驿传时，必须要携带腰牌（也叫符牌）和大汗的准许状（铺马圣旨）。从蒙古时代一直到元代，符牌共有金虎符、金牌、银牌、海青牌、圆牌五类。符牌种类不同，行人在驿舍中便会有不同的特权。铺马圣旨之上记载着旅客应在各个驿舍得到多少人马和粮食的补给，还记录了其他重要的事项。携带这类符牌和铺马圣旨的人，在蒙古帝国内的各个地方都能行使这些权利。

驿站附近的居民中，有一定数目的人会被选为站户，负责维持驿站的运作。各站户无须缴纳租税，取而代之他们要承担驿站里的一切费用。按照规定，站户一般每十户需交付米一石，每百户需交付车十辆，以取代租税。除此之外，他们还要负责准备驿站常备的驿马，缴纳马匹的饲养费。一部分旅客的接待费也由他们负责。

驿传制度从窝阔台汗的时代开始发展起来。到了元朝，世祖忽必烈进一步整备了驿站的设备以及整个制度。有关元朝驿传的研究，目前已有羽田亨的《蒙古驿传考》《蒙古驿传杂考》（《羽田博士史学论文集》上卷），箭内亘的《元朝牌符考》（《蒙古史研究》）等三四篇论文。现在我们可看到的最具体的论述，大概是马可·波罗的游记《东方见闻录》中的以下一节：

> 从汗八里城有四通八达的道路通往各个行政区。每

成吉思汗的圣旨牌（金牌）

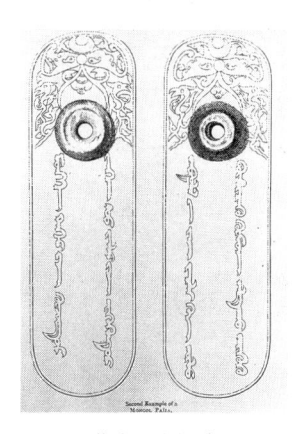

蒙古文字银牌

条路上，或者说每一条驰道上，根据城镇所处的位置，每隔二十五或三十英里，就设有一座招待旅客住宿的驿站，称作"站赤"或"急递铺"。站内的建筑高大宏伟，房间陈设豪华。……他们需要的一切物品都可以从驿站

元朝的海青牌（上部是海青这种鹰的头部纹饰）

八思巴文虎符圆牌（出土于托木斯克的波克托尔）

附近的城镇获得。……使臣可在驿站里更换坐骑。……在陛下的疆土内，承担站役的马匹不下二十万匹，而设施齐全的驿舍也保持有一万幢。

守成之功

太宗窝阔台汗在位十三年便驾崩了。虽然他在位的时间比他父亲要短得多，不过，他巩固了其父所创建的大蒙古帝国的统治，同时又倾尽全力完成了其父的遗业和理想。其中，在内政方面，窝阔台汗为了保持蒙古大汗的权威，在即位之初便让哥哥察合台和弟弟拖雷等行臣下之礼，他又颁布了成吉思汗所制定的大扎撒（大法令），以此作为蒙古帝国的宪法，确立了国家统治的大方针。

成吉思汗早在1206年设立的政府机构，是游牧国家的政府机构。但现在蒙古已经成为世界帝国，还包含汉地和中亚等定居民居住的新领土。因此，窝阔台汗参考了金国等国的制度，革新了中央政府机关的设计。他又在租税体系方面，把游牧民和定居民区分开来，再将定居民细分成居住在西域的人和居住在汉地的人，按照他们的情况制定了相应的政策。

东方的汉地，就像我们在前文看到的那样，由耶律楚材坐镇。至于西方，成吉思汗在位时已在各个要地设置名为达鲁花赤（darughachi，在蒙古语中是镇压者、监察官、总督的意思）的长官，让他们掌管军事和民政，与此同时还委任牙剌瓦赤及其子麻速忽管理占领地的财政。窝阔台汗更进一步整备了

窝阔台汗向一族展示扎撒（出自拉施特《史集》）

这些制度。他还在新占领的各个地方设置探马臣（驻屯军），致力于维持各地的治安。

哈拉和林

国都建设也是窝阔台汗伟大的功业之一。在成吉思汗的时代，蒙古帝国并没有考虑过设立首都的问题，国家的中心随着大汗的本营迁徙。当然这不是固定的宫殿。蒙古人以柳木作为骨架，再将白色的毛毡覆盖在骨架上，就可做出一个大帐篷。帐篷内围上绣有金线的绢布或金色的织锦等，足足能收容数百至一千人。诸皇子和贵族的帐幕环绕在大汗的大帐篷四周。人们把这些并排起来的帐幕称为本营。

但是，随着蒙古帝国征服东西诸国，在占领各个都市时把当地的学者、技工、艺术家捉住并带回蒙古，而且随着疆域扩大，东西文物的传播和人民的往来变得更加频繁，他们有必要建立一个能成为国家中心的都市。因此，1235年，窝阔台汗在鄂尔浑河河畔的哈拉和林筑城，打算把这里定为国都。蒙古军从各地带来了不少技艺高超的工匠，哈拉和林的都城就是这些人建造起来的。

哈拉和林的都城周长约3.5公里。城内的宫殿中有具备汉元素的万安宫，也有展示出伊朗特色的迦坚茶寒殿。蒙古人用汉族刻工和画师的作品来装饰万安宫，宫殿有四道门，第一道门只让大汗进出，第二道门让宗族、皇子使用，第三道门是后妃专用，第四道门则是为了庶民而开设的。据说皇子和大臣们的宅邸排列在宫殿的周围。可以考定，这个地方就是现在鄂尔浑河上游右岸的额尔德尼昭。

1254年（蒙哥汗四年），鲁布鲁克到访哈拉和林。对于这个都城的最初面貌，他有下面的记述：

> 哈拉和林有两个城区：一个是撒拉逊人（穆斯林）居住区，另一个是中国人的城区。前者有市场，所以有不少商人在此居住；后者的居民多半是工匠。这两个城区以外，还有贵族的宅第和各个宗派的寺院。有十二座佛寺、两座清真寺，城的尽头还有一座基督徒的教堂。城四周是泥土墙，四方有四道门。东门卖黍及其他种类的谷物，西门卖绵羊和山羊，南门卖牛和车，北门卖马。沿着城墙有座很大的离宫，砖墙围绕四周，中间就是宫殿的所在。另外，那里还有几座仓库样的很高的建筑物，其中贮存了大汗的财物和粮食。

再者，鲁布鲁克又提到了各国的技工。例如俄罗斯的工匠制作了皇帝的玉座和玉印；巴黎的工艺家则施展各种妙技，在宫殿里安装了能喷出各式各样美酒的银造树木；另外，德国的矿工则从事矿山的发掘工作。根据这些记述，我们可以看到当时哈拉和林作为蒙古这个世界帝国的首都非常合适，从欧洲、西亚、印度等世界各国来的使节、商人、技工都可以自由出入这个城市。世界各地的物产也都聚集在这个地方，使得哈拉和林变得异常昌盛。

窝阔台、贵由、蒙哥三代大汗都把哈拉和林定为首都，但到了1263年世祖忽必烈在位时,他迁都到大都(北京)。哈拉和林从此便改为了和林行省的所在地,成为蒙古草原上的一个行政中心。

后来的花剌子模王国

对外,窝阔台汗努力完成父亲的遗志,完成对金国的征服和对花剌子模王国彻底压制。除此以外,他宏大的事业还包括远征南俄罗斯和欧洲。上文已经提过蒙古军征服金国和远征欧洲的情况,下面我们看看后来花剌子模王国的变化。前面也提到,花剌子模的王子札兰丁·明布尔努横渡印度河的激流,逃到印度去了。那么他在印度的情况如何呢?

札兰丁·明布尔努进入印度以后,娶了德里领主的女儿为妻,在印度北部暂时获得势力。成吉思汗离开花剌子模的国土后,他为了重建花剌子模而返回伊朗,战胜了留守的蒙古守备队,逐渐恢复势力。首先,他降伏了伊朗西北的都城大不里士,接着又北进攻打格鲁吉亚,还征服了突厥系的各个部族。窝阔台汗为了讨伐他而派遣了三万蒙古军。札兰丁好不容易从大不里士逃出,往南跑到札格罗斯山脉中躲起来,却最终死在库尔德人手中(1231年)。蒙古军此后在伊朗各地进行讨伐战,蹂躏了格鲁吉亚、亚美尼亚到小亚细亚、叙利亚等地。不过,伊斯兰的哈里发还在巴格达一带,伊斯兰教中的伊斯玛仪派(他们以里海南岸及科伊斯坦为根据地,他们的暗杀团木剌夷让人惊惧)仍然在伊朗北部的厄尔布鲁士山中固守,顽抗到底。直到后来旭烈兀汗西征,亚洲西部一直维持着这种形势。

党派之争 —— 窝阔台派与拖雷派

窝阔台汗的继承者是他的长子元定宗贵由。不过,在忽里勒台大会上正式推举定宗为蒙古帝国大汗却是窝阔台汗死后六年的事了。选定大汗的大会不能举行,原因是国内的党派纷争非常严重。所谓党派纷争,指的是窝阔台派与拖雷派的对立,即直接支持拖雷派的长老拔都与支持长子贵由继任第三代大汗的窝阔台皇后脱列哥那之间的对立。

由于脱列哥那在窝阔台死后成为监国,因此选定继任人的忽里勒台大会也就应当由这位女子召集。如果她成功召开忽里勒台大会,那么贵由就会获推选,因此拔都找来各种借口没有参加大会。所以,第一次(1244年)和第二次(1245年)忽里勒台都以流会收场。不过,到了1246年,脱列哥那召开

窝阔台汗与其子(出自拉施特的《史集》)

了第三次忽里勒台大会，虽然拔都依旧没有出席，但贵由还是获推选成为蒙古第三代大汗。

定宗即位以后，着手整顿从父亲的晚年开始涣散的政治局面，特别是压制了那些趁着中央政府动荡而变得嚣张跋扈的诸王，力图恢复中央政权的威信。他又遵循忽里勒台大会的决议展开对南宋的进攻，着手镇压高丽的反蒙古运动，以及远征阿拔斯王朝。可是，这时候定宗与拔都的关系却逐渐恶化。定宗终于忍耐不住，亲自带领军队到西方去惩戒拔都，拔都也立刻进军，准备应战。最后因为定宗偶然病故，两军的冲突才得以避免。

因为定宗在位不过三年，他没有明显的政绩。定宗死后，皇后斡兀立·海迷失立刻成为监国，而大汗之位再次出现悬空的情况。并且，因为这个悬空的情况，窝阔台派与拖雷派围绕汗位继承问题的争执越发激烈。这次以拔都为中心的拖雷派打算推举拖雷的长子蒙哥为汗，窝阔台派则希望能推举窝阔台汗的孙子失烈门为汗。

两派的对立持续数年，其间蒙古前后三次召开了忽里勒台大会，前两次都流会了。不过，到了第三次（1251 年），在拔都这个实力后援的支持下，蒙哥即位为第四代蒙古大汗，也就是元宪宗蒙哥。窝阔台派认为这背叛了成吉思汗的遗旨，决意反对蒙哥即位，但是失败了。于是他们又策划暗杀蒙哥汗。这个阴谋很快便被揭发，很多窝阔台派的成员都被诛戮或流放。窝阔台派因此被肃清了。

通过蒙哥汗的即位，蒙古帝国的汗位由窝阔台家转移到

窝阔台汗和拖雷家的世系略图

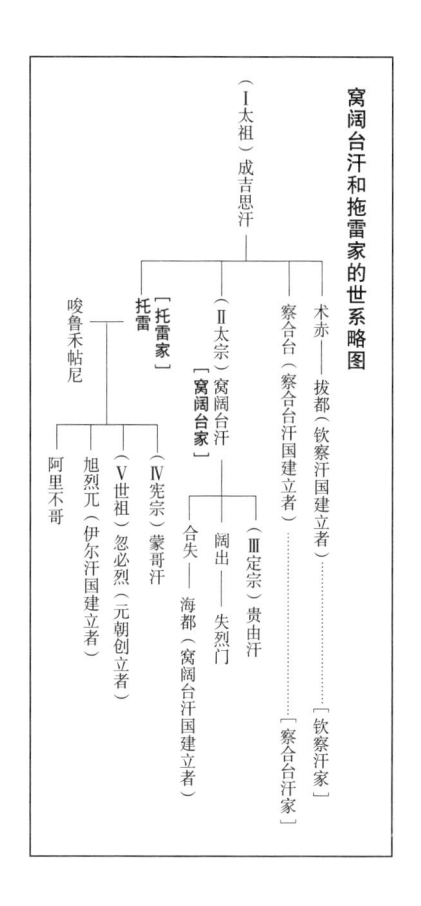

```
（Ⅰ太祖）成吉思汗
├─ 术赤 ── 拔都（钦察汗国建立者）　　　　［钦察汗家］
├─ 察合台（察合台汗国建立者）　　　　　　［察合台汗家］
├─（Ⅱ太宗）窝阔台汗　［窝阔台家］
│　　├─（Ⅲ定宗）贵由汗
│　　├─ 阔出 ── 失烈门
│　　└─ 合失 ── 海都（窝阔台汗国建立者）
└─ 托雷　［托雷家］
　　唆鲁禾帖尼
　　├─（Ⅳ宪宗）蒙哥汗
　　├─（Ⅴ世祖）忽必烈（元朝创立者）
　　├─ 旭烈兀（伊尔汗国建立者）
　　└─ 阿里不哥
```

拖雷家去了。自从成吉思汗死后，各个汗国已开始有分裂的倾向，而这次蒙哥汗即位一事更加深了各个汗国之间的裂痕。窝阔台家和察合台家组成的一派同术赤家和拖雷家组成的另一派之间的对立，渐渐变得十分尖锐。

蒙哥汗的政治

太宗窝阔台汗死后约十年间，宗族之间的派系斗争严重，宪宗蒙哥即位以后，受其影响，政府的纲纪也变得紊乱涣散。为了解决这些问题，蒙哥汗开始着手改革官制，同时设法巩固中央的权力。他第一步是在西方回鹘人的旧领地别失八里新设别失八里等处行尚书省，在花剌子模的旧领地撒马尔罕新设阿姆河等处行尚书省，还在东方原金国的中都（燕京）设立燕京等处行尚书省，以便将新领土纳入直接管辖范围。前两个尚书省大概也兼任着监督窝阔台汗国和察合台汗国的责任。

对于金国的旧有领地，蒙哥汗委任他的弟弟忽必烈为大总督经营此地。另外，窝阔台汗在位的时候，蒙古政府在1235年（乙未）进行了一次户口调查（乙未年籍），而蒙哥汗又在1252年（壬子）进行了第二次户口调查（壬子年籍），并以这些资料为基础改革税制，以图增加国家的财政收入。从蒙哥汗起，蒙古帝国开始意识到汉地在经济上的重要性。

在对外政策方面，蒙哥汗着手征服伊斯兰帝国阿拔斯王

蒙哥汗和其后妃（出自拉施特的《史集》）

朝，还要攻下南宋。这些都是先前已在忽里勒台大会中决议好的事情。

伊尔汗国

蒙哥汗的三弟旭烈兀担任总指挥官，展开了对阿拔斯王朝的征伐。1253 年，旭烈兀率领一万二千骑兵自哈拉和林出发，并于 1256 年初渡过阿姆河，首先率军进攻当时在伊朗北部拥有难以撼动的势力的伊斯玛仪派，把他们降伏。接着，旭烈兀又分军继续往阿拔斯王朝哈里发的首都巴格达进发，于 1258 年 1 月包围了巴格达。一个月后，哈里发父子投降，巴格达在七日之内被洗劫一空，大部分居民被军队屠杀。不久之后，哈里发和他的儿子也被杀死，拥有五百多年历史（750—1258 年）的阿拔斯王朝终告覆灭。但是哈里发的族人逃到埃及，并在开罗重振家业，他们被称为埃及的阿拔斯王朝。

后来，旭烈兀在 1260 年出兵攻打叙利亚，二月攻占了阿勒颇，到了四月又进一步攻陷了大马士革，但这时大汗蒙哥却突然亡故。旭烈兀率兵返国，往伊朗西北部的阿塞拜疆撤退。在这里，他收到了兄长忽必烈与弟弟阿里不哥争夺汗位的消息，于是他放弃了东返的念头，决意留在伊朗。就这样，旭烈兀在阿塞拜疆安定下来，建立了伊尔汗国。伊尔汗国的领土以伊朗为中心，东部以阿姆河为界，与察合台汗国接壤，延及印度河；西部则占据了小亚细亚的大部分区域，与拜占庭帝国相连。此外，伊尔汗国还在西北方的高加索山脉和钦察汗国对峙。

宪宗蒙哥汗之死

在旭烈兀的领导下，西亚征服战逐渐取得成果，1258年，巴格达被攻陷，阿拔斯王朝覆灭。就在同一年，蒙哥汗也决定全面侵占南宋。前面提过，这时蒙古帝国国内政治机构的改革已初见成效，蒙哥汗自身的地位也稳固下来，对外征服西亚也有一定进展，这应该就是蒙哥汗做出南征决定的原因。

另一方面，让我们聚焦到南宋。此前窝阔台汗在位时，南宋曾经采纳蒙古的建议，与他们结成军事同盟，从南北两面夹击金国，最终消灭了金国。但金国灭亡后，就像唇亡齿寒这个比喻一样，蒙古军把本来要划分给南宋的金国国土全部吞并了，因此两国国境也就直接相连了。南宋大吃一惊，立即派军队北上，企图收复曾经被金国占领的开封（东京）、洛阳（西京）和归德（南京）三京。因此，蒙古与南宋的军队沿着新的边境线展开了全线战争。就这样，蒙古与南宋的外交关系经历了数年的动荡。对于南宋来说比较幸运的是，在窝阔台汗死后大约十年，蒙古国内如上所述陷入了汗位之争。

1251年，随着蒙哥成为蒙古第四代可汗，本来一直在对立中保持平稳的宋蒙关系又开始恶化。蒙哥汗即位以后第二年，便任命弟弟忽必烈为漠南汉地大总督，统辖长城一带以及中原汉地的军民和财政大权。后来，蒙哥汗又命忽必烈平定位于云南西部的大理国（南诏国的后裔），又进一步招降西藏。这一切无外乎是侵略南宋的预备工作。

据说，成吉思汗曾留下遗言，说如果从北方出发正面攻击南宋，众多河流和山脉将会为蒙古军带来很大的困难，因此应从西侧沿着黄河和长江的流向进军。这个说法真假暂且不论，对于擅长骑马的蒙古军队来说，这的确是个可取的战略。

蒙哥汗在攻下大理、西藏以后，接着便派兵攻打安南国。就这样，到了1258年，蒙古军队从北、西、南三方对南宋张开了巨大的包围网。蒙古军在深谋远略的筹划之下，终于正式展开了对南宋的征伐战争。

蒙哥汗让年纪最小的弟弟阿里不哥留守在哈拉和林，自

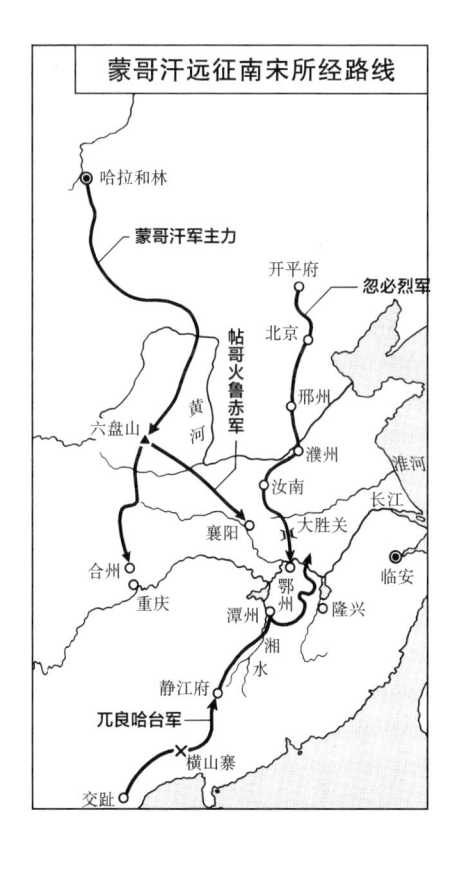

蒙哥汗远征南宋所经路线

己带兵上阵。远征部队分为左、中、右三军。左翼部队由忽必烈率领，从河南南下到长江中游的鄂州（武昌）；右翼则从大理（云南）出发，直指湖广一带；蒙哥汗亲自带领中军，从六盘山攻向四川省合州（重庆），六盘山正是成吉思汗逝世的地点。此举既是要控制长江上游地区，也有沿着长江东进的考虑。

然而，最不幸的事情却在这时候降临到蒙古军身上。驻扎在四川的蒙古军中流行传染病，最终蒙哥汗也受到感染，在合州钓鱼山军营中去世，终年五十二岁。

第七章　从蒙古帝国到大元帝国

游牧制与农耕制的对立

　　由于蒙哥汗的死来得太过突然，因此大汗之位的继承问题在蒙古帝国内引起了严重的纷争。忽必烈和最小的弟弟阿里不哥争逐汗位。

　　阿里不哥之乱，可以说是蒙古帝国由以蒙古草原为重的游牧国家转变成以中原汉地为重的征服国家元朝的标志性事件。从蒙古帝国转变成征服中原的王朝，换句话说，也就是其政治经济体制，由游牧制变成了农耕制。当然，为了更深入地理解这点，这里有必要先做一些说明。

　　蒙古帝国在成吉思汗时代及窝阔台汗统治的初期，基本上都比较关注西域。相对而言，他们对中原汉地并不那么关心。蒙古草原的西北方是窝阔台的领地，窝阔台领地的西南方（中亚及新疆部分地区）则是察合台的领地，察合台的领地是仅次于蒙古草原他们最重视的地域。蒙古人开始关注中原的情况，其实是1234年（太宗六年）他们消灭金国，把汉地纳入统治以后的事。

1235年，窝阔台汗在整个汉地进行户口调查，将其分封给诸王和功臣，不过那只是窝阔台汗和耶律楚材妥协的结果。其实，蒙古人并没有充分理解汉地真正的价值。对于蒙古诸王和贵族来说，汉地不过是他们的殖民地，至于汉人则不过是他们以高利贷榨取利润的对象而已。更离谱的是，有些人甚至认真地进言，建议把汉人全部杀死或逐出汉地，把汉地全部改为牧场。

然而，宪宗蒙哥即位之后，蒙古帝国的汗位由窝阔台家转移到拖雷家。拖雷家的领地以哈拉和林为中心，哈拉和林在斡难河和克鲁伦河一带，当时这些地方的粮食及其他物资很多都是从汉地补给而来的。因为这种关系，他们对于汉地有了更亲近的感觉。而且，与在西方拥有领地的窝阔台家和察合台家相比，拖雷家对于汉地的经济价值有更高的评价。因此，正如上文也提到的那样，蒙哥汗作为拖雷家的总领，不但在燕京（北京）设立了燕京等处行尚书省，更把弟弟忽必烈任命为漠南汉地大总督，让他负责汉地的经营。

忽必烈获蒙哥汗委任管理汉地后，见识到了汉人拥有出色的政治和经济手腕、广博的知识、优良的教育，也明白了中原土地肥沃、物产丰饶等特点。他对于统治汉地越来越有干劲。虽说蒙哥汗也同样重视汉地，但和忽必烈之间还是存在比较大的差异。从蒙哥汗的角度看，纵然汉地非常重要，但是哈拉和林所在的蒙古草原才是其根据地,因此汉地只能是宗族的殖民地。

对此忽必烈却更倾向于获取汉人的民心,使蒙古的主权在汉地稳定下来,而非仅仅将汉地视为夺回来的殖民地。对他来说,蒙古草原这块根据地比不上汉地,哈拉和林也不如燕京。不过,即使蒙哥汗与忽必烈对于汉地的评价有这样的差异,但他们两人却还不至于演变成对立的关系。

然而,蒙哥汗在四川合州去世后,打算依靠汉地控制蒙古草原和西域的忽必烈,和继承了成吉思汗以来的传统、坚持植根于蒙古草原以统治西域和汉地的阿里不哥却势成水火,展开了对蒙古帝国第五代汗位的竞逐。

虽然争逐大汗之位是引发阿里不哥之乱的直接原因,但是正如前文所说,整件事与游牧制同农耕制的深刻对立有关。忽必烈与阿里不哥立场有着严重的分歧,这正是阿里不哥之乱的背景。

阿里不哥

我们在讨论这次叛乱的来龙去脉之前,有必要先交待一下阿里不哥的身世(可参照前面所载"窝阔台汗和拖雷家的世系略图")。

阿里不哥是拖雷最年幼的儿子,成吉思汗的孙儿,也就是蒙哥汗、忽必烈和旭烈兀的弟弟。由于蒙古族一直有由幼子继承父亲遗产的习俗,因此,在父亲拖雷死后,阿里不哥得到了他的家产,与母亲一起住在哈拉和林附近阿尔丹河河畔的帐殿。

因为阿里不哥是拖雷继承人,在宗室之中,他受的待遇也就特别优厚。譬如窝阔台汗在位之时,阿里不哥分得的人民就包括中亚布哈拉市的三千户,河南、陕西的四万户,真定路(河北省)的八万户等,显然比其他宗室都要多。而且,提到真定路,那是当时汉地中的第一等土地。这样一来,阿里不哥自然在宗室中占据重要地位,蒙哥汗出征时,便让阿里不哥留守哈拉和林本地。因此,在蒙哥汗突然死去之后,就如同成吉思汗出征西夏国期间死去,由幼子拖雷以监国的身份召开忽里勒台大会一样,理应由留守的阿里不哥召集忽里勒台大会,选定蒙古帝国的继任者。

然而,忽必烈派和阿里不哥派围绕汉地的统治针锋相对,阿里不哥根本不可能召集忽里勒台这个聚集一众蒙古诸王、功臣、贵族的大会。从蒙哥汗在世时起,阿里不哥派就对忽必烈管治汉地的方针——重视汉地、重用汉人非常不满。阿里不哥派当中有不少人是蒙哥汗身边的亲信,他们在蒙哥汗死后,为了压制忽必烈,打算拥立阿里不哥为汗。

要使自己的发言在忽里勒台大会上受重视,证实自己的实力比什么都来得更重要。以前,蒙哥汗与长老拔都联手,利用自己的实力从窝阔台家那里夺取汗位。自此以后,这种倾向就更显著了。因此,阿里不哥派趁着忽必烈南征的时机,为了加强自己领先一步召集忽里勒台大会的实力,开始从各地征发军队,企图凭实力拿下燕京。当时,燕京设立了燕京等处行尚书省掌管汉地财赋,可以说是统治汉地的根基。

因此,无论是忽必烈派,还是阿里不哥派,他们都很重视燕京。特别是对于以哈拉和林为根据地的阿里不哥派来说，燕京是向蒙古草原补给必要物资的基地，也就是必不可少的要地。这样一来，因蒙哥汗的死而开始尖锐对立的阿里不哥派（蒙古草原派）和忽必烈派（汉地派）便为了掌控燕京而展开激烈交锋。

两个忽里勒台大会

阿里不哥派针对燕京的暗中行动被忽必烈知道了。他立刻中止攻打南宋的计划，返回燕京阻止阿里不哥派的行动，同时抢在阿里不哥派之前，于第二年（1260年）三月，在开平（以后的上都开平府）自行召开了忽里勒台大会，在会上获推戴为大汗。关于这次大会，《多桑蒙古史》参照波斯的史料，留下了以下详细的记录：

上都遗址的元代石人

（1260年一月）忽必烈营于燕都（北京）城下，以阿里不哥调发人丁银畜，遣使责之。阿里不哥报以好言，用安其心，冀诱忽必烈及其党赴其在阿勒卜山（作者注：此处有误，当作哈拉和林附近的阿尔丹河畔）蒙哥之大斡耳朵中所召集之会葬大会。乃遣脱里赤往延忽必烈及其军中诸王。

诸王答言："俟将所部军队送还驻地后，然后赴会。"脱里赤使人以告其主，而自随忽必烈赴开平（四月），此地即忽必烈之党所订选立新主之所也。洎至，忽必烈弟末哥、窝阔台子合丹、斡赤斤那颜子脱合察儿（Togatchar）及左手诸王统将等，开大会。群以亲王旭烈兀既在波斯，术赤、察合台两系后王因道远未能召集，情形严重，未能展期，遂一致推戴忽必烈，依习用礼仪奉之即位（六月四日），时忽必烈年四十四岁。

根据上述文字，为了举办蒙哥汗的丧葬仪式，阿里不哥在哈拉和林附近蒙哥汗的帐殿，着手筹备忽里勒台大会。假如这次忽里勒台大会成功召开，出席的人显然一定会推举阿里不哥为下一任大汗。因此，忽必烈抢先下手，在开平召集自己党派的诸王和将军，自行举行了忽里勒台大会，在匆忙之间即位为汗。忽必烈在开平所召开的忽里勒台大会，是凭借自己的实力而独断专行的结果。为了与忽必烈对抗，阿里不哥立刻在哈拉和林附近阿尔丹河河畔召集忽里勒台大会，宣布即位。

由游牧国家到征服王朝

就这样，拖雷家的忽必烈和阿里不哥兄弟反目成仇，二人展开了围绕蒙古大汗之位的争斗。蒙古诸王和贵族也因此分成两个党派，针锋相对。素来讲究血债血偿的蒙古人在长城地带各个地方展开了激烈的战争。中统二年（1261年）十一月，忽必烈派于开平北方的昔木土脑儿作战时，给予阿里不哥派致命的打击。自此以后，阿里不哥派再不能挽回劣势。三年后的至元元年（1264年）七月，阿里不哥精疲力竭，最终向忽必烈军投降。

顺带一提，阿里不哥投降的主要原因，是他们丧失了粮食及其他物资的补给。阿里不哥本来依赖忽必烈从南方的汉地把补给送回蒙古草原本土，如今只好打算与察合台汗国合作，确保来自西方的补给，但察合台汗国也知道忽必烈那一方会向自己施压，因此没有答应支持阿里不哥。阿里不哥逐渐变得穷困，最终只能向忽必烈投降。

如上所述，阿里不哥之乱是阿里不哥与忽必烈兄弟围绕汗位的斗争，也就是蒙古宗室的内部纠纷。这是针对忽必烈的汉地主义，奉行蒙古草原本土主义的传统保守派以蒙哥汗的死为契机，拥立阿里不哥以反对忽必烈的一次抗争。我们认为，忽必烈的汉地重心主义是推动蒙古帝国进一步发展的必然路线，因此从这个意义上来说，忽必烈派发挥了推动蒙古族历史向前发展的作用。这场持续了五年的战争最后以忽必烈的胜利告终，他于至元八年（1271年）建立大元国号，正式建立元朝。从此以后，蒙古帝国的性质为之一变。

至此，察合台汗国、窝阔台汗国、钦察汗国都听命于蒙古大汗一人，这些汗国作为其中的联邦共同构成了蒙古帝国。然而，趁着元朝成立的这次机会，各个汗国都表明了要分离独立。由于只有元朝拥有蒙古草原本土，所以名义上它还是蒙古的宗家，但实际上元朝不过是一个忽必烈汗国罢了。而且，元朝这个忽必烈汗国，作为蒙古人君临中原的征服王朝，与其他汗国并不相同，逐渐形成了中国式的国家体制。

于是，成吉思汗所建立的蒙古帝国，在这个伟大的建设者死后不到四十年，便分裂成了不同的汗国。成吉思汗本来期望各个汗国未来永远不会分崩离析，在长生天的佑护下，各国能遵守万古不易的扎撒，以大汗为元首，使蒙古大汗永远能在整个帝国中行使对集体的统治权，但他的心愿最后落空了。

元朝的建立

这里我们想将在开平的忽里勒台大会中获推举的忽必烈汗称呼为元世祖，因为这标志着元朝作为征服王朝成立了，以后的元朝已经整备出了中原王朝的体制。

蒙哥汗在位的时候，世祖还是个黄毛小子，那时他出任漠南汉地大总督，驻扎在开平。他的营中有许多汉人政治家和儒家学者充当其顾问，因此他也就变成了蒙古宗族中第一个通晓汉地情况的人。

元世祖认为汉地比蒙古本营、燕京比哈拉和林更适合成为国家的重心，确信只有这样，蒙古帝国才能更好地发展下去。在世祖眼中，蒙古本营作为祖先的发祥地，只不过是精神

大元帝国世系图

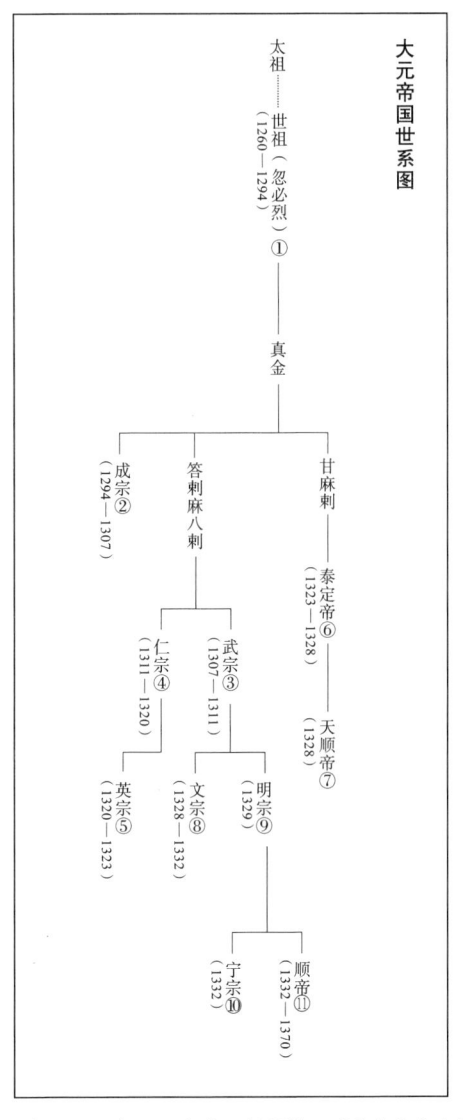

```
太祖 ── 世祖（忽必烈）① ── 真金 ┬─ 甘麻剌 ┬─ 泰定帝⑥ ── 天顺帝⑦
                                │          (1323—1328)   (1328)
                                │
                                ├─ 答剌麻八剌 ┬─ 武宗③ ┬─ 明宗⑨ ┬─ 宁宗⑩
                                │              (1307—1311)  (1329)    (1332)
                                │              │          │
                                │              │          └─ 顺帝⑪
                                │              │             (1332—1370)
                                │              │
                                │              └─ 文宗⑧
                                │                 (1328—1332)
                                │
                                │              ┌─ 仁宗④ ── 英宗⑤
                                │              │  (1311—1320)  (1320—1323)
                                │
                                └─ 成宗②
                                   (1294—1307)
```

（世祖 1260—1294）

注：明宗于己巳（1329年）正月即位，以文宗为皇太子。八月明宗暴死，文宗复位

上的符号。为了能把重心放在汉地,必须在中央的直接管辖下紧紧掌控此地。因此,他一即位就开始全力强化中央集权。

世祖最初落实的措施,便是整备以中书省为主轴的中央政府,以及实施州县制,建立地方的行政机构。

世祖即位后第二个月,就仿效金国的尚书省,在开平设置了中书省。中书省是奉皇帝之命执行国政的中央机构,相当于今日的内阁。与这个中书省差不多同时,世祖在燕京设置了燕京路宣慰司,作为统治汉地的最高机关。不过,数个月后,这个机关便被更名为燕京行中书省。到了三年后的中统三年(1262年),燕京行中书省又被中央的中书省吸收,那是世祖为了两年后迁都燕京所做的准备。

世祖还设置了总辖军务的枢密院、监察官吏的御史台、掌管财务的制国用使司(至元三年正月创立,不久便升格为

忽必烈像(故宫博物院)

尚书省），与中书省并置在一起，形成中央政府总管民政（中书省）、军务（枢密院）、监察（御史台）、财务（制国用使司）的四个机关。这种分权的统治，以及这些机关的长官职位由蒙古人独占，可以说是元朝官制的一个特色。

在整备中央政府的同时，世祖也在着手整顿地方行政机构。首先，他在各个要地设置了十路宣抚司，详细的名单如下：

路名	宣抚使	副使
燕京路宣抚司	赛典赤、李德辉	徐世隆
真定路宣抚司	布鲁海牙、刘肃	
大名（大名、彰德）路宣抚司	张文谦	游显
平阳（平阳、太原）路宣抚司	张德辉	谢瑄
西京路宣抚司	粘合南合	崔巨济
益都（益都、济南）等路宣抚司	宋子贞	王磐
东平路宣抚司	姚枢	张肃
北京等路宣抚司	杨果	赵昞
河南路宣抚司	史天泽	
京兆（陕西、四川）等路宣抚司	廉希宪	

窝阔台汗在位时，耶律楚材设置了十路征收课税所，这十路宣抚司大概是沿袭了当时设立的管辖区域。顾名思义，十路宣抚司负责安抚各路的民众，同时它们是在中央中书省直辖下管理地方军队、人民、财政的政府机关。中书省打算靠此直接统治汉地，所以设立十路宣抚司可说是确立世祖中央集权的其中一项政策。

忽必烈的察必皇后，其头上所戴的是蒙古女性的帽子姑姑冠

然而，世祖在推行这些中央集权的政策时遇到了很大的阻力。这个障碍是被称为汉人世侯的汉人军阀，还有蒙古宗室诸王、公主、驸马、功臣和贵族的封地。

汉人军阀与州县制

自金国末年以来，汉人军阀就是在汉地拥有坚固地盘的封建势力。最初在金国末年，社会陷入混乱，各个村落为了自卫而团结起来，那些自卫军集结成地方势力，其指挥官逐渐发展为军阀。蒙古军占领汉地以后，由于他们主动投降，蒙古军把领地分封给他们，暂且把各个地盘内的军队、人民、财政的三项管治权委托给他们。在成吉思汗的时代，这样的汉人封建军阀在山西省主要有十七人，河北省主要有二十三人，山东省则主要有八人。此后他们逐渐成为强而有力的诸侯。

由于世祖推行中央集权政策，必须否定汉人军阀的存在，因此汉人军阀针对世祖的政策也就或多或少摆出了反抗的姿态。其中最有代表性的是益都（山东省）的军阀李璮。

众所周知，山东自古以来就富有盐和矿物等各种资源。李璮凭借自上一代以来五十年间以益都为中心，在山东一带积蓄的财富企图谋反。中统三年（1262年），李璮瞄准了世祖与阿里不哥战争的这个好机会发动叛乱，但只不过半年，他便被蒙古人和汉人的驻屯军平定了。

虽然这场叛乱很轻易就被平定了，却造成很大的影响。这是因为世祖看准这次叛乱的时机把汉人军阀从汉地连根拔起，一扫而空。蒙古帝国本来承认汉人军阀拥有管辖军队、人民、财政的三项权力，这时也全部夺去了。汉人军阀被编入元朝的官僚体制之中，成为小小的地方官僚。

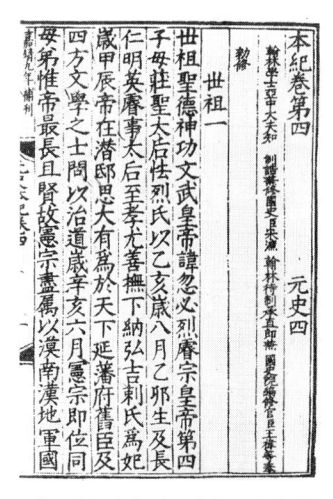

《元史·世祖本纪》（仁寿本）

益都城的北门，军阀李璮的根据地

元朝把李璮之乱当作最好的借口，大大改组了地方制度。李璮之乱被平定两年半后，也就是至元二年（1265年）二月，元朝扩大改组了十路宣慰司，创设了诸路总管府。这些总管府在中书省的直辖之下统辖府、州、县，因此在元朝的地方行政机关中扮演最为重要的角色。总管府作为整个机关的一环，构筑起"中书省→路总管府→府、州、县"的框架，组成了元朝统治腹里（腹里指元朝的中心地区，以燕京为中心的河北、山东、山西三省）[①]的行政组织。

因为总管府统辖府、州、县，掌管民政、农政、财政、刑狱（刑事、司法），同时又负责一部分军事和驿传事务，因此权力非常大。恐怕与中国历代的地方政府机关比较起来，元朝总管府的权力是最大的。

假如要简单介绍元朝的地方制度，我们可引用《元史·地

---

① 腹里是元对中书省直辖地区的通称。——编注

理志》中下面的说法：

> 元则有路、府、州、县四等。大率以路领州、领县，而腹里或有以路领府、府领州、州领县者，其府与州又有不隶路而直隶省（包括中书省〔内地〕与行中书省〔外地〕）者，具载于篇。

此外，元代地方制度还有一个特色，就是在府、州、县以外另设录事司。元朝只在路城（路厅的所在地）这样的大城市之中设立录事司，录事司是以城内为管辖区实行专治的政府机关。

那么，在腹里（内地）以外的地域（外地），地方官制又是怎样的呢？

大体上说，外地的行中书省也拥有与内地的中书省一模一样的权限，行中书省作为最高的统治机关分设在各地。从其名称就可看出，它是中书省的驻外机构。最初，中书省经常会特别派遣执政官到地方，让这些官员在当地代行中书省的事务——民政、军政、司法、教育等全部行政事务。然而，随着吞并南宋等政权，不断扩大占领的地区，元朝廷便将行中书省分设在各个地区。整个元代行中书省的数目已经达到十个。行中书省或可简称为"行省"或"省"，它是中书省直辖下地方上最高的行政机关，同时也成了所管辖的行政区域的名称。今天，我们会把中国各个地方称作什么"省"，"省"这个词的起源就来自元代的行省。

行中书省管辖范围由直辖地区和若干的道（道上又设有

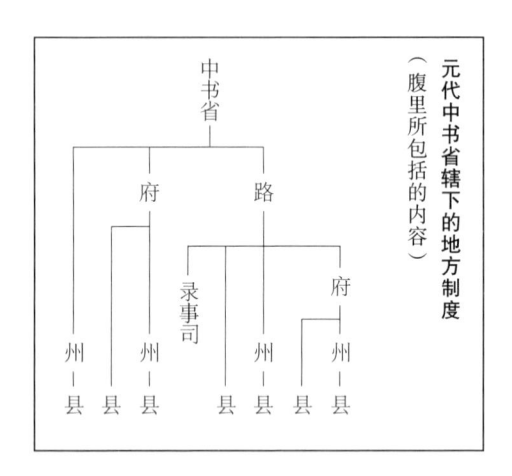

```
元代中书省辖下的地方制度
（腹里所包括的内容）

                中书省
                 |
        ┌────────┴────────┐
        府                路
        |         ┌───────┼───────┐
     ┌──┴──┐   录事司    府
     州   州         ┌────┴────┐
     |    |          州        州
   ┌─┴─┐  |        ┌─┴─┐     ┌─┴─┐
   县 县 县        县 县      县 县
```

宣慰司）组成。直辖地区分成路、府、州、县及录事司等行政区，以便行中书省管治。这一点与内地的中书省相同。

在元朝，无论是中央政府，还是地方政府，各个机构的长官全都由蒙古人或色目人来担任。蒙古人或色目人独揽监督之职，彻底奉行监督政治，这是元朝行政机构的特异之处。人们称呼这些长官为"达鲁花赤"（监督官、总督的意思）。总而言之，征服者独占了关键部门的官职，而元朝的各个政府机关都是由这些征服者和普通的官吏——这些官吏并不是由科举选出，他们主要是处理实际事务的吏员，也就是所谓的胥吏——共同管理的。至于背后支撑这种运行模式的正是蒙古人的武力。

蒙古草原西北的风云

如上所述，元朝逐渐整备好了整个国家体制，成为中原的征服王朝。然而，由于世祖忽必烈自立为汗，强行即位，要在蒙古帝国内部确立宗主权，因此在同族间引发了包括阿里不哥之乱以及海都之乱在内的一次接一次重大的纷争，这些纷争几乎令帝国一分为二。其中，海都之乱是一场长久的战争，它由世祖在位时开始，一直持续到后来成宗大德七年（1303年），前后一共有三十多年。而且，这次内乱的影响很大，是成吉思汗所建设的蒙古大帝国衰亡的一大原因，后面我们还会再详细说明这一点。

海都是太宗窝阔台第五子合失的孩儿。他背叛世祖的根源可追溯到非常久远以前所发生的事——选出蒙哥汗的忽里勒台大会。

第三代定宗贵由逝世后，窝阔台家众人都打算按照窝阔台汗即位时的誓约，从他的子孙里推选出继任的大汗。所谓窝阔台汗即位时的誓约，正如我们先前引用《蒙古秘史》的记载所述，指的是尽管附有条件，但成吉思汗已让各个王子认可蒙古帝国的汗位将会传给窝阔台的子孙这件事。

然而，当时召集忽里勒台大会的人却是拔都等反对窝阔台家的人。拔都是最年长的长老，且又仗着权势为所欲为，因此将拖雷家的蒙哥推戴为汗。窝阔台家一党十分痛恨拔都的打压，因此他们密谋要夺回汗位。宪宗蒙哥诛戮了窝阔台家一部分人，其余的人或被流放，或被押解到额敏河河畔窝阔台家的封地。

海都的封地这个时候也被移到伊犁河流域，不过他在此后慢慢恢复了势力。到了宪宗六年（1256年），他扣留了蒙哥

元代的骑马土偶

汗所派遣的使节石天麟,表明了自己反抗的意志。但在蒙哥汗的强权之下,就连海都也仅能如此而已。

后来,蒙哥汗死后,忽必烈和阿里不哥两兄弟争夺汗位。海都等窝阔台派便把这次纷争看成是恢复势力的良机,支持阿里不哥反抗忽必烈。后来,世祖即位以后,曾经想把汉地赐给海都作为领地,借此拉拢海都,又好几次召见海都。不过,海都都以马匹消瘦、路途遥远为借口拒绝了。使世祖和海都的关系变得更加恶劣的是察合台汗家的继承问题。

至元三年(1266年),世祖为了要牵制海都,把察合台的曾孙——自己的心腹大臣八剌推举为察合台汗家的继任人,干涉察合台汗家的继承权。海都无论如何都不能漠视这种情况。因此,他最终公然举起反叛的旗帜。

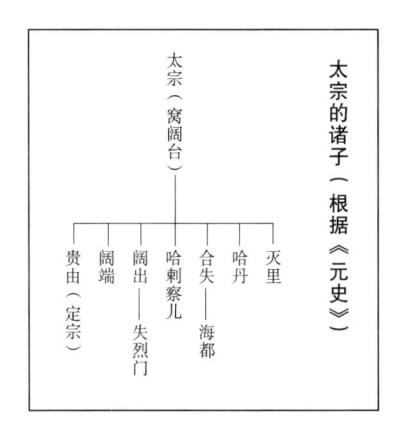

```
太宗的诸子（根据《元史》）

太宗（窝阔台）
  ├─ 灭里
  ├─ 哈丹
  ├─ 合失 ─ 海都
  ├─ 哈剌察儿
  ├─ 阔出 ─ 失烈门
  ├─ 阔端
  └─ 贵由（定宗）
```

海都何时叛乱

关于海都反叛的年代，历来说法不一。有人认为是至元二年（1265年），也有人主张是至元三年、五年、十一年、十二年等，众说纷纭，莫衷一是。其中，箭内亘《海都叛乱的年份》（收入《蒙古史研究》）的至元五年（1268年）说和爱宕松男《关于海都叛乱的年份》的至元三年（1266年）说最有说服力。

海都叛乱的舞台是蒙古草原的西北部，从当时真正的历史舞台中国和西亚看去，那里完全是内陆腹地，因此无论是元朝也好，伊尔汗国也罢，都很难收集到详细的信息。即使有信息，也需要不少时日才能打听到。因此，现存的史料中并没有确实证据说明海都叛乱什么时候发生。正因如此，现在才会有上面列举的各种说法。但历史学家有这样的分歧还有另一个原因，即他们的思考方式，以及他们理解这次叛乱的方式也都不尽相同。比如说，下列这些想法也是可以接受的。

上文已经提过，蒙哥汗在位的第六年（1258年），海都把蒙哥汗所派遣的使者石天麟拘留了，可以说这件事坐实了海都的反叛之心。另外，也有一种说法认为，世祖的至元六年（1269年）春，钦察汗和察合台汗（八剌）等人在塔拉斯草原举行忽里勒台大会，推选海都为蒙古大汗，使海都获得了大义名分，可以说那时海都正式举起了叛乱的旗帜。无论如何，海都的叛乱什么时候开始，其实不太重要。相比起来，这次叛乱给蒙古帝国带来了怎样的影响，以及这次叛乱究竟有什么历史意义，这些问题都更加关键。

两雄的生死决战

海都在塔拉斯草原成功与钦察汗国、察合台汗国、窝阔台汗国三个国家会盟，以后便对元世祖堂堂正正地摆出了阵势。我们再返回去看看世祖应对海都军的对策。至元三年（1266年），海都展开军事行动，攻击驻守在元朝国境上的诸王。世祖立刻册封第四皇子那木罕为北平王，让他进驻哈拉和林，巩固西北边的防卫。另外，如上所述，世祖把心腹大臣八剌任命为察合台汗，企图借此牵制海都。行事周密的世祖并不满足于此，他还向钦察汗国派遣了心腹之臣铁连，指示其夹击海都。钦察汗国遵从这个指令，出兵讨伐海都，察合台汗八剌也响应了这次讨伐战。然而，海都把一部分领土割让给钦察汗国，以这个条件与他们停战。同时，海都把更多的武力投放到与八剌的战争之中，最终把八剌击破。结果，如前所述，三个汗国在至元六年的春天于塔拉斯河河畔会盟，结成三国同盟，对东面的元朝和西边的伊尔汗国发动攻势。

驻守哈拉和林的北平王那木罕出兵攻打海都，于至元八年（1271年）攻陷了伊犁河畔的根据地阿力麻里（Almaliq，苹果之城的意思），由此往海都的本营进发。虽然那木罕在此后六年间都守住了阿力麻里，但到了至元十四年（1277年）七月，他还是被海都的军队抓住了。海都的势力再次复苏，连哈拉和林都变得危机重重，还一度陷入敌人手中。在这种情势下，世祖把征伐南宋的总帅名将伯颜招来加强防卫，总算暂时控制住了局势。但辽东（满洲）诸王乃颜（成吉思汗最小的弟弟铁木哥斡赤斤的玄孙）等人早与世祖不和，到了至元二十四年（1287年），处于优势的海都与乃颜缔结同盟，从东西两路夹击世祖。这个时候，世祖做出了令人惊叹的果断的行动。

那就是把伯颜留在哈拉和林，让他防卫海都军，同时亲自带兵往辽东进发。第二年，他平定了乃颜诸王的叛乱。虽然世祖能在电光火石之间行动，迅速解决了危机，但在他不辞劳苦，以七十三岁的高龄御驾亲征的背后，我们可以体会到他悲壮的决心。

这样一来，世祖、海都两雄各自占据了蒙古草原的东西两边，一直在对峙中互相拉锯。至元三十一年（1294年），世祖逝世，他的孙儿成宗继位。海都趁着这个机会，在大德五年（1301年）带领大军进攻哈拉和林。不过，海都在这次进兵时受伤，最终在归途中病死了。

世祖的第四皇子那木罕像

海都逝世以后，察八儿继承他成为窝阔台汗（窝阔台汗国最后的君主，1302—1309年在位）。他在即位后第二年（1303年）向成宗请求休战，条件是认可元朝皇帝成宗在蒙古帝国的宗主权。这场漫长的战争持续了三十余年，现在终于结束了。后来，因为察八儿与察合台汗不和，且又对蒙古帝国的大汗之位抱有非分之想，元军与察合台汗国两面夹攻，把察八儿赶上了绝路。到了武宗至大三年（1310年），察八儿向元朝投降，最终窝阔台汗国的名号被取消了，其原有的领土也被察合台汗国吞并。

第八章　征服南宋

元朝与南宋两国背后的考虑

　　元朝作为征服中原的王朝，其统一的国家体制逐渐完备，而在此过程中，盘踞在长江南方的南宋变成了元朝统一的一大障碍。南宋的存在大大鼓舞了身在汉地的汉人军阀。在山东的军阀李璮发动叛乱的时候，南宋就在他背后给予了强大的支持。

　　另外，南宋所拥有的财富、丰富的资源，以至海上贸易带来的莫大利润等，都让世祖希冀不已。世祖攻掠南宋有着复杂的缘由，既包括这样的政治和经济上的理由，也包括由前代开始的军事方面的原委，这一点我们不可不知。

　　我们在前文已经提过，宪宗蒙哥汗攻掠南宋时在四川合州（今重庆合川）去世。但忽必烈并没有理会大汗的去世，他带领的左翼军团也没有因此而暂缓攻势。就在宪宗死去的这一年的九月初，忽必烈的军队强行渡过了长江，并包围了鄂州（湖北武昌）这个军事重地。但是，南宋军在鄂州城的守备非常坚固，攻守双方陷入了拉锯的局面，而当时两军同样都受到国内不稳的政治局面所影响。

对于忽必烈来说，驻守在哈拉和林的阿里不哥及其党羽为了在选举大汗的忽里勒台大会中增强势力，在北方征调军队，威胁到自己的根据地开平和燕京，形势严峻，不容片刻迟缓。而对于南宋来说，正当他们倾尽全力防卫鄂州时，先前受蒙哥汗之命攻打安南王国的勇将兀良哈台，因安南国王于1257年投降，又率军北上，突破了广西的山岳地带，进入了湖南的平原。兀良哈台军进一步又从湖南转向江西，形成直逼南宋首都临安（杭州）之势。因此，对于南宋来说，鄂州再不是唯一值得防卫的地方。

由于交战双方背后各有这样的考虑，鄂州的两军也就有了缔结和约的契机。终于，南宋首先提议两军休战，但由于双方的外交战略，交涉很难轻易取得进展。当时双方主张的和约条件如下：

南宋提出以长江为两国国界，并赠送二十万两银、二十万匹绢作为岁币。蒙古则要求南宋俯首称臣，贡奉岁币，并割让领土。

当时，阿里不哥的计划越来越明显，而燕京也陷入了危机。忽必烈忍无可忍，终于在闰十一月二日一边扬言攻击临安，一边把后事托付给张柔，率轻骑赶紧回到了北方。阅读有关这件事情的记录时，我们不难发现，忽必烈的立场与羽柴秀吉非常相似。当织田信长于本能寺中被打倒的时候,羽柴秀吉正与毛利军在备中国①的高松城对峙。他得知消息后,便上演了一场虚虚实实的外交战。

前文已提过,忽必烈回到燕京后,便雷厉风行地继承了汗位。这一点也与秀吉于山崎合战中打败明智光秀获取实权的行动如出一辙。

襄阳攻防战

即位后的元世祖一边全力与阿里不哥一战,一边分心制定对付南宋的策略。首先,他从幕下的汉人内选出了一流的知识分子郝经作为国信使,派遣他出使南宋针对尚未成立的和约进行交涉。然而,当时贾似道把持南宋政府,他害怕与元朝大军秘密商讨和约一事一旦泄漏,不但会使民心动荡不安,更会把南宋的国情泄露给对方,因此他把郝经扣留在江北真州。郝经在此后十六年一直被扣押在南宋。

世祖听到郝经被扣押的消息,于是第二次派遣使节去询问郝经的下落。同时,世祖还诘问宋军为何侵犯元朝国境,但是这次出使最终没有收获。于是,世祖在第二年(中统二年)便颁布了"举兵攻宋"的诏书。虽然如此,由于世祖与阿里不哥的纷争仍未解决,因此他根本没有下定决心全力对南宋发动攻势。当然,南宋对于世祖的困窘已经打探得十分清楚,因此贾似道一方面屡屡出兵攻打边境各地,一方面又煽动山东军

---

① 备中国是日本古代的令制国之一,位于今冈山县西部。属山阳道。——编注

忽必烈攻打鄂州城

阀李璮发动叛乱。另外，贾似道还派兵在四川不断骚扰敌军。幸亏阿里不哥之乱在至元元年（1264年）告一段落，世祖才能够在至元五年（1268年）全面对南宋展开攻势，开始攻打襄阳城。这时距离世祖发布"举兵攻宋"的诏书过了几乎八年的时间。由此可见，虽说阿里不哥之乱把他的势力削弱不少，世祖依然十分慎重地筹划着对南宋一战。

襄阳是湖北省北部的大都市，位于流入长江的汉水的中游地区。自古以来，襄阳就是联络关中、河南、长江中游的重地。因此，三国时代以来，天下局势动荡的时候，这里往往成为兵家必争之地。南宋无论是与金国对抗，还是与蒙古对垒，都非常重视襄阳，把襄阳视为防卫的前线基地。襄阳城一旦沦陷，南宋会失去与腹地的联系，东部与西部会被分隔开来。此外，敌人攻陷襄阳，也就可从江上一举突进南宋的核心地带。因此，贾似道任用了心腹吕文焕作为这座城池的守将。吕文焕正是扼守鄂州城的知名勇将吕文德的弟弟。吕文焕在其兄病死以后，誓要以一己之力固守襄阳城，他在守备襄阳五年多的时间里，反复与元朝大军厮杀。后来，元军开始使用新兵器西域炮。见识到这种兵器的威力，即使是发誓与襄阳城同生共死的吕文焕最后也不得不降服（至元十年，1273年）。

所谓西域炮，其实是伊尔汗国的旭烈兀特别派来的亦思马因等人制作的新兵器，用于攻打南宋。虽然这种兵器有"炮"之名，但与今日所知的大炮并不一样，它其实是一种抛石机。但在当时来说，这是一种优良的新兵器。据说在成吉思汗攻打印度的时候，也曾经使用这种西域炮。

随着襄阳城被攻陷，南宋的命运亦走到了尽头。

最后的悲剧

襄阳城沦陷，征服南宋的战役也将要迎来最后一幕。至元十一年（1274年）七月，深受世祖信赖的左丞相伯颜被任命为南宋征讨军的指挥官。他从东西两路进军，命东军直指扬州，又亲自率领西军顺汉水而下，到了十二月便把鄂州城攻陷了。另外还有一位南宋的降将刘整，他曾在攻打襄阳城时立下大功，这时则从中央带领军队朝芜湖进发。

伯颜麾下的征讨军有蒙古人、西域人、汉人，以及南宋投降的军人。虽然他的军队是由各个民族组成的混合军，但与一直以来蒙古的远征军不同，其中编入了强大的江上军队，包括对于长江水战有丰富训练经验的水军，以及在攻打襄阳的战役中获得丰富水战经验的军队。这个军团还配备了多达数千艘的战船。江上军与沿两岸向东进发的陆上军相呼应，以破竹之势继续向首都临安进发。

南宋的部将之中，闻风而降的不止一二，其中一个就是安庆城的守将范文虎（吕文焕的女婿）。贾似道惊慌失措，于是提出与伯颜议和。但伯颜除了南宋无条件投降，并不接受其他和议。他在芜湖附近的江上歼灭了贾似道的水军。贾似道至此已无计可施，最终只能逃到淮东（扬州）。

贾似道权倾朝野，却落荒而逃，南宋政府更显狼狈，面对步步紧逼的元军，只能束手就擒，而临安城亦陷入了难以收整的混乱之中。最终，六岁的宋恭帝赵㬎带着传国玉玺，在

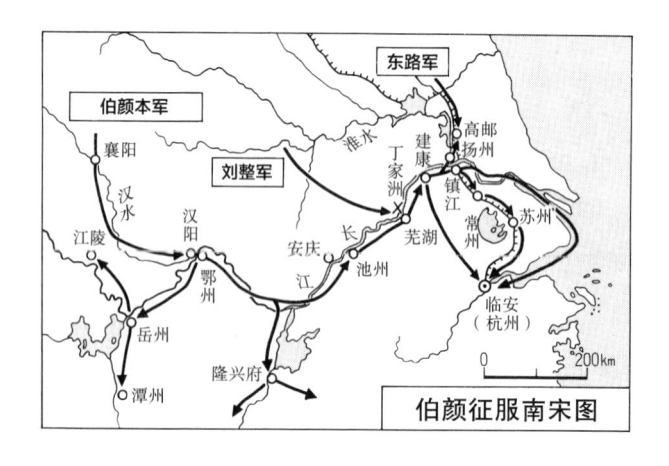

伯颜征服南宋图

太皇太后的陪同下,到伯颜军的军门投降。南宋至此经历了一百五十年,终于走向灭亡。这是1276年正月发生的事。伯颜带着恭帝和太皇太后等宗室共一百余人,向大都(燕京)凯旋。至于南宋的遗臣,则拥护着恭帝的两个兄弟,往海上出逃,继续与元军周旋。

在这里,我们或可从南宋一族的末路,看到平家一门在坛之浦溃败的影子。两个家族都有相似的悲剧。

宋恭帝无条件投降,临安被蒙古军占领后,恭帝的兄长益王昰和弟弟卫王昺从临安城中逃脱,由陆路逃到了福州。

自此陆秀夫、陈宜中、张世杰等遗臣把恭帝的兄长赵昰拥立为端宗,以福州(福建省)为中心复兴宋室。虽然是这样说,但他们的所谓根据地仅限于闽(福州)、广(广州)一带。而且,元军针对这些残存势力穷追不舍。本来陈宜中、张

伯颜像(出自明版《集古像赞》)

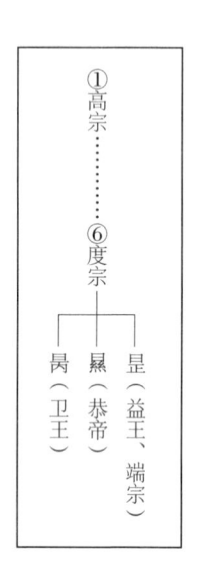

```
①高宗 ········ ⑥度宗
                  │
       ┌──────┼──────┐
       昺     㬎     昰
      （卫   （恭   （益王、
       王）   帝）   端宗）
```

世杰等人在拥立端宗以后，从海上逃到泉州（福建厦门），投靠了泉州招抚使蒲寿庚（阿拉伯人），但蒲寿庚却在背地里向元军投降。于是他们再迁往潮州、广州方向。三年过去了，端宗在广州海面的一个海岛驻跸时死去（1278年）。陆秀夫无可奈何，只能拥立卫王赵昺，并把崖山这个位于广州入海口的孤岛定为行在。此时，张世杰攻打泉州失败，而文天祥从陆上突袭福建、江西、广东诸州的计划也没有成功，最终二人都在广东省内被捕。

风平浪静的日子并没有在崖山维持多久。到了第二年（1279年）一月，元军分海、陆两路大举入侵崖山。二十日间，南宋军拼尽全力死命防守。到了二月六日的黄昏时分，耗尽心力的陆秀夫背着九岁的幼主卫王投海自尽，许多女官、扈从的忠臣等都紧随其后，投海殉国。南宋（宋王朝）的命脉彻底断绝。即使纵观中国历代王朝，像南宋这般悲惨的结局也是绝无仅有的。而且，南宋与平氏一门的命运异常相似，这大概就是历史的机缘巧合吧。

这先暂且不提，通过崖山一战，世祖忽必烈完成夙愿，元朝成就了征服中原的大业。亚洲北部的民族与中原之间的南北对峙，可追溯到昔日匈奴王国的出现（公元前三世纪）。后来到了五胡十六国、南北朝时期以及隋唐时期，又出现了突厥王国和回纥（回鹘，维吾尔）汗国等割据一方。十世纪前半期，辽国占领了北方的一部分领土，也就有了征服中原的机会。虽然金国后来进一步攻占淮河以北，统一了北方地区，但南宋帝国仍然偏安于江南。换句话说，直到此时，即使中原的一部分地区被少数民族占据，由汉人组成的王朝也都延续了下

宋端宗像（出自《赵氏族谱》）

来，并形成了南北颉颃的形势。不过，待到元世祖击倒南宋，把汉人的国土全部占领，元朝也就成为名副其实的中原征服王朝。

文天祥与正气歌

文天祥在广东五坡岭被捕之后，沦为了阶下之囚。他从敌人的船只中望去，仿佛看到了君主与家国可悲的末路，于是肝肠寸断而流下血泪。我们从吉川幸次郎所著的《元明诗概说》（岩波书店出版，《中国诗人选集》第二集）中，转引了文天祥在这个时候写的长诗选段，如下所载：

> 揭来南海上，人死乱如麻。腥浪拍心碎，飙风吹鬓华。
> 一山还一水，无国又无家。男子千年志，吾生未有涯。

文天祥随即被押送到大都。他在这里的土牢（地下室）又被囚禁了差不多四年时间。至于著名的《正气歌》，正是他在狱中第三年时写成的。

天地有正气（孟子称之为"浩然之气"），这种正气也体现在一般人身上，当他们遭逢君国之难时，便会竭诚尽忠，这是依照他们的自然之性。我们回顾历史就会发现，古往今来忠诚之士不曾断绝，天地之正气不灭。我虽然身处牢狱之中，但既然自身具备人类的这种正气，那无论面对多困苦的情状，都将不会失去它。

以上是《正气歌》大概的意思。很多德川时代的日本人都很喜爱诵读文天祥的《正气歌》。特别是德川末期的水户藩志士藤田东湖，他同样以"正气歌"为题与文天祥唱和，写下了有名的诗作，以鼓吹尊王攘夷的思想。

话说回来，尽管世祖这时已经把南宋消灭，但为了日后对江南地区的统治，一直在思考如何录用人才。尽管世祖很希望能起用像文天祥这样优秀的士人，委派其担任江南的统治者，但无论他多么宽仁大度，都没有办法改变文天祥的赤胆忠肝。这期间，社会上有谣言说，南宋的遗臣密谋要把文天祥从狱中救出来，举兵复国。有鉴于此，世祖决定处决文天祥（1282年）。文天祥遇害，终年四十七岁，这正是崖山之战三年之后的事。

第九章 元　军

文永之役

黄金的吸引力

马可·波罗在《东方见闻录》中提到日本时，曾经有如下描述：

> 日本（Zipangu）是东洋中的一座海岛，距离蛮子（指旧南宋领地）海岸一千五百英里。

"Zipangu"其实就是日本的意思，只是因为马可·波罗错误地记录了不标准的中国音。另外，由于蒙古人非常蔑视南宋人，所以把他们称呼为"蛮子"。马可·波罗在这番话之后，接着又记录道：

马可·波罗的《东方见闻录》
（十四世纪的写本，斯德哥尔摩瑞典皇家图书馆）

这个岛的面积相当大，居民面目清秀、体格健壮、举止文明，他们的宗教信仰是膜拜偶像。他们的国家独立自主，不受任何外国强权的控制，只受自己国君的统治。他们拥有极其大量的黄金。虽然他们的黄金资源取之不尽，但是国君并不让黄金输出，因而很少有蛮子省的商人来到这个国家，其他地方与该国的航海往来也不是很多。

他还描写了这个国家异常华丽的宫廷：

整个王宫的屋顶全都用金箔覆盖，就像我们用铅板盖房顶，或者更恰当地说，就像盖教堂的房顶一样。殿堂的藻井也同样是用黄金建造的，许多宫室内都摆放着厚重的纯金案台，窗户也用黄金装饰。这座岛上还盛产珍珠，色泽粉红，形状圆润，个体很大。这里有的居民于死后实行土葬，有的则实行火葬。当人们实行土葬，他们会在死者的口中放一颗珍珠。

马可·波罗当然没有到访日本，他只是把自己在中国游历时听到的传闻记录下来罢了。不过，通过这些记录，我们也可以推测出世祖对日本的认识。

另外，世祖初次打算派使者到访日本时，曾命令高丽国王做向导。当时他说道：

今尔国人赵彝来告，日本与尔国为近邻，典章政治，有足嘉者。汉唐而下，亦或通使中国。

我们可以从这段话看出，世祖是通过高丽国人（朝鲜人）获得有关日本的知识的。不过，上述文字只是一些表面文章，世祖的本意其实是想得到马可·波罗所提到的日本黄金，因此他才写了招谕，要求日本进贡。大概由于日本并没有理会他的招谕，因此世祖才两次远征日本。我们从下一章"世祖的经济政策"中也会看到，世祖在海都之乱、攻略南宋之前疯狂地渴望得到大量金银。

日本人一般会把远征日本的元军称呼为"元寇"。有关元军的研究中，已故的池内宏博士的《"元寇"的新研究》是最权威的专著。以下我们就以这本书为中心来叙述一下元军的历史。

元军

1266年，也就是元朝的至元三年、世祖平定阿里不哥之乱后的第二年，南宋征服战中堪比日本关原之战的襄阳城攻防战进入了最高潮。这一年十一月下旬，高丽的都城江都（开城）突然来了两位世祖自燕京派来的使者。正使的名字叫黑的，副使是殷弘。他们为高丽国王带来了世祖的诏书，上面写着："今遣黑的等往日本，欲与通和，卿其道达去使，以彻彼疆。"

于是，高丽委任宋君斐和金赞二人作为向导，带着黑的、殷弘向日本进发。不过，他们只到了对马北方高丽南端的巨济

高丽国都开城的南大门

岛，在那里眺望了遥远的对马岛。他们看见玄界滩"大洋万里，风涛蹴天"，感到惊惧万分，所以便中途折返。

世祖听到使者的复命，非常生气。于是，第二年八月，他再次派黑的、殷弘前往高丽，一方面责备高丽王敷衍塞责，另一方面则命令高丽单独与日本交涉。

这个要求其实是世祖的计谋。与其元朝直接与日本交涉，不如让高丽这个与日本多少有点关系的国家与他们谈判，这样对于元朝来说其实更简便。高丽王难以违抗诏命，于是把先前至元三年八月世祖发出的诏书，连同自己在四年九月所写的书信，全部交给潘阜，让他出使日本。

潘阜经过对马，在第二年，也就是至元五年的正月，到达了大宰府，把国书呈上。大宰府将国书转呈镰仓幕府，幕府再向朝廷上奏。日本廷议的结果是不给予任何回信，因此潘阜便在七月时两手空空地回到江都。他把这些细节都转告给了世祖。

蒙古的国书

当时国书的抄本现在还保存在奈良东大寺之中，内容如下：

> 上天眷命大蒙古国皇帝奉书日本国王：朕惟自古小国之君，境土相接，尚务讲信修睦。况我祖宗受天明命，奄有区夏，遐方异域畏威怀德者，不可悉数。朕即位之初，以高丽无辜之民，久瘁锋镝，即令罢兵，还其疆域，

反其旄倪。高丽君臣，感戴来朝，义虽君臣，欢若父子。计王之君臣，亦已知之。高丽，朕之东藩也。日本密迩高丽，开国以来，亦时通中国。至于朕躬而无一乘之使以通和好，尚恐王国知之未审。故特遣使持书，布告朕志，冀自今以往，通问结好，以相亲睦。且圣人以四海为家，不相通好，岂一家之理哉？以至用兵，夫孰所好？王其图之。不宣。

至元三年八月□日

这份国书终究出自汉人的手笔，所以提到"尚务讲信修睦"。不过，那些文句只是一些外交辞令，他们实际想说的是邻近的高丽已隶属于我，日本直到现在却没有遣使朝贡，大概是因为还不知道元朝的实力，从而敦促日本朝贡。而且，国书最后还提到"不相通好，岂一家之理哉？以至用兵，夫孰所好"，这类以衣藏甲的做法，正是蒙古外交的惯用手段。镰仓

元使带来的世祖的国书，京都朝廷誊写的版本（东大寺尊胜院藏）

幕府当时对元朝的实力一无所知,因此他们在廷议中决定"不必回复",确实是理所当然的处理方式。

尽管确有道理,但日本既然以不回复的方式无视大国国书,对方就自然不会善罢甘休。大宰府应该从高丽使者潘阜身上收集了不少有关元朝的情报。镰仓幕府很快便于二月下旬,向镇西、西国的后家人发出指令,要求他们防备蒙古来袭。当时在幕府中,年老的北条政村已被取代,掌权的人是年少气盛的北条时宗,时年十八岁。

潘阜向世祖复命,但世祖似乎没有理解潘阜的意思。大概在世祖的认知里,自从成吉思汗即位以来,至今为止世界上没有任何一个国家会在收到上述蒙古国书后,不做任何回应。于是,世祖第三次派遣黑的、殷弘到江都,郑重地命令高丽国王安排黑的和殷弘东渡日本。

元使来访

至元六年(1269年,也就是日本的文永六年)三月,黑的一行元朝使者到达对马。日本那边的记录写道:

> 文永六年三月七日,蒙古国使七人、高丽国使四人、从类七十余人,着对马国之由。

从这段描述中,我们可看到这次出使人数众多,整个使团共有八十余人。但当他们一行人到达对马以后,日本官员不允许他们到日本本土,因此他们在当地抓了塔二郎和弥三郎两个日本人，送到高丽去了。

塔二郎和弥三郎二人被人从高丽送到元朝的首都大都。之后，他们游览了万寿山的玉殿，又获朝廷赏赐各式各样的物品。这都是世祖为了夸耀元朝的威势而做出的公开表演。不久，两人便被送回高丽，世祖又命令高丽使者金有成送他们回国。这一次，金有成等人把元朝政府（中书省）的书信，连同高丽的国书，一并上呈给大宰府。他们长期留在守护所，等待日本的回信，但镰仓幕府的强硬态度却始终没有变化，最终也没有给出任何回复。世祖从金有成那边接到报告，已经是第二年（至元七年）夏天的事。到了这个地步，世祖似乎还没有向日本出兵的意图。

然而，到了至元七年十二月，世祖正式任命赵良弼（女真族出身）出任日本国信使以招谕日本，令其出发前往高丽。同时，世祖又做了出兵日本的准备，打算安排洪茶丘等三位将军率领由蒙古人和汉人组成的军队赶赴高丽，在朝鲜南部屯田。由此看来，世祖是把赵良弼的这次出使当作最后一次与日本的和平谈判，假如日本的态度依然没有变化，那他就会按照最初的诏书所说，诉诸武力，出兵日本。

世祖在高丽的屯田计划，逐步进入实施的阶段，据说他把五千名屯田兵分别安置到王京（开城）、东宁府（平壤）、凤州（黄海道凤山）等十余处地方，规模远超想象。对于高丽来说，光是为这批屯田兵提供农地已经非常困难，但除了农地，他们还不得不供应三千头耕牛、农具、种子、粮草，以及五千名屯田兵在秋天收获期以前的粮食。这些开销都进一步加重了穷困的高丽农民的负担。

另一方面,赵良弼在高丽度过了数个月,这是因为在他向日本出航之前,高丽国王给日本送去了国书说明元朝的决心,敦促日本再做考虑。根据日本的记录,高丽国王的国书于文永八年(至元八年,也就是1271年)九月由幕府送达京都,朝廷展开了连日的讨论。镰仓方面,幕府发出命令给镇西守护、地头,警示他们收到了蒙古军袭来的消息,因此需在各个地方加强戒备。

赵良弼在高丽等得不胜其烦,于九月六日从金州(金海)出发去日本。不过,根据日本的史料,到了九月十九日,赵良弼才带着一百多人到达筑前国今津港。赵良弼找来了从对马带来的弥四郎,让他充当向导,带领一行人从今津赶赴博德的警固所。他向大宰府提议,由自己亲赴京都,直接呈上国书,不过却被拒绝。他不得已提交了国书的副本,约定以十一月为期等待日本的答复。提到十一月,这刚好是赵良弼本国改用大元国号(大元的国号取自《易经》中的一句,有开始的意思)的时候。

尽管赵良弼提出了强烈的要求,但镰仓幕府的态度依旧强硬,他们并没有打算给出任何回复。结果,赵良弼无计可施,只好在九年正月回到高丽。之后,他自己留在高丽,让高丽使者张铎带同他从对马找来的弥四郎等十二名日本人进入大都,向世祖上奏这次出使的情况。可是,世祖并没有接见弥四郎一行人,于是张铎就这样带同弥四郎他们返回了高丽。

同年五月,赵良弼再次出使日本。他在大宰府逗留了大约一年的时间，希望尽最后的努力说服幕府的官员。但无论如何，他都没有获批准上京，最终还是无功而还。一般认为这次出使大概发生在至元十年（文永十年，即1273年）五、六月左右，但这个时候赵良弼应该正在谒见世祖，向世祖呈上自己的报告书，其中详细记载了他滞留在大宰府时所收集到的情报，诸如日本君臣的爵位称号、州郡的名字和数目、风俗、地方特色等。

赵良弼没有完成使命，不过世祖还是从他的报告书中，详细了解了日本的实际情况。根据赵良弼的观察，日本这个国家并不是黄金之国，反而是个到处是山的野蛮的岛国。可是，他并没有看清当时正逐渐迫及自身的日本政治形势。

国难来临

当时在日本的权力中枢镰仓幕府中，政情并不稳定。北条氏之间，身为执权的时宗一派（镰仓）和支持他同父异母的哥哥的时辅派（京都）矛盾非常激烈。无论是在镰仓，还是在京都，血债血还的斗争时刻都在上演，不少人都因此被杀。结果，这场斗争以时宗派的胜利作结，时宗的地位变得更稳固了。不过在那样的状态下，根本没有办法动员举国的力量来加强北九州岛沿岸的防卫。

这个时候，关东出现了一个叫日莲的人。他日夜在街头说法，呼喊"国难来了"。日莲在镰仓开始宣扬日莲宗是二十年前（1253年）的事，他目前的法敌是念佛和修禅，他警告世人只要这些邪门歪道之说（？）继续蔓延，肯定会带来外敌入侵和内乱丛生等问题，所以大家必须尽快信奉《法华经》。日莲的预言流传极广，他的代表作是《立正安国论》。

自南宋以来，以僧侣为中心的日宋交流就一直非常频繁。这一点可从镰仓幕府的执权北条时赖师事僧人普宁这件事中得到印证。另外，尽管当时日元之间已然风云变色，但执权时宗依然在弘安元年（1278年）派遣德诠、宗英两名僧人去迎接素负盛名的名僧无学祖元一起参禅。由此也能够推断出，日元之间僧侣仍然有频繁的往来。僧侣对于元朝的实力和国情，以至元朝的国策方针，都有相当深入的认识。日莲当然也不例外，他对元朝必然也有一定程度的认识。

日莲在此后遭受了反复迫害，但都没有屈服，他继续批评其他宗派，指出国难和内乱可能因为邪教蔓延而发生，努力唤起民众的危机意识。这最后触怒了幕府，日莲也因此被发配到佐渡。想不到这时镰仓的时宗派和京都的时辅派展开内战，预言里提到的内乱应验了。于是日莲呼喊道：

> 余下的外敌侵扰（他国侵逼难）也快要发生了。现在正是日本的危机。我们要变成我日本的支柱，要变成我日本的眼目，要变成我日本的大船。

两年半以后，日莲获准许返回镰仓。据说幕府不久便把他招来，向他询问道："蒙古什么时候来袭？"他随即回答说："今年必定来袭。"那是文永十一年（1274年）的春天，到了这年秋天，蒙古军真的出兵侵袭日本了。这也就是文永之役。

日莲的预言又刚好应验了。

征东军的入侵

让我们将舞台还给大陆那边。五千名元朝士兵当时正在高丽屯田，等待机会远征日本，高丽为此吃尽苦头。到了至元十一年（文永十一年，也就是1274年）正月，世祖终于对高丽下令，要求他们为远征日本造船。一共要建造九百艘船只，分别是大船（千石船）三百艘、轻疾舟三百艘、供水用的小船三百艘。高丽为此征召了三万五百多名船工和壮丁，还选出了全州道的边山、罗州道的天冠山等地的海边建立造船厂。这些地方木材丰富，可以为制造船只供应材料。

三月，世祖对驻守高丽的忻都、洪茶丘等人下令，要求他们在七月进攻日本。五月，一万五千多名元军从汉地来到了高丽。到了六月中旬，高丽造完了九百艘船只。据说，征东军除了驻屯在高丽的屯田军五千人（忻都麾下的四千五百人，加上洪茶丘麾下的五百人），以及来自中国的元军一万五千人，还有高丽派出的助征军五六千人，以及中国本土加高丽的海员、杂役、桨手六七百人。军队的总指挥官由蒙古人忻都（都元帅）担任，副指挥官则由高丽人洪茶丘（右副元帅）和汉人刘复亨（左副元帅）担任。另外，高丽人金方庆获任命为都督使，负责统率高丽军。

征东军本来打算于七月出发，最后却推迟到十月才正式出兵。十月三日，他们由合浦（现在的马山浦）启航，目标

元军侵攻图（文永之役）

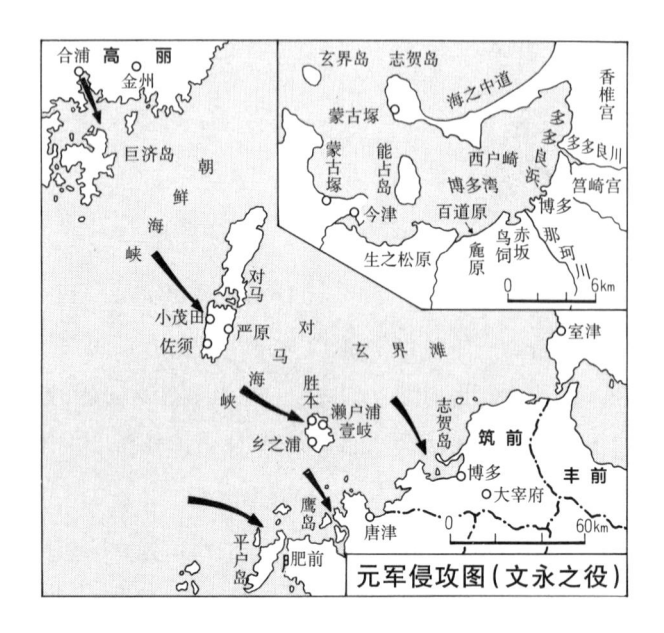

是要拿下大宰府。到了十月五日的下午，大小九百艘船只组成的船队，载着二万六千多名士兵，抵达了对马西岸的佐须（现在的小茂田），把整个海湾都覆盖起来了。

对马的地头宗助国以八十多骑的小队迎战，到底也不是元军的对手。激战两三个小时以后，助国父子以及主要的部下相继战死，日本一方败下阵来。元军压制全岛以后，便向壹岐岛进军。九日后（十月十四日），他们来到壹岐岛。守护代平景隆率领一百多名骑兵防守此地，最后也是寡不敌众，英勇战死。

元军乘胜追击，不久便侵袭了松浦半岛沿岸。松浦党在这里参加了防御战，结果数百人死伤。

征东军的进攻路线：合浦（高丽）→对马→壹岐→肥前松浦郡→博德湾

元军登陆

十月十九日黎明，征东军终于在博德湾显露出全貌。从东边的箱崎起一直到西边的今津，海上出现了大小九百艘战舰，连成一片。

日本的情况则被描写成：

> 陆上的日军由少式、大友为首，白杵、户次、松浦党，以及菊池、原田、儿玉党，乃至于神社佛寺的主持等，都争相赶来会合。看起来像大将一样的骑士就有十万二千余，士兵总数更是不知有几千万。（根据《八幡愚童训》）

但这是夸大的描写，即使当时日本的所有人都集合，也不可能形成这种程度的军势。日军是九州岛诸将的军队，由总大将大宰少式景资指挥。一般认为当时日军总数并没有超过一万人。

到了第二日（十月二十日），敌人的主力开始在箱崎、博多两边登陆。少式景资率领军队主力占领阵地，两军的战斗一直从早上持续到日落。高丽军在少式军队的西边，也就是赤坂、麁原（佐原）、百道原等地登陆。那里的日军也在竭尽全力，誓死守卫。

另外，据说还有洪茶丘在生之松原隔岸的今津那边登陆了。日军陷入苦战，不久箱崎那边四处起火，著名的筥崎八幡宫也被烧毁了。

> （与蒙军）战博多、筥崎而舍之，（敌）多且势大，退据水城也是无可奈何之事，下至贱民百姓无不为之叹息。（《八幡愚童训》）

元军的战术与武器

可以说，日军的败北主要由于战术的错误和武器的低劣。当时日本人的战术，就像源平合战中能看到的那样，两军对阵

文永之役中肥后御家人竹崎季长奋勇杀敌图
（图上方可看到爆炸的"震天雷"，出自《蒙古袭来绘词》）

之时，首先双方会在鸣镝之后互射响箭宣战，接着会不紧不慢地派出精选的勇士，由他们走上前去进行单挑，决一胜负。两军真正的战斗在那之后展开。

这样的日本式战术与元军毫无相通之处。蒙古军队在远征西亚和攻打南宋时用的都是集体战术。比起一人的功绩，这更是一种以集团力量歼灭敌人的作战方法。个人的功名不过是其次。

日军感到吃惊的还不只这一点，元军武器的优秀程度远非日军可以媲美。元军也使用弓箭，他们的弓是短弓，射程很远，而且箭上涂有毒药。因此，如果日军被箭所伤，往往便会伤得很严重。铁炮"震天雷"的出现，更教日军吃惊。这些铁炮是蒙古人在宋、金时代从西亚运来的武器，是利用火药把铁丸发射出去的一种火器（手榴弹的一种）。据说震天雷在爆发时会产生强烈的闪光和极大的声音，使人马都目眩耳聋。当然，被这火器击中就会非死即伤。

可是，"震天雷"等还是小规模的武器。假如有人看到蒙古军在西域和南宋的攻城战中所使用的武器的话，一定会大吃一惊。前文也提过，成吉思汗西征时，拖雷的分队负责攻打伊朗的内沙布尔。他们用的攻城器具，就包括弩炮（发射箭矢的机器）三百、枪弩炮（发射长枪的机器）三千、石油壶投射器（将石油点火再投掷出去的机器）七百、云梯四千，以及撞壁车等。蒙古军在征伐南宋时，还使用西域炮（投石机）这种新兵器攻下了出了名难以攻陷的襄阳城。日军所用的只是长枪和弓箭，当然完全无法与之抗衡。

元军因为胜利而沾沾自喜，入夜便撤回船舰上。然而到了夜半时分，海上却刮起了所谓的神风。

很多战船失事，或在海岸水浅的地方搁浅了。我们并不知道海上溺毙的人有多少，但据说，元军与高丽军约一万三千五百人都在一夜之间葬身鱼腹了。有些人勉强逃了出来，其中包括忻都、洪茶丘、刘复亨等。他们收拾残兵，终于在十一月二十七日到达合浦。

二十日晚上的大风雨被称作"神风"，但事实上，西日本一带从晚秋到初冬经常会出现暴风雨，这大概也是其中之一。以前义经从大物浦逃往四国时，也曾因为这种暴风雨而遇险。可是退一步讲，虽说是数百艘千石船在博德湾上面向玄界滩，但在内海中因为一夜的暴风雨而失事，这些船的结构是得多么脆弱啊？恐怕这是因为元军在仅仅六个月的期限之内，紧急地造完了大小九百艘船只，难免出现了粗制滥造的情况。最后造成这样的结果，也当然是能够想见的。

这就不再提了，元军战败背后还隐藏了另一个原因，就是他们的疏忽大意，对日本晚秋变幻无常的天气丝毫没有了解。而且，船员在面对这样突然刮起的暴风时，并没有足够经验去操控船体。因此，在狭窄的海湾内，接近一千艘的大小船只互相碰撞，造成船身损伤，最后因此而沉没的情况。

日本相信这次胜利是由暴风雨这种外力幸运地造成的。而这一捷报从大宰府传达到京都时，已经是十一月六日的事。此前，元军袭击对马的消息是在十月十七日传递到京都的，镰仓幕府终于在十一月一日向中国以西的守护下达紧急指令，告诉他们如果元军来袭，不仅是御家人[①]，还应把庄园领主手下的所有人召集起来抵抗元军。但其实早在十日前，整场战争的胜负便已分晓了。

对于现代人来说，战争是争分夺秒的事情，对于国难当前如此迟缓的应对方式，大概我们只会感到惊讶吧。

弘安之役

斩杀元使

弘安之役与元军第一次袭击日本的文永之役相距七年。这场战役是怎样发生的呢？

至元十二年（1275年）三月，获世祖任命为宣谕日本使（劝日本降服的使节）的杜世忠一行人来到了高丽的国都。高丽国王安排两个高丽人作为杜世忠一行的向导，送他们去往日本。四月十五日，杜世忠一行抵达长门国室津（山口县丰浦町），立刻就被送往大宰府，到了八月，这些使节又被送到了镰仓。九月七日，执权北条时宗便在龙之口把他们处决了。

由这件事情可见，元朝与日本两方面的想法完全不一致。既然派遣宣谕使，说明世祖似乎根本就没认为第一回入侵是以战败收场的。他反而以为上次出兵给予了日军严重的打击，因此日本方面一定会屈服。

另一方面，从镰仓幕府的角度来说，由于日军奋战击退

[①] 与幕府将军直接有主从关系的武士。——译注

了勇悍的敌人，他们有了更大的自信，认为元军本身很容易对付。正是这份自信，促使他们断然处决了元朝的使节。

幕府的应战准备

处斩了元使一行五人后斗志昂扬的镰仓幕府，终于在十二月，对九州岛各国和安艺国的御家人下达了准备"异国征伐"的命令。这里的异国似乎指高丽。他们打算在第二年三月，编成以九州岛各国武士为主的远征军，出发攻打朝鲜半岛。这个计划最终流产了，不过从这一点我们也可窥见当时幕府的干劲和决心。

另外，幕府还命令那些不能去征讨异国的人修筑博多湾沿岸的石垒，加强那里的防备。这次修筑石垒规模很大，从建治二年三月左右开始一直到第二年的正月，才大致完成整个工程。

除此以外，幕府也在相当认真地筹备防卫战。他们将以九州岛及中国方面的筑后、肥前、肥后、周防、长门为首的各国（一直到日本北部的石见、伯耆、越前、能登等）守护全部撤掉，换成北条氏一门或与北条氏有渊源的御家人。幕府在巩固了防卫体制的同时，也利用这个借口强化了执权的权力，达到一石二鸟的效果。

元军再次出征的策略

杜世忠等人在龙之口被处斩的消息，经过很长时间都还没有传到高丽和元朝那边。世祖在至元十三年（1276年）正月攻陷南宋的首都临安，到了至元十六年二月，又在崖山消灭了坚持反抗的卫王昺及其遗臣。之后，世祖立刻命令扬州、泉州等江南的四个省份为再次出征日本而建造六百艘战舰。六月，他又命令高丽制造九百艘船。这次他似乎想要好好利用南宋的降将。

首先，世祖起用了以前防卫战中曾令元军非常苦恼的范文虎。范文虎在接到世祖的命令后，亲自送使者到日本，他以南宋旧臣的身份，劝说日本向元朝投降。到了六月底，范文虎的使者周福、栾忠等人抵达对马，之后出发前往博德。一两个月后，他们全部都在博德被处斩了。

刚好在那个时候，也就是至元十六年八月，先前把杜世忠一行人送到日本的海员之中，有四个人逃了出来，返回高丽去了。他们报告了杜世忠在镰仓被处决的消息。元朝从高丽那边接到这个报告，再征日本的议论四起。这样一来，政府内部有了出兵的公议，世祖也就决意出兵了。

至元十七年（1280年）八月，元朝为了征讨日本，设立了征东行省（一名日本行省）。忻都、洪茶丘、范文虎等都被任命为这个行省的负责人。根据高丽国王（忠烈王）上奏的奏议，除了先前受命建造的九百艘兵船，高丽还提供了一万五千多名桨手和水手、一万多名正规士兵（实数是九千九百六十人）、十一万七百多石军粮，以及大量杂物、机器等。

至元十八年（弘安四年）二月二十日，东路军诸将从大都出发。征东行省为了第二次远征日本而设计的策略，就是要调动东路军和江南军两方军队。东路军从高丽的合浦出发，而江南军则从江南出发,这两个军团构成了这次的东征军。

东路军由忻都、洪茶丘率领的第一军团(蒙古人及汉人的本国军)和第三军团(高丽军,主将为金方庆)组成,总数有四万人。江南军则是范文虎带领的第二军团,他们以南宋人为主力,人数共有十万。江南军把三千五百艘兵船连起来,从庆元(宁波)及庆元前方的舟山岛出航,打算在壹岐岛与东路军合流,目标直指大宰府。

看看这些计划,不难发现这次远征的规模远远比第一次大。我们也可从中了解到,世祖是有了如何远大的部署后才毅然第二次东征日本的。

东路军

东路军五月三日从合浦出发,途中临时在巨济岛停泊了

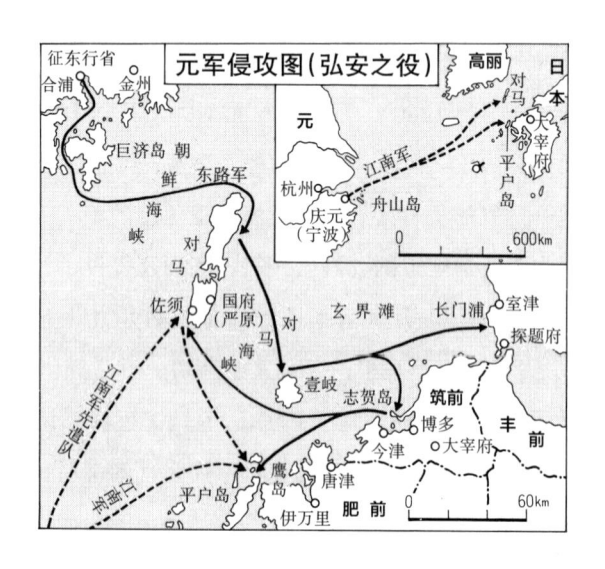

一下，之后于五月二十一日到达对马。军队分出一部分高丽军在对马登陆，控制了岛内，之后又于二十六日向壹岐岛出发。也许因为壹岐岛正是他们与江南军汇合的地方，因此东路军在这片海域耽搁了约十天。终于，他们在六月六日侵袭了博德湾口的志贺岛。恐怕这是东路军不再等待迟来的江南军，急于立功而采取的一次单独行动。这时东路军的另一个军团乘着三百艘船袭击了长门国沿岸，据说他们是部分高丽军。

我们再来看看日军的防卫体制。与文永之役一样，日军的总司令还是大宰少式景资，他在箱崎附近集结主力。日本这次大体上把防御用的石垒修筑好了，与上一次相比，备战体制完善。六月，元军来袭的消息传来，小式、大友、岛津、菊池以下西国的各个将领守护大宰府，中国、四国的士兵则在宗像、香椎到松浦、平户数十里摆开阵势。可是，日军在第一次蒙古来袭时已经知道了元军的本领，因此他们并没有绝对能取

应战的蒙古军船，描绘出在汹涌的波涛之中，船舷相接的壮观海战
（出自《蒙古袭来绘词》）

胜的自信。《八幡愚童训》也提到，文永合战时看到对手的水平后，他们都觉得自己没有胜算。这正好反映了他们的心态。

肥后竹崎季长的《蒙古袭来绘词》把志贺岛的战斗描写得绘声绘色。志贺岛的这场战斗可以说是江南军到达前元日两军的前哨战。六日夜，竹崎季长等一部分日军终于按捺不住，分别乘坐小船对敌船展开夜袭。他们跳进敌人中间，展开了擅长的近身战，使敌人闻风丧胆。也因此，元军以后都以铁链连接各个军舰，特别注意日军的小船，不再让他们靠近。

东路军在志贺岛登陆后，与日军的战斗一直持续到六月十三日。后来，东路军就乘船撤退到肥前的鹰岛，以此为根据地等待江南军的到来。

东路军的进攻路线：合浦出发（五月三日）→巨济岛→对马岛（五月二十一日）→壹岐岛（五月二十六日）→志贺岛（六月六日至十三日）→鹰岛（六月十三日）

江南军

江南军的行动又是怎样的呢？先前也提到过，作为第二军团的江南军在庆元（宁波）和庆元前面舟山岛的定海集结，一共有十万士兵、三千五百艘战船。但由于一名主将在这时发病，他们的出航变得意外不顺。他们的主力军出发的时间是六月十八日左右，因此当初在六月中旬到达壹岐岛与东路军会合的计划全被打乱了。六月底，他们终于到达了平户岛的海面。

他们打算放弃壹岐，直接航行到平户去，于是派出三百艘战舰与东路军在壹岐岛的海面会合。这部分军队和日军分别在六月二十九日和七月二日进行了激烈的战斗。六月二十九日的战斗是海战，守护少式经资、资时父子与萨摩的岛津久经、长久兄弟带领九州岛的士兵奋战。七月二日的战斗则以濑户浦为中心展开，松浦党、千叶、龙造寺等地数万士兵在此展开激战。无论是壹岐岛周围的海战，还是志贺岛周围的海战，东征军都只派出了一部分军队作战，他们的主力并没有出动。

江南军和东路军会合后，二十多日间似乎都在平户岛到鹰岛的海上巡航。到了七月二十七日，他们的主力集结在鹰岛之上。两军计划不久就从这个岛进入博德湾，大举侵袭大宰府。如果这个计划真的成功执行了，恐怕箱崎、大宰府根本支持不了多久。

神　风

对日本来说，接下来发生的事实在是非常幸运。刚好到了四日后的八月一日（据日本历是闰七月一日），从前天开始渐渐兴起的风雨突然在入夜后变得越来越猛烈。这大概是台风来袭了。霎时间，东征军大半的战船都被掀翻了。几万名士兵

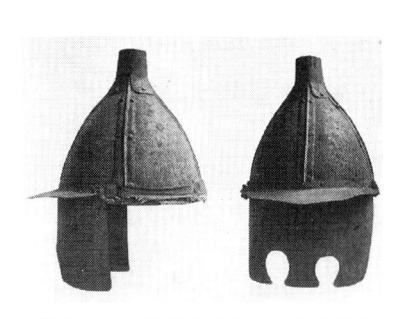

蒙古军留下的铁胄（发现于北九州）

还没有弄清情况,转眼便被怒涛吞没了,不知去向。好不容易到达海岸的人,也已经丧失了战斗的精力。而在平户的一部分军队也覆没了。

《元史·日本传》中写道:"十万之众得还者三人耳。"另外,范文虎(他改乘避过了海难的船只,在九死一生的情况下逃出去了)的传记中也有这样的记录:"弃士卒十余万于山下(指五龙山,也就是鹰岛)。……七日,日本人来战,尽死。""得还者三人"的说法虽有夸张,但并不妨碍人们明白这次败战是何等惨烈。

大概还有相当一部分元兵乘着残留下来的船,与高丽兵一同返回了合浦。他们经由朝鲜半岛返回本国。根据《高丽史》的记录,征东的高丽兵本来有9960名正军和17029名梢工和海员,而最后生还的则有19397人。高丽军的损失大概是7592人,这与元军比较起来少得多。

南宋遗臣郑所南(思肖)著有《铁函心史》,其中就有"元鞑攻日本败北歌"一节,内容如下:

> 辛巳(至元十八年、弘安四年)六月半,元贼由四明(浙江宁波)下海,大船七千只。至七月半,抵倭口白骨山(大概是鹰岛),筑土城,驻兵对垒。晦日(指八月一日的前一日),大风雨作,雹大如拳,船为大浪掀播沈坏,鞑军半没于海。船仅回四百余只,二十万人在白骨山上无船渡归,为倭人尽剿。

这里面说"船仅回四百余只",可以想见当时还是有很多生还者的。

郑所南看到仇敌元军惨败理应非常满足,不过这次牺牲者之中有不少南宋的同胞,他大概不可能置身事外只顾欣喜。这大概就是郑所南的心境吧?

我们再回来看鹰岛。丢失了船只的元兵被困在鹰岛,日军随后便大举涌入开始扫荡,打算把剩下来的敌兵赶入绝路。不用说,这次战役的指挥官还是少弐景资。扫荡战在一周后的八月七日结束。《元史·日本传》写道:"七日,日本人来战,尽死。余二三万为其掳去。"到了八月十日,日军便在博多的八角岛把这些俘虏处斩了。

为什么元军会战败呢

元军前后两次远征,却两度被日本人所谓"天佑"的"神风"击败。蒙古人自古也相信"长生天"的保佑,从成吉思汗开始,他们在远征外国之前派遣使节送达的国书,起首一般都会写上"上天眷命大蒙古国皇帝"。结果,在这次远征日本的过程中,日本众神的庇荫似乎比蒙古长生天的力量更加强大。

撇开这样的"天佑"不说,下面我们试着拿日本做比较,来分析一下元军的败因。

元军的问题:

(一)元朝的征东军本来就是乌合之众。这两次的远征军虽然统称为元军,但其实是由蒙古人、汉人、高丽人等混杂而成的军队。特别是第二次征东军的主力江南军,他们主要是旧南宋的军队。

(二)指挥系统不统一,而且各军团指挥官都在争夺功劳。征东军出发时,世祖早已规诫众人这一点。不过,由于军队本来就是混杂而成的,又组织了大量船队,因此即使同一军团内的指挥系统也往往非常混乱。另外,各指挥官之间的争功夺名也十分激烈。

(三)相互沟通不足。这一点在第二次远征中的东路军和江南军之间表现得尤为明显。

(四)没有海上作战的经验。蒙古人非常习惯在陆上骑马作战。成吉思汗以来,亚洲北部自不必说,当时世界的大部分地区,都被蒙古军的马蹄蹂躏过,蒙古人有丰富的经验和充分的自信可以百战百胜。不过,相对来说,他们几乎完全没有海战的经验。在侵略南宋的战争中,他们在长江上战斗,可以说对海战稍稍有了体验。不过,江上战毕竟与海上战不同,特别是士兵有可能在海上遇上台风和飓风,水手未必知道如何处理这种情况。蒙古军对日本近海的气象条件一无所知,也不知道如何应付突然刮起的暴风和台风,难怪数千艘巨船会在狭窄的海湾上被怒涛翻弄,这也是他们失败的最大原因。

(五)士气不振,战意低迷。无论是高丽军也好,还是旧南宋军也好,他们都是被征服的百姓。征东军大部分由这些人组成,蒙古军只占其中非常小的一部分。这样一来,士兵自然会士气不振,战意低迷。元军在人数上的优势,反而成了他们的缺点。他们拥有精良的武器,但却对此过分依赖,以致疏忽大意，意外地造成败北的结果。大概对于台风袭来，他们也是如此疏忽大意，从而导致应急处置失误。

即便如此，元军的主力在这两次出征之中都没有机会完全发挥实力，便全军覆灭，仓皇退场，这对日军来说，怎么说都可算得上是"天佑"了。

与元军相对，日本那一方的情况又是怎样的呢？

（一）举国上下一致认为这是国难。此前互相猜疑，在每件事上都对立的京都朝廷和镰仓幕府，在元军面前，则步调一致，一同调动各国的御家人和庄园领主手下的武士来抵御外敌。

（二）统一的指挥系统和高昂的士气。西国、四国、中国的御家人和豪族都在总大将大宰少式景资的指挥下，以统一的行动和高昂的士气应战。这就是尽管他们武器低劣，而且敌众我寡，但仍然可以有效击退对方的主要原因。

（三）元军第二次来袭时，日本已经加强了沿岸的防卫，日军也适应了元军的战术。这也是日本取胜的原因之一。

世祖的执着

范文虎等败将从日本逃回。数个月后，元朝便把征东行省废除了。可是，世祖却没有停止造船的计划，他也命令高丽继续造船。一年后的至元二十年（1283年）正月，世祖再次设立了征东行省，并把阿塔海任命为丞相，准备以八月为期第三次远征日本。

然而，到了这年的三、四月，百姓因为造船的徭役而怨

世界最古老的青铜炮，上有至顺三年（1332年）的铭文

声载道，最后江南各地爆发了骚乱。到了五月，世祖终于颁布诏书，宣布中止出兵日本的准备。除了上面这个原因，他们放弃攻打日本的另一原因是从至元十九年以来一直在攻打占城（Champa，占族人建立的国家，位于越南中部。以前该地称为林邑。十七世纪末被安南消灭）。放弃攻日也就意味着元军可调派更多舰只，动员更多的水师远征占城。结果，至元二十一年五月，征东行省再次被废除了。

可是，世祖对于攻占日本还是非常执着。至元二十二年十月，他第三次成立征东行省。他计划于第二年三月派出先锋军出发到合浦，并于八月派出本军与其会合。为此，他命人把一百万石江淮的大米从海上运送到合浦去。

然而，江南地区在这时出现了不少反对的声音，世祖不得不紧急中止征东的计划。从史料的记载看来，计划中止的诏书公布时，江浙军民欢声雷动。由此推断，第二次征东军惨败令江南的百姓生出极大的恐惧。也可看出，远征日本的准备给百姓带来了非常沉重的负担。

此后，满洲发生了乃颜的叛乱，后来海都又恢复势力，对哈拉和林方面展开积极的攻势。因此，世祖实在应接不暇，根本没有余裕去想进攻日本的事。到了二十九年，这些战事也都告一段落，征讨日本的议论又渐渐兴起。十月，金有成等作为招谕使者从高丽出发，被派遣到日本。大宰府在第二年把他护送到镰仓，他就这样被扣留下来，并于七月就病死了。至元三十年八月，世祖命令高丽筹措征日的战船及粮食，但到了第二年（1294年）正月，世祖驾崩，征东的计划自然也就中断了。

弘安之役（第二次蒙古来袭）以后，日本的形势又是怎样的呢？

闰七月（日本历八月）十四日，元军覆没的消息传到京都，上至朝廷下至一般百姓，其喜悦之情无法言喻。另外，镰仓幕府趁着元军来袭的机会显著地增大了自己的权力。第二年八月，幕府再次发出"征伐异国"的命令，动员九州岛三个国家（筑前、丰前、丰后）的御家人远征高丽，表现得斗志昂扬。大概是听到了这些传闻，元朝在高丽的金州设置了镇边万户府，又增派警备兵到耽罗岛（济州岛）严加防守。元朝又在江南的庆元、上海、澉浦等地部署士兵，指派那些远征日本时逃跑回来的士兵在大陆沿岸守备。如此一来，元军以后，日本和元朝的官方之间最终没有走向和平。四国、中国、九州岛一带沿岸的民众趁着元军的机会，驾驶小船到高丽和中国大陆边境走私货物，有的甚至开始掠夺财产。这就是所谓的倭寇。

最后，我们来思考一下为何世祖到临死之前仍然如此执拗，一直希望能远征日本。有一种说法是，世祖远征日本是为了断绝南宋和日本的邦交。然而，元朝第二次远征日本是南宋灭亡以后的事，此后还陆陆续续出现了远征的言论。由此可见，这个说法并不合理。也许还是像我们在开首时提到的，世祖相信日本是黄金之岛，渴望得到黄金和白银，这样经济上的原因是第一位的。

第十章　经济与社会

世祖的经济政策

军事费用

世祖在位的时候，他向蒙古诸部和宗室诸王发放的经济援助（包括惯常的岁赐和临时的奖赏）以及军事开支占了国家支出的一大半。从下面列举的世祖的内外征战年表可见，世祖在位时发生了几次内战以及以攻打南宋为首的数次征服战争。而且，在这段时间里，元朝还发生了不少足以动摇整个国家的支柱的事。

根据这一点看来，世祖一代三十五年也可以说是内外征战持续发生的年代。清初的学者赵翼就提过这个观点：

> 统计中统、至元三十余年，无岁不用兵。……几欲

尽天所覆悉主悉臣，以称雄于千古。甫定域中，即规海外。初以骄兵图胜，继以愤兵致败。犹不觉悟，思再奋天威，迄崩而后止。此其好大喜功，穷兵黩武，至老而不悔者也。

赵翼批评的是元世祖的外征根本对国家的长治久安没有

世祖时代内外征战年表			
1260	中统	元年	忽必烈即位为世祖 阿里不哥之乱 向南宋派遣使节（郝经）
1262	中统	三年	李璮之乱
1264	至元	元年	阿里不哥投降
1266	至元	三年	海都之乱
1268	至元	五年	攻打襄阳（南宋）
1273	至元	十年	襄阳沦陷
1274	至元	十一年	远征日本（文永之役）
1276	至元	十三年	临安沦陷（南宋灭亡）
1277	至元	十四年	攻略缅国
1279	至元	十六年	崖山之海战，南宋二王之死
1281	至元	十八年	远征日本（弘安之役）
1283	至元	二十年	攻略缅国（第二次）
1284	至元	二十一年	远征安南、占城
1287	至元	二十四年	辽东诸王之长乃颜发动叛乱 远征安南（第二次） 攻略缅国（第三次）
1288	至元	二十五年	亲征乃颜
1292	至元	二十九年	远征爪哇
1294	至元	三十一年	世祖之死

多少帮助。他攻打缅国，出兵安南、占城，讨伐爪哇等，似乎都只是要发动武力，展开侵略战争。而且，那些征战很多都以失败告终。元世祖不仅损失了大量士兵，而且他还要筹措军需物资、补给粮草、建造军舰等，这一切都需要巨额的军费。相较起来，这些征战所得到的成果实在太贫乏。由于屡次内乱和征讨外国而消耗的费用，大概不可估量。

给予蒙古诸王经济援助

军事费用使国家的财政状况变得非常恶劣。除此以外，元朝对蒙古各个部族、诸王及宗族子弟的经济援助，更使国家的财政雪上加霜。这些援助大致可分为五户丝税、江南户钞、定例岁赐、临时赐予等。

五户丝税始于窝阔台汗在位时期，是指诸王、后妃、驸马、功臣以五户为单位，向获赐的汉领地的人民索取一定的岁贡。据说每户大概要缴纳丝线六两四钱（重量），通过政府来缴付。

窝阔台汗灭金国的第二年（1235年），在汉地进行了全面的户口调查（乙未年籍），诸王、后妃、公主、驸马共领有606253户，功臣们则领有154497户。这些被称为五户丝户。这种亚洲北部游牧民族的封建制度并非以领地为标准，而是以属民为基准进行分封。根据这一点，所谓的领主权并不是对土地的领有，而是领主通过政府官吏以五户为单位收纳一定的岁贡（五户丝税），结果这就变成了国库的支出。

而到了元代，世祖为了强化中央集权，采取的方针是陆续收回诸王和功臣对分封所得的汉地领土（也就是分封所得的人民）的领主权，把这些领土编入州、县之中。特别是，海都之乱制造了机会，让世祖可以把以窝阔台汗家、察合台汗家、钦察汗家为首的海都派的诸王、驸马分封所得的大部分汉地接收回来，并把这些领土编入元朝的州、县之中。可是，元朝这样胡乱削减蒙古宗主与驸马的领主权，令这些人丧失权力，整个蒙古族的势力也会因此弱化。这也就相应地削弱了元朝本身对于汉地和汉人的支配力。因此，世祖决定对蒙古诸王和部长进行经济援助，以作为接收他们在汉地的领主权的赔偿。

世祖的做法是，在征服南宋后，从至元十九年（1282年）到至元二十七年（1290年）之间，把120多万户份的12000锭（一锭即50两）作为"江南户钞"分配给诸王和部长，此外每年还会以每一万户100锭的比例从国库支付中统钞给这些领主。到了成宗在位时，每一万户支付的金额已达到每年35万锭，"江南户钞"的数目也计有49000锭。诸王、部长就是依赖这些岁赐来养活蒙古军的士兵及部族内的人民的。[①]

除此之外，定例岁赐和临时赐予都构成了莫大的开支。举例来说，根据《元史》所述，至元二十六年（1289年）的定例岁赐就包括金2000两、银252630两、钞票110290锭、币帛122800匹，这些全部都由国库支付。假如我们将其全部换算成中统钞——一两银换算成中统钞20两——这些定例

---

① 世祖时每万户输户钞百锭，平均每户五钱，后成宗时增加为二贯（二两）。本段内容有逻辑不清、与一般史料不符之处，编者未查到其来源，未能证实其错误，姑且直译如上。——编注

岁赐已高达 23 万锭，也就是 1150 万两。

除此以外，元朝还会因为饥荒、灾害、战乱等对蒙古诸部临时赐予物资，每年都会发放价值数万到十多万锭的金、银、币帛、粮食、交钞，而且这个数额年年递增，到了成宗元贞元年（1295 年），实际上已达 155 万锭，也就是 7750 万两。据说这占了国家全年收入总额的一半。

这些开销构成了整个国家每年的总开支，而为了负担这笔总开支，元朝出现了各式各样的无理的财政政策。那么，究竟元朝采用了怎样的经济政策呢？

世祖的经济政策以税制、专卖制、钞法（货币政策）三项为支柱。

税　制

蒙古帝国时代，针对汉地和汉人的税制主要由税粮和科差组成，其初具雏形始于窝阔台汗在位时期。最初，窝阔台在汉地上按户均等收税，每户收取两石，他让耶律楚材负责征税之事。于是，耶律楚材以窝阔台即位的第二年为首年，从汉地一并收取了地税、商业税、专卖税等合共银五十万两、绢八万匹、粟四十万石，并将其全部纳入国库。因为其中的四十万石粟是由二十万户来承担的，也就是一户两石，若这二十万户出自当时整个黄河以北的占领地区，那汉人在税收上的负担其实也没有太重。

到了窝阔台即位的第四年，每户要缴付的税粮已倍增到四石。农村里，每户要缴纳一百两丝来作为人头税；而在都

元代的铜权（25公斤），大德年间之物

市之中，人头税则是每丁二十五两丝（一户平均有两个男丁，每户要缴纳五十两丝）。居住在城市的人每户还要缴付五十两丝作为驿传的费用。因此，城市的居民每户大概也要缴纳一百两丝，市民和农民的负担额大体上是同等的。不过蒙古政权一直在"以银（五两银）折丝绵"征收丝料科差[1]。[2]

此后，到了蒙古帝国灭金国后的第二年，也就是窝阔台

---

[1] 科差有丝料、包银等。丝料即丝线，有"系官丝"和"五户丝"之分，前者是每二户出丝一斤输于官；后者是每五户出丝一斤输于本投下。元世祖忽必烈即位后，改为每二户出丝二斤输于官，每五户出丝二斤输于本投下。古时一斤为16两，所以是每户出丝6.4两输于本投下，与前文所述对应。——编注

[2] 此段内容应出自《黑鞑事略》："课城市丁丝二十五两……乡农身丝百两"，丁丝是人头税，作者应是认为这里的丝料税即为科差。按《元史》来研究，科差有丝料、包银等，但科差应为代徭税，不包含人头税。《黑鞑事略》的这段相关内容中未出现"科差"二字，所以此"丁丝"是否可算作科差存疑。本段最后一句依据的出处是《黑鞑事略》的"以银折丝绵"一说，根据作者在后文给出的换算表，五两银能换百两丝。——编注

汗在位第七年，税制也因为户口调查而步入正轨。先前提到的五户丝制也是从这时开始设立的。后来，到了宪宗蒙哥汗的时代，朝廷又创设了包银税（一般民户所缴纳的附加税，形式上是将临时税和徭役纳为一体的一种户税）。据此，一般认为当时国库的收入达到一千万两。可是，对于农民们来说，因为必须使用银来缴纳包银这种附加税，包银成为他们经济上的重担。

到了元朝，由于世祖原则上把国家的重心放到汉地之上，因此他无论如何都必须获取汉地的民心。减轻人民的负担显然是他应该采取的首要手段。因此他一即位，便颁布诏书说：

> 今后应科敛差发，斟酌民力，务要均平，期于安静，与吾民共享有生之乐而已。

由此制定了"户籍科差条例"。这条例最大的特色，首先是按照职能把百姓分门别类，分成民户、军户（职业军人的户口）、站户（承担驿站费用的户口）等户籍。朝廷会调查民户实际拥有的家产，制作课税、课役的账簿（也就是鼠尾册），再根据这些资料把民户分为四个等级，以期各人负担公平，并把逃户、流民掌握在手中。另外，在征税的时候，朝廷会向纳税者预先公示税金的分配额，又容许纳税者分三期来缴纳税金。以前使用白银缴纳的赋税，从现在起则全部改用政府发行的纸币（中统交钞）来缴纳。

以下我们试着列出中统元年米、丝、交钞的对比价格：

米一石	中统交钞六百至七百文
米一石	丝约十两（两是重量单位）
米一石	银二分之一两

元代实施了"户籍科差条例"以后，成效卓著，政府的财政收入远比蒙古帝国时代来得丰厚。

然而，到了至元时代，由于军事开支膨胀，朝廷发放给宗室诸王的赏赐也增多了，因此朝廷不得不用各种名义加征附加税。结果，元代必须再次整备税制，使其系统化。为此，朝廷在至元二十八年（1291年）五月制定了"至元新格"。

专卖制

自汉代以来，为了改善国家的经济状况，中国实行了专卖制。特别是宋代以后，军事费用因为雇佣兵制度而膨胀起来，专卖制就变得更完备了。专卖制的意思是国家拥有物品生产和销售的部分或一切权利，因此可以把高昂的利益收归国库。这样强而有力的中央集权制政府，在强权支持下独占了那些有利可图的行业，获取了丰厚的利润。如果考虑一下这对民间商业自由的发展有什么影响，我们会发现它是阻碍中国近代化（资本主义萌芽）的一个原因。

元朝也沿袭了宋朝的专卖制度，除了盐、茶、酒、醋，金、银、铜、铁、铅、锡、竹等山林和川泽的物产也都由国家专卖。不过，元朝的专卖政策要更加积极，元朝政府自身独占那些产业，竭尽所能追求利润，几乎已呈现出国家商业资本主义的倾向。

那么，世祖时代专卖品的收入占国家财政收入的比重到底有多少呢？关于这一点，我们来看看至元二十六年（1289年）的盐课，其总额达到了二百万锭。虽然我们没有同年年度收入总额的记录，但根据三年后至元二十九年（1292年）的年度收入来计算，比率大概是67%。《元史》在其他地方也谈道："国之所资，其利最广者莫如盐。"

由此可见，盐的专卖的确已占了国家财政来源的大半。另外，至元二十六年的茶课大概有八万锭，占国家全年总收入的2.7%。也就是说，盐与茶大约占了整个国家收入的七成。

除此以外，政府也垄断了海外贸易的市场。这也为国家带来了丰厚的利润。

海外贸易

世祖在攻陷南宋临安以后的第二年，即至元十四年（1277年），很快就在江南的海港泉州、庆元、上海、澉浦设立市舶司这个管理海外贸易的政府机关，用以管理从事海外贸易的中国船只。第二年（至元十五年），他又派遣使节到东南亚邀请外来船只到访，对国际贸易表现出非常积极的姿态。

到了至元二十一年（1284年），世祖进一步在杭州和泉州设置市舶都转运司，命其处理海外贸易总务，代表国家把船只和资本借给从事海外贸易的人，并让他们把七成贸易所得的货物上交官方。市舶都转运司还严禁民间运用私人资本任意地进行贸易。这样一来，海外贸易的利益便完全落入国家的手中了。

泉州港的国际贸易到底有多繁盛呢？下面我们引用马可·波罗和伊本·白图泰（1304—1378年，生于摩洛哥的丹吉尔。他二十二岁时踏上了游览世界各国的旅途，曾到访非洲、阿拉伯、印度等，最后到达中国）的记录，来回答这个问题。马可·波罗的游记写道：

> 刺桐城（泉州）的港口有不少印度船进出，把香料及其他高价商品运送过来。而且，这个港口也聚集了蛮子各地的商人。多不胜数的货物、宝石、珍珠由这里进口，再从这里发送到蛮子各地。在基督教国，亚历山大里亚进港的胡椒船大概只有一艘。与此相比，刺桐城却有一百艘或以上的船只进港运送胡椒。此港实为世界上最大的港口之一。

伊本·白图泰也说泉州城的港口是世界大港之一，甚至是最大的港口。港内停有大艟克约百艘，小船无数。

想来元朝从这些贸易船所得到的关税数额非常庞大。

另外，我们可以看看这些贸易主要涉及哪些货物。从中国出口的物品主要有金、银、丝织品、陶瓷器、铜钱等；而来自外国的进口商品，则包括香料、宝石、珍珠、犀角、龙脑等。

我们再来看看贸易船只和它们的活动范围。《元史》提到东南亚和印度大概有二十多个国家向元朝进贡。不过，经过爪哇、苏门答腊、锡兰、印度洋到波斯湾的从事贸易的大型船，大部分都是中国的船只。根据伊本·白图泰所说，往返印度和中国两边的船只几乎都是中国的船只，即使伊斯兰商人想来中国，他们也都会搭乘中国船只。

从南宋到元代，航行在印度洋、波斯湾的中国大型船只几乎全呈四角形，船体宽阔。它们一般有五六十到一百间舱室，并载有四百到七百位船员，有些船只甚至可以载上一千人。这些船只都装备了武器和石油，还配备了大量弓箭手和能发射火箭的弩射手，准备随时与海盗作战。另外，船长会在夜间利用星辰，在白天利用太阳，到了阴天则使用指南针（罗盘），以确认航海的路线与方向。

马可·波罗返回意大利时乘坐的船只便是拥有四根桅杆的一艘性能极佳的帆船。虽然它的甲板只有一层，但却设有六十间舱室。整艘船的船身被分隔为十三个区域，纵使船底或船身两侧因为遇上暗礁而破洞，也只有个别区域会浸水，整艘船还是不会沉没。另外，从一艘船大概会有二三百个船员这一点看来，这些船比当时欧洲的商船更大、更坚固。想来这些大型的贸易船也能够运载大量的货物，因此政府所获取的利润自然也就非常丰厚了。

通货政策

元朝的通货虽然只有交钞（纸币），不过这种交钞——世祖时代发行的"中统元宝交钞"和"至元通行宝钞"，却流通了一整个朝代。而且，虽然我们说通货只有交钞，但其名义上却是铜钱的代用，因此交钞使用的是铜钱的单位。譬如，中统钞就发行了由十文钱到两贯钱的九等小额纸币，而至元钞则发行了由五文钱到两贯钱的十一等小额纸币。

交钞并非元朝才开始出现的东西。其名称、样式、发行的制度、取缔的规定等，都因袭了宋、金，尤其是金国的制度。

金国在第四代海陵王（1149—1161年在位）掌权时发行交钞以后，此后六七十年间又发行了贞祐宝券和兴定宝泉。与其说金国最初发行的交钞是纸币，倒不如说是政府所发行的期票。后来，到了第六代章宗（1189—1208年在位）时，金国建立了有关交钞的新制度，除了取消交钞七年的有效期限，还允许民众拿磨损了的交钞到自己所在的官库去交换新钞，又允

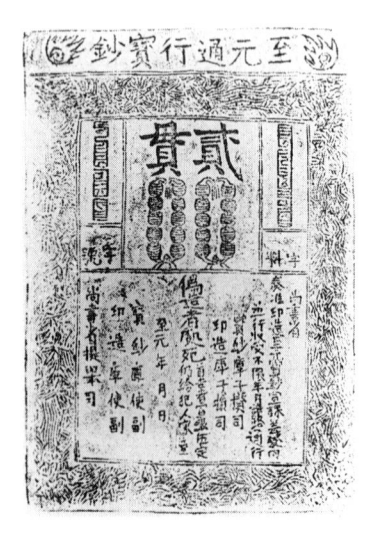

至元通行宝钞（天理大学图书馆藏）

许人们适当地以交钞兑换铜钱。这些措施都使得交钞能正式担负起纸币的作用。这样系统地来看，元朝的交钞直接继承了金国的设计。

早在元朝之前，蒙古帝国已于窝阔台汗八年（1236年）第一次印行了交钞。金国曾因交钞而出现恶性的通货膨胀，这是金国灭亡的其中一个原因。耶律楚材吸取了这一点教训，因此把交钞的发行量控制在一万锭（五十万贯，一贯等于一两）之内，交钞在货币之中也就没有占太大的比重。接着，到了蒙哥汗元年，朝廷又印行了新宝钞。这些都可以说是世祖印行的中统元宝交钞的前驱。蒙古帝国时代，除了中央发行的交钞，汉地的各个军阀和蒙古诸王也各自发行了一些通用于局部地区的交钞。

前文也提到，由于中统元宝交钞是铜钱的代用，因此它使用了铜钱的单位，但以贯为单位的中统元宝交钞也可兑换为

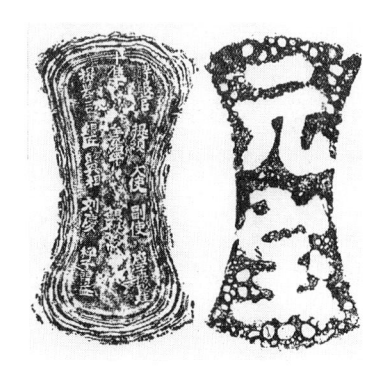

元代的元宝银锭（拓本）
至元十四年（1277年）的五十两，左为正面，右为背面

银。中统交钞是中央政府所发行的全国通用的统一货币，因此税赋也就可以利用中统交钞来缴付了。后来，为了进一步推广这种交钞，政府又在各路设立了平准库，平准库负责调整物价，并处理交钞和金银之间的兑换。所谓平准，其实就是调节物价，稳定货币政策。为此，各路的平准库都有银一万二千锭作为储备，以应付平常的兑换。这样一来，只要平准库能充分地发挥它的功能，物价的调整和交钞的流通应该都可以顺利完成。然而，至元年间过了一半以后，国家财政的膨胀导致交钞的发行量逐年上升，交钞和银根的比价远超于法定比价，银、钞的差额也达到了数十倍之多。因此，元代的经济开始受到恶性的通货膨胀所侵袭。

政府再也忍受不住，于是在至元十九年（1282年）颁发了"整治钞法条划"，把金银买卖的专权给予平准库，严禁一般百姓买卖金银。可是，这个条划并没有充分发挥成效。至元二十一年十一月，"金银私易（私自买卖）之禁"被废除了。这样一来，平准库丢掉了买卖金银的垄断权，政府也认同了人民可以自由地买卖金银。这也就意味着政府放弃在国库里储存金银来充当兑换储备金（钞本）。我们可把这看成是元朝交钞从兑换制迈向不换制的一步。

在这种松散的本位货币准备状况下，交钞的价值难免不断下跌，同时交钞的发行量也就渐渐增加。

至元二十三年（1286年），中统交钞的发行量终于突破了二百万锭的大关，达到2181600锭。从至元二十四年二月的记录来看（《元史》），仅仅一个半月的时间就消耗了五十万锭

（二千五百万贯，一贯等于一千文）交钞，由此亦可见当时通货膨胀有多严重。为了控制通货膨胀，政府采用的其中一个手段就是在至元二十四年印行名为"至元通行宝钞"的新钞，果断地降低物价。

政府将至元钞和以前中统钞的法定比价定为一比五，即至元钞一贯相当于中统钞五贯，致力把坊间流通的中统钞尽快回收过来。而且为了维持至元钞的价格，政府再次禁止私自买卖金银，另一方面又把至元钞的发行额控制在五十万锭（如果换算为中统钞，也就是二百五十万锭）以内。

这样一来，世祖时代发行的"中统元宝交钞"和"至元通行宝钞"大体上便在元代一直流通。最初把交钞介绍给欧洲人的是传教士纪尧姆·德·鲁布鲁克。他在1254年来到哈拉和林，当时宪宗蒙哥汗在位。他提到的交钞可能是窝阔台汗八年所发行的，或者是蒙哥汗元年所发行的蒙古帝国时代的钞票。

关于元朝的交钞，马可·波罗也在《东方见闻录》中记录了相关的信息。他在游记中写道：

> 大汗（也就是世祖忽必烈）令人将那种桑树的树皮剥下来，取出粗糙表皮与木质层之间的一层薄薄的内皮。先将内皮浸泡，然后再把它放入臼中捣烂成浆，最后制成纸。这种纸的基本质地就像棉纸，不过色泽十分暗。在准备发行纸币时，就把它裁成不同大小的纸张，形状近似正方形，但是略长一些。

马可·波罗从至元十二年（1275年）到至元二十九年（1292年）一直留在中国。因此，无论是"中统元宝交钞"，还是"至元通行宝钞"，他都应该见到过。这里他提到的大概是其中一种交钞吧。

另外，除了中统、至元两种交钞，详细说来，元代还有元武宗于至大二年（1309年）发行的"至大银钞"。至大银钞与至元宝钞的的法定比价是一比五，也就是说，一两至大银钞等同于五贯（两）至元宝钞。至大银钞从二厘到二两发行了十三等钞票，就像"银钞"的名字一样，一两至大银钞等同于一两白银。结果"至大银钞"只在武宗一代通行了三年。仁宗即位（1311年）以后便把至大银钞废止了，重新发行中统交钞和至元宝钞。此后，到了至正十年（1350年），元朝进行钞法改革，又发行了"至正交钞"，至元钞十贯可与至正钞两贯兑换（五比一）。但是由于元代发行至正钞时已经到了元末，我们已很难评估这种钞票的流通程度。

元朝的货币政策很容易让人觉得从国初开始，便是不具备储备金（钞本、钞母）的不兑换纸币制。但是，至少世祖一代印行中统钞和至元钞，都以"子母相权"（即预备钞母，并容许交钞以一定兑换率换成钞母）作为准则，在中央的户部和各路的平准库中都储备了相当数量的白银。不过，连年高涨的开支使储备的压力增加，最终元朝宁愿冒险从兑换制变成不换制。

元朝的货币政策失败，除了上述原因，另一个重要的原因是他们在回收旧南宋领地（江南）的铜钱一事上做得不够彻底。

总之，为了能让交钞顺利流通，必须准备充足的钞母（钞本）；必须抑制滥发交钞，以免其在经济界过于饱和；必须确保新旧交钞的兑换能轻松顺畅地进行。

这些都是成功的通货政策的必要条件。但是，要长时间满足以上各项条件，却是非常困难的事。从金朝、元朝，甚至接着下来的明朝的交钞制度中，我们正可发现这样的难处。

世祖与财政家们

负责推行世祖的财经政策的人主要有三位。第一位是阿合马，他在中亚锡尔河畔的费纳喀忒出生。到了中统三年（1262年），他的才能初次获得世祖赏识，世祖开始委托他处理财务。至元三年（1266年），掌管国家财政的政府机关制国用使司成立，世祖又任命阿合马出任其长官。当时世祖正为了开拓国库的财源而费尽心机，由此可见他对阿合马的财政手腕有极高的评价。由于阿合马得到了世祖的信任，因此逐渐独揽大权，最后终于压倒宰相，变成能左右国策的人。

《元史》对阿合马有这样的评价："为人多智巧言，以功利成效自负。"从这一说法，我们可以推测汉人大概也认为阿合马精明能干，是个手段高明的人。在世祖的信任下，从中统三年开始，一直到至元十九年被汉人王著和高和尚谋杀为止，二十年间他一直在处理财政。为了提升军国的财政实力，他筹划了以下数项财政政策：

（一）发展制铁业，制作农具，向农民推销农具，从中获取利润。

（二）改革盐的专卖法，并把各地增加的岁课收归国库。

（三）奖励银矿的开发。

（四）将铁、盐、茶、银、药剂等全部变为国家专卖品，以消费税为主增加税收，同时也着力进行天下的户口调查，务求能使国民之中没有逃税者。

总之，阿合马的财政策略除了强化国家专卖制，加征消费税，还包括做严格的户口调查（利用鼠尾册等），打击逃税者，充实地方财政。这样的政策对豪族、官僚、财阀（富商）形成了打击，使得他们再也不能中饱私囊，政府的收入有所增加。

这个政策就是所谓的国家重商主义，这与中国传统重农抑商的政策是完全对立的，因此遭到了汉人政治家和有识之士的激烈反对。

可是，在这些汉人政治家的反对声音背后，幕后黑手却是因被压制而怨恨阿合马的豪族和富商。再加上阿合马整肃地方财政，惹来了身为地方长官的蒙古人、色目人（西域人）甚或是汉人的怨恨，因此他便以权力压制台察（纠察他的施政方针的言官），又把理解自己政策的人提拔上去，让赞同自己理念的人踏上仕途。这件事后来成了别人弹劾他结党营私、垄断国政的证据。最后他被人暗杀，死于非命。

世祖的财政政策，或者说元朝经济政策的大方针，可以说大致都是阿合马设计的。

卢世荣与桑哥

阿合马被暗杀以后，管理财务的是卢世荣。卢世荣是河北省大名县的汉人。开始时他被阿合马任命为河西榷茶使，也就是河西地区茶叶的专卖长官。阿合马在世时，钞法逐步宽松，元朝经济出现了恶性通货膨胀的先兆，在阿合马死后则濒临崩溃。在这种情况下，卢世荣在桑哥的推荐下获起用。

卢世荣立于庙堂之上管理财政，但只过了半年，他就被解职了。不过，他在这段时间施行的政策却有不少值得关注的地方。首先是整治钞法（纸币通货政策）。他的重点在于解除先前提到的"禁止私自买卖金银"的禁令，由此认可民众自由地买卖金银。可是这最终却失败了。

第二是提升盐价，并设置市易司来增加商业的利润，或是为使海外贸易（市舶）繁盛，在江南泉州和杭州设置市舶都转运司等，借此增加国库的岁入。

反过来，他撤销了竹货和鱼货的专卖权，允许民间买卖这些物品。他又减轻了驿站户的负担，还在中国各地设置了常平仓（为了调整谷物的价格而设的谷物仓库。这个政策起源自春秋战国时代，不过建造特殊的仓库却是在汉代以后）和平准周急库（民间金融机构），更提高了官吏的基本工资，减免了一般百姓的税粮和税银等，断然推行了一系列有利于社会民生的政策。

元代的八思巴文字铜钱
按上下左右的顺序读作"大元通宝"

可是,他好不容易制定的政策内容太过急进,其中劫富济贫的做法当然遭到了朝中权臣的反对。同时,他又被时人批评中饱私囊,最终被监察御史弹劾,失去了世祖的信任。至元二十二年,他被处以死刑。

第三个登场的人是桑哥。桑哥本来是西域人,因为师事藏传佛教之僧丹巴国师,也非常擅长藏语。他原本担任藏语的翻译官,到了至元初年,获委任为总制院(后来改名为宣政院)的长官,掌管佛教事务,兼管理有关西藏的事务。

至元二十四年(1287年),元朝改革中央官制,尚书省取代中书省成为最高的政府机关,桑哥作为平章政事,也就全权掌握了整个国家的财政。他首先着手改正钞法。因为中统交钞的价值严重下跌,政府无论如何都无法遏止通货膨胀,他最终发行了新的"至元通行宝钞",坚决要把整体物价调低,也因此短暂地抑制了通货膨胀的趋势。

可是，每年岁出的增长经常导致国库空虚，这又开始令盐价和酒醋税等再次上涨。到了至元二十六年（1289年），江南终于出现了反对增税的热议。桑哥斥退了反对派，找来自己的党派巩固内部势力，逐步推进强化财政的政策。

因此，国内弹劾桑哥的声音也变得高涨起来。最终，世祖免除了他的职务。离职后，他在任内所做的许多坏事也就曝光了。到了至元二十八年（1291年），桑哥终于被杀。

以上提到阿合马、卢世荣、桑哥这三位财政家，他们一开始全都得到世祖极大的信赖，相当果断地推行了各自的财政政策。他们三人各有特色，但其共通点是无论如何都面临着元朝因接连不断内外征战而产生的庞大的军事费，对宗族诸王、公主、驸马、功臣年年增加的巨额赏赐，以及官僚高涨的薪俸，他们都在想办法开拓财源以抵偿这些开支。因此，他们必然会强行推行国家重商政策，从而忽略了人民的利害得失，特别是豪族、财阀、富商的利益。努力使国库的收入增加才是他们首要的目标。

这对他们这些财政家来说是至高无上的命令，是必须要往前走的道路。为了执行他们的政策，他们不得不斥退反对派，集结自己的党羽垄断官场，又或者压制批评或弹劾自己的谏官。

《元史》把他们三人列入《奸臣传》中，肆意地批评他们。不过，从当时元朝的国策上看来，他们可说是果断推行自己政策的财政家。对于他们卓越的手段，我们还是应该给予较高的评价的。

身份制社会与蒙古至上主义

身份制社会

一直到宋代为止,中原地区虽屡次遭受北方少数民族的侵袭和统治,不过北方民族攻下的大多只是华北的一部分,因此整个社会的根基并不会因而被破坏。不愿受少数民族支配的汉民族逃难到南方。在那里,他们守护着自己的传统。

然而,蒙古族的入侵和征服波及中原全境。而且,这次元朝的统治持续了一百年之久。因此,这给中国社会带来了各种重大的影响。这里提到的身份制社会正是元代其中一个特殊的现象。

不必说,以往中国并没有发展出像印度那样的等级制度——有严格固化的阶级社会,完全禁止人们僭越自己的身份。当然,士和庶(平民)的区别、地主和佃农的区分还是存在的。特别是担任统治者的王侯掌握强大的权力,也就占据了整个社会阶级的最高的位置。可是,尽管如此,中国还是有"王侯将相,宁有种乎"这样的古语,足见王侯将相的身份也不一定是绝对的。由低下的出身跻身高位并非绝对不可能。如果君主缺乏德行,根据天命(据孟子所说,君主得位,受命于天,假如君主一直行不道德之事,那么上天就会把天命赐给另一个有德行的人,把他奉为君主。这也被称为易姓革命),君主的地位也自然会被褫夺。这样的思想在中国也是存在的。

再者,隋唐以后,朝廷开科取士,士子可通过科举考试来获得宰相以下的官职。特别是宋代,普通平民只要在考试之中取得合格的成绩，他们的将来就有保证了。这样一来，自由的制度也就得以确立了。

元朝的基本方针是打破这样的传统，严格地实行种族之间的差别对待。统治者把蒙古人放到社会的最上层，其次是来自西方的色目人，汉人则属于整个社会的最底层。他们更把汉人一分为二，区别出汉人和南人。在这里，所谓汉人指的是原来在金国统治下的人民，至于南人则指的是原来受南宋支配的人民。基于此，我们一般会把元代称呼为三等人制或四等人制的社会。

我们也可从这一点看出，元代的身份制社会主要是以种族差异为中心，整个制度背后有政治的考虑，终究还是与印度的身份制社会不同，并非那么绝对严格。不过，对于被统治的汉人来说，种族的差异还是难以逾越的，特别是官僚、军人等的地位在这制度下更可说是高不可攀。

蒙古人

蒙古人作为征服者和统治者，他们当然在社会上占有最高的地位。

举例来说，"官有常职，位有常员，其长则蒙古人为之""丞相必用蒙古勋旧""台端（指御史大夫）非国姓（蒙古国姓，也就是蒙古人的意思）不以授"，中央政府机关以任用蒙古人作为他们选择长官的原则。元朝的中央政府主要是由中书省、枢密院、御史台三部分组成。中书省掌管政务，枢密院主理军事，御史台负责监察（司法）。军事上，蒙古人不论是经验，还是能力，都是最胜任掌管枢密院的。这一点相信没有任何异议。而为了维护蒙古人统治，尽管御史台的职务让蒙古人担当多少有些不合适，但也是没办法的。

但是中书省，虽然它所处理的一般政务也非常重要，可到底蒙古人有没有能力执行那些职务，却非常值得质疑。汉人经过了一千年以上的时间，已经构筑出非常复杂的行政组织，其事务也十分繁杂。但在蒙古社会里却没有能与之相提并论的制度。蒙古要统治整个中国，就不可能完全无视汉人的传统。元朝也沿袭了中书省制度的多个方面，但要真正理解整个制度的设计和运作还是不太容易。一旦理解出错，整个王朝转瞬便可能陷入危机。尽管如此，除了偶尔一些例外，元朝的原则一贯是要任命蒙古人为长官。因此，虽然他们有时会被批评鲁莽无谋，但依然还是亲自处理普通政务。可以说，正是因为这样努力，拥有这样的勇气，这个游牧民族出身的蒙古王朝才能持续一百年。

元朝在地方制度上也继承了中央政府的方针，任命蒙古人为路、府、州、县的长官。地方长官常被称为父母官，他们有较多机会直接与被统治的汉族民众接触，因此也就产生了更多复杂的问题，百姓对他们的横暴鲁莽的批评也就更难避免了。不过，元代的地方长官被称作达鲁花赤，这在蒙古语中是压制别人、束缚别人的意思，类似于总督或知事，其职务与汉人的地方长官多少有些出入。

上面是从官僚体系去考虑蒙古人的特权。假如我们从被管治的汉人一侧来看，对于平民百姓来说，蒙古人这种程度的特权是能够被认可的。

从普罗大众的角度，因为人种差异而产生的特权中，让人感到最不平等的东西往往是刑法。

"蒙古人与汉人争，殴汉人，勿还报。"以此项法令为首，刑法中存在着诸多不平等的情况。比如，蒙古人伤害了别人的奴婢只需口头谢罪便可了事；即使蒙古人杀死了汉人，如果他们可以支付葬礼的费用，也会被释放；蒙古人偷窃也不用接受刺字的惩罚；而且对蒙古人的审讯往往由同族的法官负责。

元朝实行这些措施，目的是要保护人数不多的同族。这是少数民族支配下身份制社会的一个很好的例子。

色目人

色目人指的是西方各色（色）种族（目）的人。他们大概包括二十种人，如回鹘人、汪古部人①、葛逻禄人、钦察人、康里人、喀喇契丹人等。其中最为活跃的是回鹘人。

当时的汉人就曾这样记录他们对色目人的印象："适千里者，如在户庭；之万里者，如出邻家。"

这虽然有点夸张，但色目人本来大多都在连接西亚和东亚的交通通道上通商，流动性确实特别高。

蒙古人的征服战规模渐渐扩大，色目人不但早早投降了，他们还负责为蒙古人提供必要的战争物资。由于他们有商队从事贸易，所以特别擅长长途运输。由于蒙古人以前所未有的实

---

① 汪古是蒙古化了的突厥部落，与乃蛮的情况类似。如按前文的定义，汪古部在广义上亦属于蒙古族。——编注

元代的色目人土偶（济南附近出土）

力把这些交通通道上的屏障一一打破，他们可以做更长途的贸易、更有利的贸易，能够通过商贸取得莫大的利益。其中一部分利益也就可抵消他们为蒙古人负担的战争费用。蒙古人也不用担心后方的物资补给，可以进一步扩大战线。他们相互取长补短，形成了持久的合作关系。

蒙古大帝国所以能成立，回鹘人实在是功不可没。特别是他们的经济观念相当先进，又深刻了解异国人的文化、风俗、习性，因此蒙古人在很早的时候便已重用他们。

元朝成立后，蒙古人要统治幅员广大的中国，控制庞大的汉民族。由于当时元朝没有进行详细的统计，我们并不知道汉人确切的人数。不过不足百分之一的蒙古人怎样都很难完全控制汉人。所以，此前有不少实质贡献的色目人也就获得元朝重用了。虽然说这是逼不得已的做法，但在统治者和被统治者之间设置明确的中间阶级的做法，却显示出蒙古人的别出心裁，体现了他们的智慧。而且，这一举措也是相当成功的。

为了弥补蒙古人的不足，有些色目人获任命为中央或地方政府机关的长官。大体上，他们占据着次官或辅佐官类的官职。而且，他们在蒙古人和汉人之间时而充当着润滑剂，促进两者的沟通，时而成为两者的缓冲地带，避免双方的冲突。

可是，他们虽然非常能干，但毕竟非蒙古族人，并不一定对蒙古王朝鞠躬尽瘁。有时候他们会利用自己的地位胡作妄为，从中剥削他人的利益，享受富裕豪奢、自由自在的生活。赛典赤·赡思丁、阿合马、桑哥都是精明能干的财务官员，十分出名。此外，政治家廉希宪（1231—1280年）、高智耀、赵世延（1231—1336年），学者马祖常（1278—1338年）、萨都剌（1308—？年），还有炮匠阿老瓦丁、亦思马因等也都非常有名。

色目人在法律上也受到特别的保护，仅次于蒙古人。譬

廉希宪像（出自明版《集古像赞》）

如婚姻等，蒙古统治者承认色目人固有的习惯，丝毫不加约束。他们偷窃的话也不用受黥刑。而且，当色目人和色目人，色目人和其他民族发生诉讼时，元朝政府会把与当事人有亲密关系的当权者找来，同意其列席与官吏一同审判。这些都是色目人得到的优待。

汉人的士人阶层

汉人既然是被征服者，他们就必然处于身份制社会的最底层。其中受到最明显伤害的就是身居高位的官僚阶级。因为蒙古人和色目人占据了领导地位，他们失去了原有的升迁渠道，陷入了混乱之中。这些原来的官僚，大部分都通过了科举考试，进而走上了仕途。为了通过科举考试，他们不得不学习经学。自然而然地，儒学也因为应试的关系变得非常兴盛。如果我们把教导考生的教师也算进去，那么为科举考试而做准备的人数就非常可观了。

元朝的出现，使不少知识分子失去了既得的地位，也丢失了将来的目标。这让士人阶层出现了极大的混乱，当然也就会演变成严峻的社会问题。

元朝也曾在初期巧妙地从汉族士人阶层中找了一些人，把他们吸纳到蒙古王朝之中，让他们成为高官。与其说这说明了蒙古人没有政治才能，不如说这是一个国家在朝代更替这样的大事之后，为了维持稳定，必定会采用的措施。举例来说，即使明朝初期以打倒蒙古王朝作为旗号，但他们也把一些被人批评为政治能力低下的蒙古官僚任命为大官。而在元朝，朝廷任用汉人官僚的数目其实是意外地少。

而且，在征服战结束后，社会逐渐稳定下来，元朝连这些数目很少的例外都除去了。知识分子一旦流落街头，因为没有其他生活的技能，会变得更加悲惨。

有些记录提到元朝把汉人按不同社会地位分为十等。《陔余丛考》和《谢叠山集》中记载的是："一官、二吏、三僧、四道、五医、六工、七猎、八民、九儒、十丐。"其他的记录则称："七匠、八娼、九儒、十丐。"

儒家学者以往总自夸是地位崇高的指导阶级，他们在政治、经济、文化等各个方面都有活跃的表现。但根据这些记录，他们现在在十等之内仅仅得到第九位，沦落到只在乞丐上面。这时他们的身份大大降低了，他们也就开始不加掩饰地发挥本性，不再回想以往的风光和排场，而是随心所欲地行动了。

周密留下了《武林旧事》（一部记录了南宋首都临安〔武林即杭州〕的朝廷仪式、节日活动、典章制度、地理、风俗、市民生活的书籍，共十卷）、《齐东野语》等随笔式的记录。他在文中写道，早起喝过热粥，再钻入被子里睡觉，对身体十分有益。一群像他一样的人打算超越世俗，假装自己正在享受太平之乐。

而有些人虽然同样被逼放弃为官志愿，但他们因旧秩序被破坏，受到少数民族新兴的风气影响，从而想到了要发扬自己的文采，于是成了元曲或元杂剧的作者。元杂剧包括舞台上的动作、对白、主角的歌声三项元素，其中还配搭乐器的演出，一般由四折一楔子构成，台词等全部都用口语写成。剧作的主题有与家人重逢的人情伦理剧，也有所谓的才子佳人的恋爱剧，有关于烟花柳巷的故事，也有打斗精彩的武戏。剧目种类繁多，其中较多从平民生活中取材，勾起观众的笑与泪。关汉卿的《窦娥冤》和王实甫的《西厢记》是当中的代表作。可以说，恰恰是由于汉人官僚阶级的衰败，这些出色的杂剧才得以出现。

另一方面，也有人表明自己的不满，转而致力于反抗蒙古政府。写下《铁函心史》的郑思肖便是其中一人。他大声疾呼自己对蒙古人的憎恶，也表达了亡国之恨。他坚信，纵使政权一时被蒙古人夺走，汉民族所建立的政权也绝对不会灭亡。他又主张自己一直是大宋的臣子，永远采用宋代最后的年号德祐（他留下遗言自称"大宋不忠不孝郑思肖"，于七十八岁时去世）。

虽然郑思肖这样批评了蒙古人，发挥了反抗的精神，但他并没有真的集合反抗蒙古的志士，也没有其他实际行动，只是隐身在寺院之中。这大概是因为害怕蒙古人强大的武力吧。

汉人知识分子之中，大部分人都对元朝有所不满。因此，这份恨意也就造成留下来的材料一般只记录元朝的弱点和缺点，对元朝恶评如潮。

汉人的知识分子层，并非全部都不满、反抗，或死了心。即使他们一直在同元朝对抗，也要想方法养家糊口。因此，比较务实的一群士人，很多都沦落为胥吏。也是这个原因，元代的胥吏阶级在汉人社会中大大地变质了。

胥吏的本质

胥吏也可直接称为"吏",他们也被记录在汉人身份的十个级别之中,与"官"这些高级官僚有着明显的区分。但在中国古代[①],官和吏的区别并不是那么明确的。

然而,从东汉以后社会阶级开始固定。到了魏晋六朝时代,贵族构成了特权阶级,垄断了高官的职位,普通平民要升迁到令史以上的官位实在极为困难。这种情况通过九品官人法变为社会制度。隋唐以后,科举制度得以确立,官和吏的区别也就体现在有没有通过科举考试。

到了宋代,朝廷认为充任胥吏是庶民对政府应尽的义务,所以在征募胥吏时并没有发放薪俸。胥吏被迫担任衙门的跑腿,负责打扫、记账、管理仓库一类的杂事。可是,随着社会越来越进步,政府机关的组织也变得愈加复杂。作为部分知识性的职业,胥吏的职务也变得更加专业。尽管如此,他们从政府那儿依然得不到薪俸,只能从百姓手中征收各项杂费,譬如在百姓缴纳租税和接受诉讼时收取手续费,借此维持生活。因此,这些杂费也就和贿赂没什么区别,在政治上产生了很大的祸害。有鉴于此,王安石的新法之一就是要为一部分担任重要职务的胥吏发放薪俸(这里说的就是仓法。按照这项法令,政府会支付特别的薪俸〔称为重禄〕给担当重要职务的胥吏,保证他们的生活)。这就是宋末胥吏的情况。

---

① 日本学者会将中国史划分为古代、中世、近世、近代等阶段,划分标准不一。——编注

元代的马车土偶（西安附近出土）

到了元朝，汉人官僚全部被放逐，政府安排了蒙古人、色目人替换他们的位置。可是，蒙古人与色目人对于中国政治的实情没有明确的认识，就连言语也不通，因此他们势必要把实务托付给胥吏处理。胥吏是以徒弟的身份在实际操作中学懂知识和技能的实务人员。他们没有任期，可以一生都在同样的政府机关为当地百姓服务，因此非常熟悉地方的实际状况和衙门旧有的习惯。元朝为了能顺利地施政，利用了这些胥吏，特别是良吏、能吏。元朝为他们提供职田，或发放薪俸，给予了他们优厚的待遇，因此汉人知识分子阶层也都不再顾及廉耻和声誉，为了温饱而沦为胥吏。

广西这个地方病流行的地区，以前怎么也不会有人想到会有胥吏去赴任，我们可以在元代文人的文集中看到大量饱含悲伤的送别诗。

无论如何，元代的胥吏都因此而提高了质量。如果更极端一些，我们甚至可以说，元代的政治正是由这些汉人胥吏阶级支撑起来的。

另一方面，由于蒙古人、色目人对于政治事务一窍不通，很多贪婪的污吏便会抓住这个弱点，乘机做尽坏事。大概没有哪一个朝代的腐败问题比元朝更严重。

譬如，他们会偷走没有完全被烧毁的纸币来使用，又会谎称灾害发生，私吞部分租税，骗走赈灾时发放的大米，又会滥用公款，巧妙地操纵账目。从元代的史料中，我们可以窥见胥吏在工作时做尽了能做的所有坏事。

一个极端的例子是元朝于至元年间在青田县发现伪印。搜索之下，最后在各个职场中发现了合共十八枚假县印，还发现了十二枚税务印。可知，当时青田县的蒙古长官甚至根本没有使用过自己的印信。

而且，面对自己的长官，恶胥会尝试投其所好。如果长官是个贪婪的人，恶吏会馈赠金钱；如果长官喜欢声色，他们会献上美妇。贪财者就送其玉帛，猎奇者就送其珍玩。

相反，对于普通百姓，他们会索取额外的租税，收受贿赂（贿赂也有各种名目，例如拜见钱、撒花钱、追节钱、生日钱、常例钱、人情钱、公事钱等），竭力剥削一分一毫。而且，他们会把罪行推诿到蒙古人和色目人长官头上。

元朝的地方政治越来越混乱。与其说，这是蒙古人的暴政所引发的，不如说，是贪婪的污吏以蒙古人的暴政为借口，乘机做尽坏事的结果。这才是元朝地方行政混乱的其中一个原因。

总之，由于蒙古王朝的出现，汉人社会的秩序被打乱了。

在这个过程中，不管是好是坏，最活跃的正是这个胥吏阶级。

奴　婢

奴婢是处于社会最底层的人。他们在元代又被称为"驱口"或"驱奴"。这些人是不是就是欧洲说的"slave"呢？大概就像今天专家所讨论的一样，其中还有不明确的地方。无论如何，元朝统治下的奴婢对比其他王朝，从性质上说更加复杂，从数量上说则非常庞大。以下我们来简单地介绍一下。

摩洛哥人伊本·白图泰于元末来到中国。按照他的游记所述，杭州城内约有七千多人被系在锁链之上，他们受人驱使制造衣服和武器。元代宫中和各个中央机关的杂役自不必说，全国有不少官营工场，如杭州的织染局（这是为了制造丝织品而设立的官署，汉代时被称作织室，唐朝时则被称为织染署。织染局这名字到了元代才出现。当时，杭州、黄池、建康三地都设立了织染局），成都的纹锦局，以及各地所设立的罗局、窑场、皮货所、油漆局，其中恐怕也能看见这样的景象。

这些人被称为官奴婢，也就是从属于官府的奴隶。另外，元朝有时会把他们赐给蒙古族的诸王、公主、功臣等作为奖赏。

官奴婢一般是元朝在征战过程中俘虏的人。蒙古人早年远征外国时，稍遇反抗，便会把工匠以外的所有人杀死，不论是上阵的士兵，还是没有战斗的平民。蒙古人以暴虐著称，残忍的程度令欧洲人闻风丧胆。这样做也是因为元朝以少数军队远征，如不彻底地进行破坏，必然会被人从背后切断交通路线，陷入危险之中。这也是不得已的处理方式。如果按这个原

汉人侍者土偶（西安附近出土）

则，那官奴婢也都是要被杀的人，现在罪减一等才成了奴隶。当然，这并不是蒙古人因为慈悲而网开一面。蒙古人要在中原定居，维持统治，这些官奴婢多少对生产有些用处，有一定的利用价值，因此便有这样的处置。这类官奴婢数量极多。这也可以说是蒙古王朝的其中一个特色。

与官奴婢相对，元朝的私奴婢数目也很多。有些人在过于贫困的时候，或者变卖妻儿，或者将其抵押而无能力赎回。还有人担心被追要高额税金而自愿投身豪族的家庭，成为奴婢。不论在什么时代，中国或多或少都存在这种情况。他们的身份并不一定是严格意义上的奴隶。其中，有些人刻意在蒙古人和色目人不清楚具体情况时变为奴婢，好让自己成为幽灵人口。

解放奴隶的呼声在元代出现，而元朝也将此作为自己的重点政策。成功解放奴隶的官吏会被认为做出了很大的功绩，从而受到表彰,得到重用。可是,这绝不是因为元朝尊重奴隶的人权,只是因为若能减少奴隶,自由人自然也会增加,而自由人正是元朝抽取租税的对象。从结果上看,解放奴隶的政策并没有像预期一般取得成效。

由此看来,大量的私奴婢在元代出现,原因之一固然是蒙古人的征服战争导致土地荒废,人们因此贫困不堪;但另一方面,这也是深知蒙古人不熟悉汉地情况这一弱点的汉人表现出来的一种处世策略,是汉人消极地抵抗蒙古政权的一种方法。

不管怎样,元朝的官私奴婢之多,可以说是这个朝代身份制社会的一大特色。

蒙古至上主义

以上已清晰地表明,元朝把蒙古人视为特权阶级,刻意在蒙古人与汉人之间划出一条明确的界线。这种取态不仅体现在社会的层面,同时也表现在政治、经济、文化等各个方面。这种以自己民族为中心的观念被称为蒙古至上主义。

比如我们来看看他们的语言文字,蒙古语属于阿尔泰语系,与突厥语和朝鲜语等属于同一个系统,与汉语完全不同。蒙古人开始时使用畏兀儿文记录语言,到了至元六年(1269年),世祖命令八思巴制作新字,并把这种文字定为元朝的国家文字。蒙古人创立他们自己的文字,这体现了很强烈的民族意识。

八思巴制定这种新字后,元朝便在京师设立了蒙古国字学，在诸路设立了蒙古字学，致力使新字普及起来，同时还把新字定为正式文字。以中书省、六部、御史台为首，元朝政府在京城内外各个政府机关安插了蒙古人书吏，同时也要求汉人官吏使用新字。

尽管如此，元朝在开始时还是容许人们一并使用汉字及新字记录汉语的语音，但到了至元八年（1271年）以后，元朝规定官方文书只能使用新字。到了后来，更是规定蒙古语也要通用新字。这样的政策当然会造成诸多不便，不少人都反抗这种做法。面对这些反对的声音，元朝政府一意孤行，还是希望以蒙古国语来统治国家。

结果，由于新字过于复杂，又不方便读写，因此并没有像政府预期一般普及起来。元朝统治者就是这样强硬蛮横地推行蒙古中心主义的。

八思巴文字（左）与畏兀儿文字等的对照表

但是，蒙古人毅然以征服欧亚大陆为目标，以数量极少的族人发动战争，而他们所到之处大都可以取得胜利，甚至以不足百分之一的人数完全征服了汉地，这是非常值得骄傲的事情。虽然中原汉地文化昌盛，但蒙古人也曾与西亚和欧洲诸国的先进文化接触。相对于汉人，他们自信有更广阔的视野、更丰富的阅历。而且正因为有这样的自信，蒙古人拥有一种精英意识，认为自己是全世界最好的民族。如果大蒙古中心主义的根源是这样的思想，也实在是无可厚非的。

然而，现实是当他们试着支配汉民族时，单凭骄傲和自信还是会碰壁的。譬如，对蒙古人来说，家畜是贵重的财产，也是重要的食物来源，他们在农耕地区强行要汉人饲养家畜，最后没有得到任何成果。正因为是只能长草的草原地带，最好的办法才是利用动物的身体，取得肉类、乳制品、皮革等。事实上，在农耕地带，栽培谷物、蔬菜等远远比饲养家畜有利。

还有，即使汉人尝试使用蒙古包，行动也不会变得更有效率，生活也不会变得更舒适。在雨量很少的沙漠地带，人们被迫逐水草而居，因此蒙古包是最好的住所。可是，在地基牢固适合定居的中原地区，汉式的房屋结构才是最适合的。

类似的情况出现在很多方面。所以说，蒙古人进入中原以后，要想以此为根据地实行长久统治，就必须采取不同于在蒙古草原时的方法。但是，假如蒙古人全面采用汉式的方法管治国家，那就意味着他们丢失了自己的存在价值，同时也意味着蒙古的败北。

因此，假如蒙古人无论如何都要保持自身的优越地位，他们必须一面采用中原传统的方式管理中国，一面极力发挥蒙古人的长处，又或者尽力维持自身的特点。这就衍生出了蒙古王朝特有的二元性。在这样的二元性之中，蒙古至上主义是蒙古人维持自己特质的主要支柱。在具体的政策层面，这就演变成了保护蒙古的措施。

二元对立

由少数民族支配而产生出来的二元性，本质上并非只是元代特有的现象。只要是少数民族管治，这种二元性或多或少都会出现，无可避免。契丹族所建立的辽朝设置了北面官和南面官（辽太宗在攻下中原部分领土后，设置了这样的行政机构。南面官统治汉人，北面官则负责管理契丹和其他少数民族），分别管治北方民族和汉人，就是个最佳例子。

对于少数民族王朝来说，这种二元性至关重要，却也往往是最难处理的问题。可以说，能否成功处理这种二元性决定了整个王朝的命运。总的来说，南北朝时期以来的少数民族王朝往往被高度发达的汉文化迷惑，把自己民族的优点丢弃掉，迅速地被具有很强影响力的汉文化同化。

在这一点上，蒙古族奉行蒙古至上主义，特别提防自己会被汉文化同化。这方针是有取得成效的。先前提到的蒙古人强制全国使用蒙古的文字和语言便是个很好的例子。社会地位较低的人若想尽可能地提高自己的地位，必须首先学习上层人士的语言。这是古今中外都通用的法则。上层人士则可依据语言文字的优势，让对方明确认识到他的优越性。而且，这也不会造成什么实际损害。

可是，正如"身份制社会"中提到的，蒙古人作为特权阶级一直受到保护，汉人则完全没法进入官场，这种政策有可能会招来汉人意外的反击。虽说汉人比较文弱，但他们在数量上绝对多，一旦他们团结起来反抗，即使元朝再强大，也会面临危机。因此，到了仁宗的时候，元朝也稍稍满足汉人的希望，打算吸收汉文化的优点，开科取士（仁宗在重开科举时，提到"进士中得一范仲淹，亦足副吾意"，表明了自己的目标）。

不久，元朝政府内就出现了反对这个政策的人。相应地，他们认为应更改回以蒙古为中心的政策。终于，政府内部分裂为蒙古中心派和汉文化派，甚至发展成权力斗争，元朝的政策也就开始了交替变化。我们会在讨论元朝灭亡的时候再交代详细的情况，元朝的历史，在某种意义上甚至可以被称为二元对立的历史。少数民族王朝的统治者必须不断考虑如何巧妙地调整这种二元性，如何调和两种文化，由此提升整体的管理水平。只有把元代拿来与辽、金、清做比较，进行更具体的研究，才能对蒙古至上主义做出更准确的评价。

第十一章　由欧洲来的众人

两位传教士

十字军及其性质

十一世纪末开始的大约二百年间,十字军的远征活动反复出现。一般认为十字军东征是由欧洲基督教徒发起的夺回圣地的运动,但这种看法将其纯粹看作由宗教热情而引发的宗教战争,无疑是太草率了。的确,在突厥族向西迁徙的浪潮下,其中一个分支塞尔柱(十世纪末,在族长塞尔柱带领下,从故乡中亚迁移到锡尔河下游)当时占据了西亚地区。塞尔柱人是伊斯兰教逊尼派的信徒,他们以前在草原上以豢养家畜为生,没有彻底消除游牧民族的性格。

欧洲的基督教徒相信耶路撒冷就是基督葬身之地,因此会进行圣墓巡礼。阿拉伯系的法蒂玛王朝(910—1171年,在埃及兴起的伊斯兰王朝。由阿卜杜拉·马赫迪〔Ubayd Allah al-Mahdi Billah〕建国，他据说是穆罕默德的女儿法蒂玛的后裔）以前统治耶路撒冷，曾以宽大的态度对待基督徒。但这个朴素的塞尔柱族好像并不像法蒂玛王朝一般宽容，而是动不动就迫害基督徒。因此，这成了战争的直接原因。这一点不容置疑，不过我们也不应忽略另一点，即战斗的舞台叙利亚、巴勒斯坦等地还是东西交通的主要路线，即欧亚两地的贸易通道"丝绸之路"的中枢。

十字军战争的本质是塞尔柱帝国和拜占庭帝国之间展开的东西贸易的争霸战。而且，在其背后还隐藏着其他真相，例如罗马教会希望压倒希腊教会，乘机把势力扩张到东方去，其野心在其中起到了强大的作用；还有，基督教在中世纪欧洲世界内部存在教皇的权力与皇帝的权力互相对立的问题，十字军东征可以视为解决问题的办法；另外，十字军东征也是以意大利为中心的欧洲南部的各个城市在经济方面侵入东方的策略。就像十字军战争本身的过程所说明的那样，其各种真相随着时间推移而变得越来越露骨。

1071年，曼齐刻尔特战役爆发，拜占庭皇帝败给了塞尔柱突厥。教皇额我略七世应拜占庭皇帝的请求，准备组织救援军。[①] 而后来的教皇乌尔巴诺二世（1088—1099年在位）打算通过统一东西教会，重申教皇权至上的理念，因此决定远征军不单是要救援东罗马（拜占庭帝国），还要在教皇权的指导

---

① 教皇额我略七世于1073年即位，此处记叙可能有误。——编注

下夺回圣地。

1095年,乌尔巴诺二世在法国的克莱芒召开教会会议,席间他做了一系列慷慨激昂的演说。聚集的群众被教皇的讲演迷惑,都呼喊着"那是神的意志",争先恐后地宣誓成为十字军战士,并在战衣的肩膀位置缝上红色的十字架徽章。第一回十字军东征(1096—1099年)由此开始。

远征军由约三万人组成,他们得到了拜占庭帝国的粮食补给,以及热那亚海军强而有力的支援,又赶上了塞尔柱突厥的苏丹马立克沙(1072—1092年在位)意外暴毙,终于占领了耶路撒冷,大体上达成了原定的目标。然而,第二次远征(1147—1149年)以后,穆斯林的反抗更为激烈,基督教徒内部矛盾变得更尖锐,也就是东西两个教会的对立变得更严重了。而且,教皇和皇帝围绕领导权明争暗斗,法、德、英等参战国之间也在互相争斗,还有意大利的港湾城市在东方贸易活动上因利害关系而产生了矛盾。因为这种种,除了神圣罗马皇帝腓特烈二世以巧妙的外交手腕拯救了第六次十字军东征(1228—1229年),使他们一时取得成功,其余的远征全都以失败告终。

其中,1212年,法国、德意志的少男少女组成的所谓儿童十字军,下场十分凄惨,德意志的少年强行远征,最后到达了热那亚,一部分人回国了,更多人却沦为马赛商人的奴隶,被人公开买卖。

塞尔柱突厥一方反十字军活动的中心人物,是伊朗库尔德族出身的勇将萨拉丁·阿尤布,欧洲人把他称为萨拉丁。他推倒了法蒂玛王朝,夺取埃及,收复了叙利亚和巴勒斯坦的大部分地区，创建了阿尤布王朝（1169—1250年）。不久，突厥系的马木留克王朝（1250—1517年）代替阿尤布王朝，变成统治埃及的霸主。欧洲及基督教势力在阿尤布王朝统治期间，还拥有阿卡等沿岸城市，但后来受到马木留克王朝的攻击，终于丢失了所有东方的根据地。

十字军带来的影响

就像这样，尽管十字军运动以失败告终，但若说它在长年累月下，几乎动员了欧洲世界的全部势力奔赴东方，也并不算很夸张。因此，十字军运动对于各方面当然也就造成了显著的影响。这次运动促进了东西方的接触，使欧洲的商业变得更发达，特别是东方贸易的基地威尼斯、比萨、热那亚等意大利的诸城市，都以此为契机实现了迅速发展。这些城市可以说是欧洲世界对东方打开的窗户，伊斯兰文化、拜占庭文化频繁地传入，为欧洲黑暗的中世纪投入了光芒。而且，自此以后，教皇的权力衰减，俗世的皇权伸张，也为中世纪社会渐渐转变为近代社会做好了准备。

十字军的活动，不仅对欧洲造成这些影响，还在亚洲引起了颇大的反响。蒙古军听闻中亚的花剌子模王朝急剧勃兴，为了享有这样的财富和繁荣而进入了西方，这完全可以称为十字军活动的反作用。也就是说，从叙利亚、黎巴嫩、伊拉克通过伊朗的这条东西交通干线，因为变成了十字军战乱的舞台，利用起来非常危险，所以人们开始绕道而行，从黑海经过伏尔加河河口附近，转到里海北边，到达咸海一带，其结果，所谓的"草原之路"登上时代舞台，拥有了新的重要意义。也因此，一直以来位置靠北，横跨通过南俄罗斯草原地带的新交通干线的花剌子模王朝，势力迅即抬头了。而且，这个王朝的领地花剌子模地区还位于通往南方阿富汗和印度的贸易路线的分岔点上，因此一跃而成为亚洲内陆的心脏部位。这是原本仅为塞尔柱帝国的东方边境的花剌子模王朝急剧勃兴的原因，反讽的是，这同时也是它没落的一个因素。

花剌子模和蒙古的对决，就是为了争夺这个东西交通的主干道和贸易通道的占有权。花剌子模被蒙古这个东方的新兴势力驱赶了出去。苏丹摩诃末败走，逃往西方，最终逃到里海的一个孤岛上，并死在那里。他的儿子札兰丁渡过印度河逃到印度，不久便从俾路支斯坦进入伊朗，在伊朗西部复兴了花剌子模王朝。可是，他很快受到蒙古军的征讨，再度仓皇逃走，途中被库尔德的刺客暗杀身亡，花剌子模的王族也最终灭绝了（1231年）。

花剌子模王朝曾取代塞尔柱突厥，成为称霸中亚和西亚的霸主，蒙古族却又把他们击倒，获得了东西交通线的占有权。拔都还带领蒙古军的别动队，从南俄罗斯攻入了波兰、匈牙利等地，这在上文已经阐明了。在这个横跨亚洲的大半和欧洲一部分、世界史上空前强大的蒙古帝国的统治下，东西方的接触和交流变得更加繁盛，不少旅客也陆续由欧洲来到蒙古帝国的首都哈拉和林（和林）访问。

华使卡尔平尼

蒙古帝国时代，不少旅客从欧洲来到了蒙古高原，普兰诺·卡尔平尼和纪尧姆·德·鲁布鲁克就是其中两位。卡尔平尼于十二世纪末出生在意大利中部佩鲁贾一带，他是方济各会的修士。1221年，他被派到德国传教，作为宣教士在德国南部，特别是莱茵河上游赢得了赫赫之名。1223年，他被任命为萨克森教区的副总长，第二年又被调任到了科隆。到了1228年，他得到了德意志教区总长的要位，1230年转任西班牙教区总长。

这个时候，因国家受到蒙古军入侵而逃到亚得里亚海的匈牙利王贝利四世已经回国，不过国内很快就出现了蒙古军即将再次发动攻势的传言。1241年8月，时任教皇的格列高利九世逝世，下一代教皇雷定四世也很快病逝了。1243年6月，英诺森四世成为教皇。贝利四世立刻写下亲笔信，恳求教皇协助他们防备蒙古军再次来袭。教皇英诺森四世因此呼吁德意志诸侯对匈牙利施予援手，可蒙古军的侵犯不过是贝利四世杞人忧天而已。但是，当时欧洲对于蒙古仍然十分畏惧，1245年，教皇在里昂召集宗教会议，席上众人认真地讨论了防卫蒙古军的策略，决定整备城市和村落的自卫体制，并打算封闭道路。同时，会议决定派遣使节到蒙古草原，阻止"这些野蛮人屠杀基督教徒"，并让使者劝服他们改信基督教。

基于这个决议的宗旨，教皇派出了使者去劝蒙古人改信基督教，同时命使者旁敲侧击，侦察蒙古有没有再次入侵的意图。这个重要的使命落在了西班牙教区总长卡尔平尼身上。1245年4月16日，他离开里昂，奉命出发去蒙古谒见大汗。卡尔平尼先前在西班牙任职，有很多机会接触东洋人，从其地位、名声、经验来看,他都是最适合到东方异国,出使蒙古草原的人。

踏上草原之路

卡尔平尼离开里昂,首先经过德意志进入波希米亚,与波希米亚诸侯文策尔会面,向他打听进入蒙古草原的路线。文策尔推荐卡尔平尼经由波兰和俄罗斯前往蒙古草原。于是,卡尔平尼出发到波兰,在当地找到本笃修士作为旅伴,不久便到达了俄罗斯的弗拉基米尔和基辅。他在各地接受诸侯的布施,其中就包括赠送给蒙古人所必需的海狸毛皮。卡尔平尼在基辅第一次看见蒙古军的驻屯部队,他遵从那个队长的忠告,把所骑的马匹换成了北方出产的马。忍受了几番困苦以后,他终于到达伏尔加河河畔拔都的幕庭,获拔都接见。卡尔平尼留下的游记是重要的史料,对于我们了解当时金帐汗国的内部状况至关重要。

卡尔平尼继续往东方走,从乌拉尔河河畔来到咸海附近,进入了花剌子模王国以前的领土。他又从锡尔河流域,进入喀喇契丹以前的领地,到达了叶密立城,接着从这里进入了蒙古草原西边乃蛮国旧有的领地。由于要出席拥戴大汗的典礼,同行的蒙古人开始催促一行人急忙赶路。

当时,窝阔台汗已经逝世,第三代大汗贵由还未正式即位,卡尔平尼就在此时到达了目的地哈拉和林。他把先前拔都汗翻译的教皇的亲笔信呈献给贵由汗,但谒见的请求却没有被允许。五六日之后,贵由的母后脱列哥那召见了卡尔平尼。蒙古大汗手下也有俄罗斯人和匈牙利人，他们把拉丁语和法语翻译了过来。

卡尔平尼在哈拉和林逗留，等待回信。之后，大汗的近臣镇海通知卡尔平尼，说已确认了教皇发出的文书。数日后，在一名叫作铁穆耳的俄罗斯通译员的陪同下，卡尔平尼与蒙古的高官会面。高官问卡尔平尼："教皇的亲信中有能通晓俄语、萨拉森语、塔塔儿语（蒙古语的意思）的人吗？"卡尔平尼回答说："没有，不过我们可把大汗的回信翻译了再带回去。"于是，大汗的亲笔信就在蒙古人面前被翻译成了拉丁语。

贵由汗的回信

贵由汗的亲笔信有三个版本：一封用的是塔塔儿语，也就是蒙古语；另外还有两封是用萨拉森语（其实指波斯语）和拉丁语写成的。这三个版本中，蒙古语和拉丁语的原件下落不明，而波斯语的版本，则在1920年被人们从梵蒂冈的文库

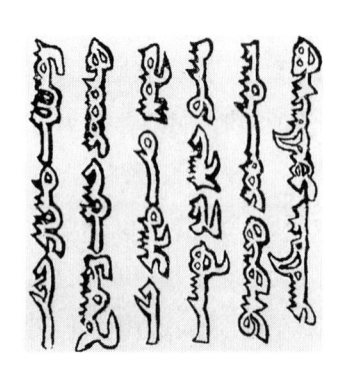

贵由汗回信上的花押，用畏兀儿文字书写的蒙古语

中找到。此信长 1.12 米，宽 20 厘米，由三张纸粘成。开首数行用了突厥语，以下则是波斯语。文中两处盖有方形的印章，印上有以畏兀儿文字记录的蒙古语。

> 在长生天力量下率领如大海般的人民的大汗的敕令：
> 这是送给大教皇的一份译本，以便他可从穆斯林语中得悉并了解敕令的内容。……你又说，你曾向上帝祈祷，希望我接受洗礼。我不理解你这个祈祷。你还对我说了其他的话："你夺取了马札儿（即匈牙利）人和基督教徒的一切土地，使我十分惊讶。告诉我们，他们的过错是什么？"我也不理解你的这些话。长生天杀死并消灭了这些地方的人民，因为他们既不忠于成吉思汗，也不忠于合罕（指窝阔台汗）。他们不遵守长生天的命令。像你所说的话一样，他们也是粗鲁无耻的，他们是傲慢的，他们杀死了我们的使者。任何人都没有可能违反长生天的命令，怎么可依靠他自己的力量捉人或杀人呢？……自日出之处至日落之处，一切土地都已被我降伏。谁能违反长生天的命令完成这样的事业呢？现在你应该真心诚意地说："我愿意降服并为你服役。"你本人位居一切君主之首，应立即前来为我服役并侍奉我！那时我将承认你的降服。如果你不遵守长生天的命令，如果你不理睬我的命令，我将认为你是我的敌人……

贵由汗的回信就这样被保留下来了。贵由汗打算派遣蒙古的使者同卡尔平尼等人一起面见教皇，不过，卡尔平尼找借口搪塞了过去。因为他不想让蒙古的使节知道欧洲基督教国家之间分裂的事情，也不想让蒙古人知道欧洲内部的情况。而且，蒙古使节如果在欧洲遭到任何虐待，蒙古帝国也可能会以此为借口，再次侵犯欧洲。卡尔平尼在蒙古草原逗留了约四个月的时间，到了1246年11月15日，便和本笃带着贵由汗的回信归国了。

他们在严寒的冬日出发，一路上非常凄惨，但总算再次到达拔都的斡耳朵，又于第二年的6月9日，到达了基辅。他们从基辅经过波兰、波希米亚、德意志，终于返回里昂，向教皇英诺森四世复命，献上了贵由汗的回信。教皇犒劳卡尔平尼，把他任命为安蒂瓦利大主教和达尔马提亚大主教。虽然卡尔平尼没有成功让蒙古大汗改信基督教，不过也弄清楚了蒙古军暂时不会再次侵犯欧洲。

鲁布鲁克的使命

鲁布鲁克到蒙古草原旅行，时间比这稍晚。鲁布鲁克是方济各会修士，大概在1215年于佛兰德出生。1252年，他以从军修士的身份参加了法国国王路易九世（圣王）发动的第七次十字军战争（1248—1254年），其间曾与国王一起留守在塞浦路斯岛的阵地。当时，一位自称蒙古使者的人访问这个岛，他告诉鲁布鲁克，蒙古人中也有基督教徒，蒙古大汗的母后就是基督教的信徒。

路易九世老早就听信传言，以为在东方也有蒙古人做基督教教主，便打算与蒙古人联手，从东西两方夹击基督教徒的敌人——穆斯林。因此，他决定派鲁布鲁克去侦察蒙古帝国的内情。鲁布鲁克奉命带着国王写给蒙古大汗的亲笔信，以传教为名，踏上了去往东方的行程。

鲁布鲁克从阿克尔出发，跟一个回国的使者同行，先到达了君士坦丁堡。他在这里准备了赠送给蒙古人的礼物后，于 1253 年渡过黑海，从苏达克来到伏尔加河的西边，访问了拔都之子撒里答的营帐。他又从这里渡过伏尔加河，来到拔都的营帐，获得拔都接见，这里的蒙古人进一步要求他到蒙古草原直接谒见大汗。他在蒙古人的建议下，披上了有蒙古特色的衣服，带着一名翻译，横越里海北部的南俄罗斯草原，在口干舌燥、饥肠辘辘的情况下到达了楚河河畔，又经过塔拉斯城，进入喀喇契丹以前的领地。1254 年 1 月，他们终于到达蒙古草原上蒙哥汗的斡耳朵。

鲁布鲁克在斡耳朵和首都哈拉和林逗留数个月以后，便携带蒙哥汗的回信踏上归国之途。那封回信比之卡尔平尼一行人收到的回复语气更加傲慢。因为当时正好是夏季，所以鲁布鲁克决定取道偏北一点的路线，再次访问伏尔加河河畔拔都的幕庭。途中，他们遇到了亚美尼亚王海屯（1224—1269 年在位。1252 年，为了对蒙古表示归顺之意，派遣使节到蒙古。蒙哥汗即位后，他亲自到哈拉和林觐见蒙哥汗，获得蒙哥汗的许可以掌管本国领土和本地教会）一行人。鲁布鲁克到达拔都的根据地的时间，刚好与他一年前到访是同一天。他得到拔都的许可，从这里出发，因临近冬天而取道南方，进入伊朗，回到了塞浦路斯岛。因为路易王已经撤回本国，他发送了详细的复命书。

鲁布鲁克本来的任务是要游说蒙古人攻打穆斯林（萨拉森人），形成东西夹击之势。但他没有完成使命，结果只得到蒙哥汗傲慢的回信。不过，鲁布鲁克留下了为向路易王报告而写成的游记。这部以复命书形式写成的游记是非常贵重的史料，记录了十三世纪中叶蒙古帝国的实际情况。另外，西欧各地长时间流传着蒙古人的君主是基督教徒的谣言，这次旅行的结果也证明了这个传闻没有根据。当时欧洲有蒙古军将再次侵入欧洲的说法，这其实是讨伐西亚伊斯兰教国家计划的讹传，鲁布鲁克此行也辨明了这个传闻的真假。

草原之都

利用鲁布鲁克等人所留下的记录，我们可以相当详细地考察当时蒙古帝国内部的状态，特别是首都哈拉和林的情况。

太祖成吉思汗的时代，蒙古帝国就是一个游牧民族所建立的国家，因此没有一个固定的国都。可是，随着帝国领土迅速扩大，人们开始感觉到有必要设立国都。于是，1235年，也就是太宗窝阔台汗即位第七年，蒙古帝国把鄂尔浑河上游的哈拉和林正式定为首都。哈拉和林在蒙古语里是"黑色森林"的意思。成吉思汗也曾经有一段时间定居在这里，不过当时还没有必要营造城市。蒙古人用汉人雕刻师和绘画工匠的作品装饰这个新首都的宫殿，将它命名为万安宫。据说，万安宫有四座门，第一座门只供大汗进出，第二座门让宗室亲王使用，第三座门让宫中的后妃使用,最后第四座门则让平民百姓使用。宫殿周围建造了王子和大官们的宅邸,整个城市都被城墙包围了起来。根据马可·波罗的游记,都城的周长是三英里。这个地方大概就是现在鄂尔浑河上游右岸的额尔德尼昭。但是,当时这个草原游牧民族国家的首都非常朴素,并不具备宏大的规模。

在窝阔台汗逝世,贵由汗还没有正式即位为汗的时候,卡尔平尼到访了这个地方。据他所称,贵由汗的母亲脱列哥那皇后在帐篷召见了他,脱列哥那皇后的帐篷大概可以容纳两千人,贵由被推戴为大汗的仪式就是在这里进行的。据说大汗的大帐幕中,堆满了帝国四方附属国献上的精美物品。1254年,也就是蒙哥汗即位四年,鲁布鲁克访问哈拉和林。根据他的记述,哈拉和林的都城分成两个区域,其中一个城区,在大汗的宫殿附近,是萨拉森人的居所,是来自中亚和伊朗,以及亚美尼亚等地的西方诸国使者的住所。另外一个城区主要由汉族工匠居住。除了宫殿、大臣们的帐篷、萨拉森人的住宅,还有十二座寺院,其中两座是伊斯兰教的清真寺,一座是基督教的一个流派景教的教堂。都城四周围着泥造的城墙,在城的四方有四座城门。人们在东门贩卖黍和其他谷物,在西门贩卖绵羊和山羊,南门贩卖公牛和车辆,北门贩卖马匹。蒙古人把蒙古与萨拉森人的居住区域同汉人的居住区域分开,这种做法仿效了以往契丹族建设都城之例。另外,根据中世纪伊朗史学家的记述,哈拉和林及其附近还有伊朗式的宫殿同汉式的宫殿争妍斗丽。据说,窝阔台汗的大帐幕用白色的皮革制成,里层覆盖

泉州的伊斯兰教寺院，宋代的建筑

着用金线刺绣而成的丝织品，足以容纳一千人。

鲁布鲁克也记载了大量欧洲人在这里的生活。他提到了巴黎的金属工艺师纪尧姆·布歇、德意志的采矿劳工，以及来自梅斯城的一位名叫帕库特的妇人和她来自俄罗斯的丈夫。除了鲁布鲁克在归途上遇到的亚美尼亚王海屯一行人，还有从西亚各国来的使节和商人，出于各种目的而聚集到这个草原之都。就这样，哈拉和林成了太宗、定宗、宪宗三代的首都。到了 1260 年，世祖忽必烈迁都上都，之后，哈拉和林就变成了和林行省的所在地，继续充当蒙古草原北部的行政中心。

大旅行家马可·波罗

威尼斯的宝石商

若要讨论元代从欧洲来中国的代表人物，不得不提及马可·波罗。

十三世纪中叶，马可·波罗一家住在意大利东部的港湾城市威尼斯。威尼斯有"亚得里亚海的新娘"的称号，是个繁荣富庶的地方，当时与热那亚、比萨并列为意大利的三大商港。意大利人趁着十字军远征的时机掌握了地中海东部的实权，积极地与东方进行贸易。马菲奥·波罗和他的弟弟尼科洛·波罗都在威尼斯这个城市当宝石商人，为了行商，这对兄弟在1253年离开家乡，乘船向着君士坦丁堡（现在的伊斯坦布尔）出发了。

波罗家的祖先出生于达尔马提亚，在十一世纪左右迁到威尼斯居住。虽然他们并没有跻身威尼斯富商的行列，但他们在近东各地都有客户，在很广阔的范围内进行着商业买卖。波罗兄弟二人都是已婚人士，由于他们旅行的目的地拜占庭帝国内部治安不太理想，而且没法预计逗留时间，因此他们决定把家人留在威尼斯。当时，尼科洛的妻子正怀有身孕。波罗兄弟二人往亚得里亚海的东南进发，不久转到东北，穿越博斯普鲁

威尼斯的马可·波罗家

斯海峡，终于到达君士坦丁堡。他们在这个地方停留了六年，之后朝着克里米亚半岛的商港苏达克进发。可是，他们在苏达克的买卖并没有想象般的成功，而且就算要回到威尼斯，也是海路上海盗横行、陆地上群盗驰骋的情况。于是，他们打算跟那时统治东北广袤草原一带的强大势力鞑靼人（蒙古人）交易。

于是他们舍弃了船只，骑着马匹，沿着草原，向东北进发。接着，他们到达了位于卡马河与伏尔加河交汇处的城市保加尔市。这里由别儿哥（术赤的儿子，拔都的弟弟。1257—1267年在位。采用南进政策，与伊尔汗国的旭烈兀争夺高加索地区的占领权）率领蒙古军驻守。波罗兄弟把宝石送给别儿哥，从他手上获取了价值相当于那些宝石两倍的物品。这样一来，他们也算是达到了目的，便决心返回威尼斯。可是临出发之际，别儿哥和身在波斯的旭烈兀同室操戈，西南方的路途变得相当凶险。波罗兄弟反过来试图寻找一条向东迁回回国的路线，因此进一步往东进发。

他们最初的目的地是布哈拉。当时，布哈拉是亚洲内陆的贸易中心，虽然曾在成吉思汗西征时一度被破坏，但后来到了窝阔台汗的时代又被修复，逐渐恢复昔日的荣光。波罗兄弟因为战争不得已在这里滞留了三年，恰好在这期间，东方的忽必烈向波斯派遣的使节一行在归途中经过布哈拉这个地方。使节听说波罗兄弟的传闻，于是要求与波罗兄弟会面，最后说服了他们入宫谒见忽必烈汗。波罗兄弟大概从使节的言辞中，发觉有可能在大汗的都城中进行更有利的交易，而且在使节的陪同下旅行也会更安全，因此决心往更遥远的东方未知国度旅行。

波罗兄弟到访中国

经过漫长的旅途，他们终于到达大汗忽必烈的驻地。大汗非常兴奋，向波罗兄弟提出了各种有关西方各国和人民的问题，特别是对罗马教皇和基督教表现出了浓厚的兴趣。除了把丰厚的礼物赠送给波罗兄弟，他还委派了蒙古人科加达尔作为使节跟波罗兄弟同行，命他们一起去面见罗马教皇，并把大汗的亲笔信呈上，再将一百位精通修辞、逻辑、文法、算术、天文、音乐、几何这七种技艺的基督教学者带回中国，又命令他们到耶路撒冷带回一点基督圣墓里长明灯的圣油。大汗忽必烈对于基督教大概真的非常关心。蒙古人之中，基督教徒非常多，忽必烈汗自己的生母似乎也是基督教徒。

波罗兄弟非常感激大汗的优待，准备再次出发，横越亚洲大陆。他们这次携带了大汗使者的信物——黄金造的符牌，因此可以在大蒙古帝国的领土内使用驿传系统，自由、安全地旅行。不久，科加达尔生病了，于是波罗兄弟把他留下来，之后继续向西前进。他们平安无事地通过蒙古的疆土，进入亚美尼亚，又从莱亚苏斯港经由海路到亚克，再回到威尼斯。

就这样，经历了前后十五年的长途旅行，波罗兄弟终于返回故乡了。迎接尼科洛·波罗的是他从未谋面的儿子马可。尼科洛的妻子已经逝世了，而他出发时还在妻子腹中的胎儿被取名为马可，现在已经是个聪明健康的十五岁少年了。

马可·波罗像

再次往东方进发

为了完成与忽必烈汗的约定,波罗兄弟打算拜谒罗马教皇。但因为当时的教皇克雷芒四世已经去世,教皇的位置一直悬空,波罗兄弟只能干着急。最终,他们没有等来新教皇即位,便再次出发了。这次,他们带上了已经成长为健壮青年的马可一起出发。没有得到教皇的协助,根本不可能带一百位基督教教徒来中国,但至少可以从基督的坟墓里拿到圣油,当作礼物送给大汗。于是,这三位威尼斯商人于1271年夏天离开了故乡威尼斯,经亚克前往耶路撒冷。

他们在耶路撒冷得到圣油,请留守在亚克的教皇大使西奥博尔德(Theobald Visconti)代替教皇写信回复忽必烈汗。拿到信后,他们便从亚克出发去往莱亚苏斯。当他们还在莱亚苏斯时,便获知西奥博尔德被推举为教皇,于是一行人又从莱亚苏斯回到亚克。西奥博尔德就任为教皇,也就是额我略十世。他款待了这三位本国人，考虑到罗马教会的势力可以趁机打入东方，额我略十世努力招募人才，希望找到蒙古大汗所要的一百个贤者。可是，他只选出了两位道明会的修道僧。尽管如此，这一行五人还是受到教皇的祝福，准备出发到东方去。然而此时，又有消息传来称突厥系的马木留克族入侵了亚美尼亚，到处掠夺，肆意破坏。两位修道僧非常恐惧，于是便找借口回国去了。

可是，三位极富进取精神的威尼斯商人等到教皇的亲笔信到达后，还是选择了立刻出发，进入了安纳托利亚的山岳地带。不久，他们又经过波斯西北的要冲大不里士，转往东南方，从克尔曼出发到达波斯湾的霍尔木兹。他们本来打算从这里取海路到中国，不过因为找不到合适的船只，于是又决定从

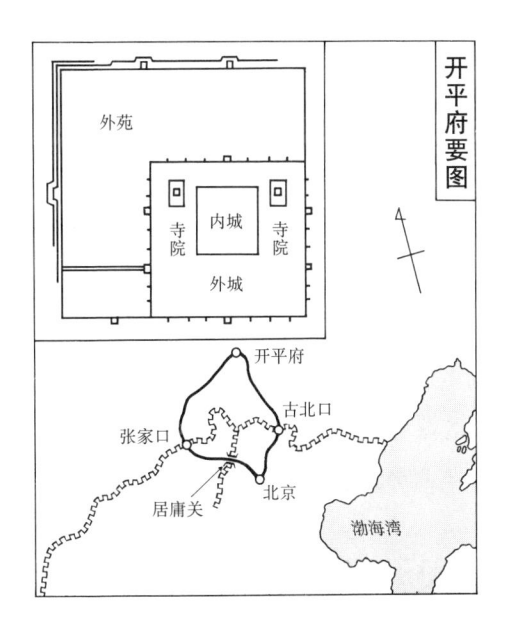

上都城门遗址（上）；上都遗址发现的瓦（下）

陆路进发。就这样，他们转向了东北方，从波斯高原进入了阿富汗，经过巴尔赫这个城市，到达了帕米尔高原上的巴达赫尚。巴达赫尚以出产青色颜料青金石而闻名于世。一行人越过了世界屋脊帕米尔的最高点，便到达了绿洲城市喀什，又从这里沿着塔里木盆地的南边前进，进入了罗布泊一带。不久，他们便经由中国西部边境的沙州，最终到达了大汗的避暑之都——上都。

所谓上都，其实就是元代的开平府，其遗址就在靠近内蒙古和热河边界的多伦县①附近。从遗址发掘出大规模的宫殿遗迹及美丽的波斯蓝瓦片，这说明当时上都富丽堂皇，极具国际性。

波罗一家到达上都以后，立刻便到大汗的宫殿复命。忽必烈汗率领一众王公贵胄、朝廷大臣慰劳了这三位远道而来跪在自己面前的宾客，热情地招待了他们。他们呈上教皇的亲笔信，奉上了耶路撒冷的圣油，并把从故乡威尼斯带来的许多礼品献给忽必烈汗。年轻的马可因为外貌出众又有才智，得到忽必烈汗的赏识，被任命为忽必烈汗的近臣。

大都汗八里城

马可·波罗在大汗忽必烈的宫廷中出仕，留下了不少有趣的记录。这些记录描述了当时大汗的宫廷生活和首都汗八里城的风貌。马可·波罗所说的"汗八里城"，是突厥语的讹音，意思是"汗的都城"，其实是元朝的首都大都，也就是现在的北京。

1260年，忽必烈在开平（上都）即位。不过，要统治中国，就需要沿袭中原传统的行政制度，因此他决定营建一个大规模的首都作为其政治中心地。至元四年（1267年），忽必烈在以往金朝中都的东北营建新城，并在新城中建造宏伟的宫殿。他把这座新城命名为大都。

当马可·波罗第一次看到这个东方的大都会时，他十分惊

---

① 今内蒙古自治区锡林郭勒盟正蓝旗境内，多伦县西北。——编注

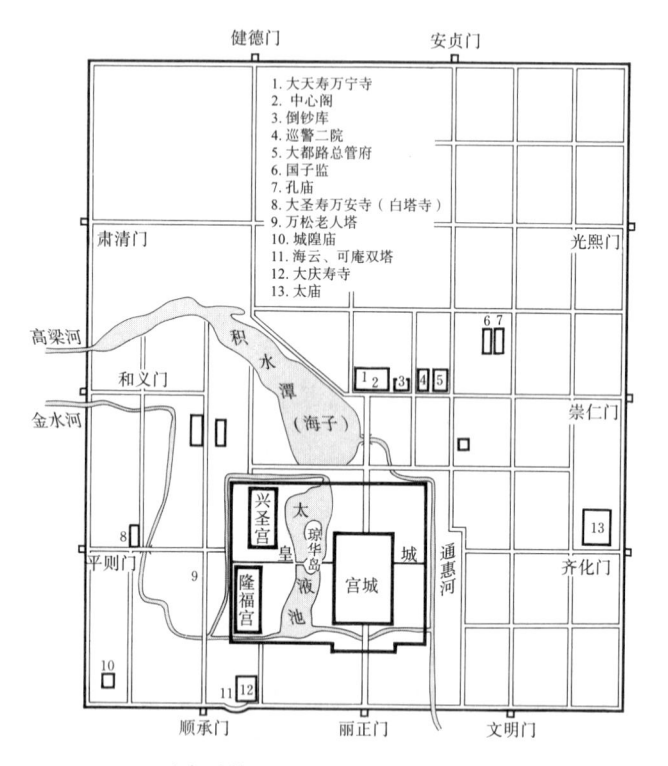

```
         健德门        安贞门
  ┌──────────┬──────────┐
  │ 1. 大天寿万宁寺
  │ 2. 中心阁
  │ 3. 倒钞库
  │ 4. 巡警二院
  │ 5. 大都路总管府
  │ 6. 国子监
  │ 7. 孔庙
  │ 8. 大圣寿万安寺（白塔寺）
  │ 9. 万松老人塔
  │ 10. 城隍庙
  │ 11. 海云、可庵双塔
  │ 12. 大庆寿寺
  │ 13. 太庙
```

肃清门　　　　　　　　　　　　光熙门

高梁河　积水潭（海子）

和义门

金水河

　　　　　　　　　　　　　　崇仁门

　　　　兴圣宫　太液池　瀛华岛

平则门　　　　　宫城　　通惠河　齐化门

　　　　隆福宫

　　顺承门　丽正门　　文明门

大都城的平面规划（出自《元大都》）

讶。首先，汗八里城的城市区划与他的故乡威尼斯完全不同。整座都市好像国际象棋的棋盘一般分割为不同的正方形区域，数条笔直的街道规律地贯通城内的东西南北。

> 新城平面呈规则的正方形，周长二十四英里……墙基宽约十步，向上逐渐变窄，墙顶宽不过三步。城垛全是白色的。城中的整体规划为直线布局，因此街道基本

上都是笔直的。人们如果登上城门向前方眺望，就可以看见对面城墙的城门。在城中公共街道两侧有各种货摊和店铺。

全城所有建房用的院落地皮都是正方形的，而且相互整齐排列在一条直线上，每块地都有充足的空间来建造漂亮的、带有庭院和花园的房子。……通过这种布局，整个内城呈现为方格状，就像一张棋盘，设计得精美绝伦，妙不可言。

大都的警备

关于大都的警备体制，马可·波罗留下了很有趣的记录：

四周的城墙共开设了十二座大门，每边三座。在每座城门上方和城墙的拐角处，都建有一座宏伟的城楼……城楼中有宽大的厅堂，用来储藏守城卫戍部队的军械。每座城门的卫戍部队有一千人。大家不要以为这么多军队驻守在这里是为了防备贼人作乱，其实只不过是为了显示大汗的威严和至高无上。不过我们也必须承认，由于占星师的预言，大汗对汉人仍心怀疑忌。

新城的中央耸立着一座高大的楼阁，楼阁里悬挂有一口大钟。这口钟每夜都要敲响报时，在第三次钟声敲响后，任何人都不得上街走动，除非遇有紧急情况，如孕妇临产或有人患病等必须外出求助，可以例外。遇到这种情况，外出的人必须提灯而行……

在夜间，有三四十人一队的巡逻队在街头不停地巡逻，查看是否有人在宵禁的时间，即第三次钟声之后，仍离家外出。在此期间他们遇到的任何外出者，他们都立刻将其拘留，待天明后将其送交给专门的官员审理。

不少中世纪的城市都有严密的警备体制，特别是少数民族出身的元朝，他们一直在提防着汉人的叛乱，这一点诚如马可·波罗所说。除了马可·波罗的记录，中国方面的文献，以及其后访问大都的鄂多立克的记录也是贵重的史料。根据《元史》这部中国的史书，大都有147590户，人口共有401350人。

大汗的宫殿

马可·波罗又描述了位于大都汗八里城的大汗的豪华宫殿。

都城内部还有宫城，四周围着正方形的宫墙，宫墙周围

北京妙应寺（藏传佛教）白塔

还有深深的城濠。宫墙每边长八英里，四边中央各有一座大门。在这道外宫墙内侧还有另一道内宫墙。内宫墙在南北两面各设三道门，中央一座大门只供大汗出入。门后边是大汗的宫殿，宫殿的壮丽教马可·波罗瞠目结舌：

> 在这道内宫墙以内，中间矗立着大汗的宫殿。宫殿雄伟壮阔，前所未闻，让人不得不惊叹。宫殿虽然只有一层，但是高台厚榭，殿顶高阔。
>
> 宫殿的台基或坛台高出四周的地面约有十掌，在台基上，四面是一圈宽约二步的大理石台墙。……台墙的外侧是一圈望柱围成的护栏，供人扶倚。
>
> 大殿和配房雕梁画栋，四周都饰以雕刻和鎏金的盘龙，墙上装饰有各种武士、鸟兽以及战争场面的彩绘。
>
> 大殿非常宽敞，大汗可以在这里大宴群臣。皇宫中还分隔出许多配房，其装饰美轮美奂，布局错落有致，规划无可挑剔，令人叹为观止。屋顶外部装饰呈现出各种颜色，如红、绿、蓝、紫等。窗户上安装的玻璃也玲珑剔透，如水晶般透明。屋顶十分坚固，能够经受住岁月的考验。
>
> 皇宫的后身是一群鳞次栉比的高大建筑，划分成若干庭院，里面收藏的是皇帝的私产和他的金银珠宝。这些宅院中还有一些是大汗的皇后和嫔妃的宫室。大汗身居清静之所，能够安心地处理事务而不受外界的任何干扰。

除此之外：

> 宫墙之内是一片广大苑囿，苑中是繁茂的草地和散落各处的果树。在御苑中蓄养着种类繁多的珍禽异兽，如大鹿、麝、小鹿、黄鹿和这一类的其他野兽。每道墙之间，如没有建筑物，也按这种规划布置……
>
> 在皇宫的西北面，有一片水阔池深的人工湖……湖中的水引自一条溪流……湖中生长着种类繁多的鱼。……大溪水从人工湖远处的另一端流出，为防止鱼类流失，在水流的入口和出口都安装了铁制或铜制的格栅。湖中还养有天鹅和其他水鸟。

另外还有：

> 北面距宫墙约一箭远的地方，有一座人造的土山。……山上栽满了枝繁叶茂的常青树，因为大汗陛下一听说哪里有一株奇树异木，就命人去把它连根带土挖出，而且不论这棵树有多高多重，都要用大象运送移栽到这座小山上。这座小山上四季绿树常青，令人心旷神怡。

通过马可·波罗的记述，我们可以充分了解到大都之中宫殿的华丽。元末的中国人陶宗仪也在他所著的《辍耕录》中详细记录了这座宫殿的构造及其壮观的景致，可与马可·波罗的描述互相印证。根据陶宗仪所述，大都都城方圆六十里（约四十公里），共有十一座门。另外，马可·波罗还记录了在这座宫殿内举行盛大的宴会，还有大汗出外狩猎的景象。

马可·波罗眼中的中国

马可·波罗在中国逗留了十七年。当时，他为大汗担任使者和地方官员，游遍了中国各地。他见微知著，拥有敏锐的观察力，而且对各种各样的事物都感兴趣。

忽必烈汗所发行的纸币"钞"，最初是由鲁布鲁克介绍到欧洲去的，不过马可·波罗却留下了更加详细的记载。他称大汗"真可以说是拥有了炼金术的秘技"。据他介绍，大汗命元人由桑树树皮提取胶质，制成绵纸，再裁剪成四角形，最后把大汗的图章盖上，让造币所官吏签名，便制成了流通的货币。任何伪造纸币的人都会被处以极刑。至于破烂的纸币，人们只要把它拿到大汗的政府机关，便可以额面金额百分之三的手续费换取新钞。这对于大汗的国库来说是庞大的收入来源。

马可·波罗又在华北一带惊讶地发现人们在使用煤炭，于是便以"像圆木一样燃烧的一种石头"为题，讨论了华北地区出产的煤炭。他提到这种"黑色石块""比木头的燃烧性能更高"，当时上流家庭一般会在沐浴和取暖时使用煤炭。

另外，他还提到了中国人所饮用的酒，称"汉地大部分居民所饮用的并非葡萄酒，而是用大米酿制而成的酒"，相比葡萄酒，这种米酒"更芬芳醇厚"，而且"色泽晶莹剔透，味道醇香怡人"，它的"酒劲十足，比其他种类的酒更易醉人"。

他对于驿传制度也有相当详细的记载，说到从首都汗八里城出发，呈辐射状延伸的各条道路上，每隔一定距离便会有一个驿站，即"站赤"，并详细描写了人们如何营运这种联系首都和各地方的交通网络。他又提到元人在主要的道路两旁栽种树木，为旅客提供遮阴的地方，即使夜间，这些树木也能为旅客指示道路的方向，为我们提供了不少贵重的史料。

据马可·波罗称，从汗八里城往西南方走十英里会到达一条名为"Pulisangan"的河，河上有一座大石桥，桥上每根望柱都装饰着大理石雕刻而成的狮子。其实这条河正是桑干河，石桥则是卢沟桥。"Pulisangan"是波斯语，意思是"用石头造的桥"。从这条河的记述开始，马可·波罗开始叙说中国国内各个地区的状况。他描述了涿州、太原府、平阳府、河中府、京兆府（西安）、汉中、成都、云南、西藏等地，还提到扬子江，以为"这规模已不是河了，几乎是大海了"，并描写了大量船舶沿大江上下的景象。

马可·波罗曾在扬州、苏州和杭州担任知事三年，因此他也提到当地市民的生活和土产。他把杭州称为"Kinsai"，这是因为南宋时代把首都临安称为"行在"。杭州并不容许人们行乞和流浪，身体不健康且又不能工作的人会被送到福利院疗养，而身体结实的人则会被强制劳动。市民须在自己的家门写上自己的家人和召使的姓名，也要写明拥有的马匹数量；同样，也要在旅馆的入口预先登记投宿者的名字，详细注明入住和离去的日期时间。马可·波罗认为"这是好事，这实在是贤人的做法"，这样的说法似乎表明了较之当时繁华的意大利代表城市威尼斯，中国城市更加进步。

马可·波罗把中国分为北方的"Cathay"和南方的"Manzi"。"Cathay"指的是以前契丹族占据的华北地区，其词大概是"契丹"一词的讹音。至于"Manzi"，则是源于华北人把江南地区的人蔑称为"蛮子"。马可·波罗对"蛮子"之地的记述最后停在一个称为"Zaitun"的地方，这其实就是福建的港口都市泉州。十世纪以后，这个地方被称呼为"刺桐城"，而马可·波罗所记录的大概是"刺桐"的讹音。他对这个港口的繁华富足赞不绝口。这是一处货物进出的集散地，是个昌盛的国际贸易港：

> 刺桐城的港口有不少印度船进出，把香料及其他高价商品运送过来。而且，这个港口也聚集了蛮子各地的商人。多不胜数的货物、宝石、珍珠由这里进口，再从这里发送到蛮子各地。在基督教国，亚历山大里亚进港的胡椒船大概只有一艘。与此相比，刺桐城却有一百艘或以上的船只进港运送胡椒。

他还记载，大汗从进口商品的关税中取得莫大收益，以及泉州的居民生活富足，许多外国人都住在此地，其中以印度人为主。马可·波罗从海路回国，恐怕就是从这个港口出发的。

当时，波斯的蒙古政权伊尔汗国的阿鲁浑汗（伊尔汗国第四代大汗，1284—1291年在位）正要迎娶元朝的公主做皇后。公主美丽温顺，年仅十七岁，而马可·波罗则奉命护送公主。大汗批准他在完成使命后，可以转路回国。于是，马可·波罗率领着由大汗敕命建造的十四艘船组成的船队启航了。这种船由冷杉所制，约有六十个客舱，四支主船桅和两支辅助船桅。船体分为十三个防水区域，船舷两侧覆盖着双重的木板，船底涂上了由石灰、大麻、油脂混合而成的颜料。这支船队船只大小不一，海员共有三百到三百五十人。中国的造船技术相当优秀，足以使地中海的霸者威尼斯人震惊。

《东方见闻录》

波罗一家从泉州踏上归途，经过南海、马六甲海峡、印度洋、阿拉伯海、波斯湾，经历了漫长的航行，终于平安回到故乡威尼斯。可是，他们离家已经二十五年了。当他们打开家

马可·波罗归乡，时隔二十五年敲开自己家的门

门时，迎接他们的全部都是生面孔。面对穿着奇装异服的三人，这些人最初完全不想要接纳他们。那时，威尼斯和热那亚正在竞逐东方贸易的市场，两地展开了战争。被卷进这次战争的马可·波罗后来也被热那亚人抓住，沦为俘虏。他在狱中留下了口述的记录《东方见闻录》，由比萨的鲁斯蒂谦执笔写成。这本书可以说是真正的"世界的记录"，因为其中包含了对当时旧世界内所有地方的叙述。

有人认为哥伦布航海的目的，就是要出发去看看《东方见闻录》中提到的黄金之国日本。不过，这个说法的可信性成疑。但哥伦布曾阅读《东方见闻录》，受到了书中所记录的东洋各国的风物的刺激，这一点倒是毋庸置疑的。在塞维利亚的图书馆，现在还保存着哥伦布所拥有的马可·波罗的游记的拉丁语译本。而且，我们可在书中的空白处，看到哥伦布写了四五则笔记。据说，二十世纪最伟大的探险家奥莱尔·斯坦因（1862—1943年，英国的中亚探险家。他曾经在1900年、1906年、1913—1916年三次到新疆探险，发现了大量的遗迹、壁画和古文书）和斯文·赫定（1865—1952年，瑞典的地理学者、探险家。他在西亚和中亚各地旅行，三次到新疆和西藏探险，发现了楼兰的遗迹）在亚洲腹地探险时，也随身携带着《圣经》和《东方见闻录》。

第十二章　连接欧亚的新干线

东西方交通之路

陆路与海路

蒙古帝国出现后，它的疆土覆盖了亚洲的大半土地和欧洲的一部分地区。随之而来的是，各个小国至此实行的闭关锁国政策也消失了，各国对立所形成的交流障碍也全部烟消云散。而且，窝阔台汗在位的时候，蒙古又整备了驿传系统，建立了联系东西方的交通通道，使两方能非常顺畅地互相交流。

上一章提到的卡尔平尼、鲁布鲁克、马可·波罗等人全都是利用蒙古的驿传系统，从欧洲出发前往哈拉和林或大都的。

我们这里所说的东西方交通，指的是东亚和西亚各个地区的来往，同时也指亚洲与西方欧洲各国的交通。无论是西亚的各个地区，还是欧洲各国，它们自古以来与东亚（特别是中国）的交通方式，既包括从陆路来到东亚，也包括坐船从红海或波斯湾出发，又或者从印度的东西海岸、锡兰岛、马来半岛、苏门答腊岛等地出发，经过南海，到达中国南部的广州、泉州、杭州等港口城市。这就是当时连接东西方的"海路"。

至于陆路交通，则可分为穿越亚洲北部草原地带的"草原之路"（steppes route），和穿越中亚的丝绸之路（silk road）。

草原之路

从很久以前，南俄罗斯和北亚的游牧民族就已经在使用亚洲北部草原地带的通道了。从公元前七、六世纪到公元前四世纪，活跃于南俄罗斯及高加索地区的库班河流域的伊朗系游牧民族斯基泰人，便经由这条"草原之路"到达东方交易。

草原之路指的是从黑海东北的亚速海出发，渡过顿河河口及伏尔加河，越过乌拉尔山脉，向东经过里海、咸海北方的吉尔吉斯草原，从巴尔喀什湖的北方经过阿尔泰山脉进入蒙古草原北部。如果从这里南下便是中国，如果穿过阿尔泰山的北方从额尔齐斯河出发，则可以到达叶尼塞河上游米努辛斯克盆地的北方。

从米努辛斯克盆地的中心地区出土了一些青铜制的文物，其中体现出斯基泰·西伯利亚文化的美术特色。蒙古草原北部的诺彦乌拉有匈奴族的古墓地，其中也出土了斯基泰系的文物。这些恐怕都是经由"草原之路"从南俄罗斯传来的。

而那个时候，匈奴族（北匈奴族）则通过这条道路反方向由东方迁徙到了西方。匈奴王国在一世纪末分裂为南北两个

元代的东西交通路线

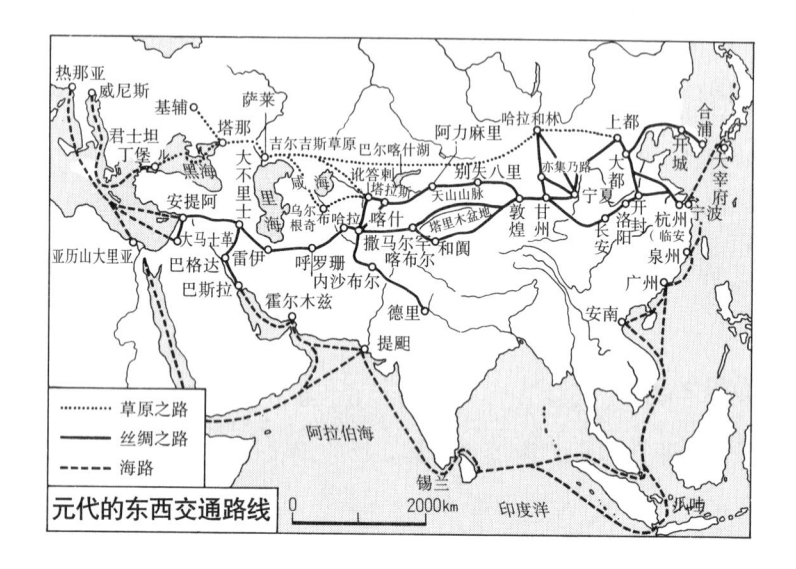

部族，北匈奴族丢掉了在蒙古草原上的根据地斡难河河畔向西迁移，从阿尔泰山中转移到了伊犁河流域。之后，他们又陆续经草原地带迁往更西方，到了四世纪，出现在了南俄罗斯。

到了蒙古帝国的时代，蒙古人把首都设在哈拉和林，假如他们要从北欧和东欧回到自己的首都，"草原之路"正是回国最短的路线。

窝阔台汗在位时，毅然任命拔都远征欧洲。拔都当时便是沿着这条"草地之路"进军的。在这次远征之前，窝阔台汗命令人们整备驿站，把哈拉和林和窝阔台汗国的首都叶密立城连接起来，再由此延伸到拔都钦察汗国的首都萨莱城（伏尔加河河畔），建立了更完备的驿传系统。

前一章（"由欧洲来的众人"）提到了卡尔平尼和鲁布鲁克，他们都是稍后才从欧洲来到蒙古草原北部哈拉和林的传教士。根据他们的游记，我们可以弄清楚他们所走的路线。卡尔平尼受罗马教皇英诺森四世所托，到哈拉和林以劝说蒙古人改信基督教。他在1245年4月从法国的里昂出发北上，经过波兰、基辅等地，到了第二年2月便到了伏尔加河河畔钦察汗国的首都萨莱城。他在那里谒见了拔都汗，接着便利用驿传系统，花费了三个半月的时间到达哈拉和林附近贵由汗的帐幕。

与卡尔平尼相比，鲁布鲁克大概在十年后才经由"草地之路"出发去往哈拉和林。他受法国国王路易九世派遣，于1253年5月从君士坦丁堡出发，由黑海向北航行，经过苏达克，穿越伏尔加河，最后到达萨莱城去谒见拔都汗。之后，他使用了连接萨莱城和哈拉和林的驿传系统穿越吉尔吉斯草原，于1254年1月，在哈拉和林近郊谒见了宪宗蒙哥汗。他在通过吉尔吉斯草原时，留下了这样的记载：

> 我们开始大大加快我们的步伐，因为我们已经看不到人烟，只见到那些为照看使臣而设置的、相距一日路程远的驿站。

归途中鲁布鲁克经过巴尔喀什湖的北方，再次来到萨莱城，并从这里换成与来时不同的路线，沿着里海西岸南下，经由亚美尼亚、塞浦路斯岛，最终于1255年6月底，到达安提阿。

鲁布鲁克为了向路易九世复命而撰写报告书，不过其内容却类似游记。他的报告远比卡尔平尼的游记更准确、更详细。从他的报告中，我们不但能获知蒙古人的风俗习惯、蒙古帝国内各种通行的文字（畏兀儿文字、西夏文字、西藏文字、汉字等）、蒙古人信仰的宗教（景教、佛教、伊斯兰教等），还能了解首都哈拉和林、居住在此地的欧洲人，以及蒙哥汗的帐幕的详细情况。

蒙古帝国时代，假如从东方出发去探寻这条"草原之路"，我们经过下列地点：

哈拉和林—额敏县（叶密立城，也就是窝阔台汗国的首都）—巴尔喀什湖北岸—咸海北方（吉尔吉斯草原）—里海北岸—萨莱（也就是钦察汗国的首都）

从萨莱城往西，根据目的地而有不同路线。假如要往巴格达、叙利亚方向走，可通过高加索、亚美尼亚，到达大不里士，再往西去到叙利亚，沿着札格罗斯山脉南下到巴格达。

或者从萨莱城出发取海路越过黑海，经君士坦丁堡向地中海进发，来到威尼斯和热那亚等意大利的各个城市。

丝绸之路

"丝绸之路"非常有名，顾名思义，以前中国就是通过这条道路把自己所生产的丝绸运送到西亚、希腊和罗马一带的。不过"丝绸之路"这个名称直到近代才出现。开始时，只是一部分欧洲人使用这个称呼，后来德国著名的地理学者李希霍芬将其广泛介绍给学界。李希霍芬把德语"Seidenstraße"一词译成英文，就成了"silk road"（丝绸之路）。此后，欧美的历史学者、地理学家、中亚的探险家等都喜欢用"Seidenstraße"

或"silk road"这个称号。时至今日,"丝绸之路"已成为专有名词。

原本李希霍芬所说的丝绸之路,指的主要是穿越塔里木盆地两侧的天山南路和天山北路,也就是西域南路和西域北路。但是,不久人们就拓宽了其定义,用这名词指称所有跨越中亚的东西方陆路交通路线。丝绸之路的含义就是这样,下面我们谈到的也是广义上的"丝绸之路"。

丝绸之路穿越了中亚,如果说草原之路将斯基泰文化(特色是把动物形象雕镂在贵金属和青铜装饰板、马具、旗杆等物件上)传播到了西伯利亚南部和蒙古草原,那么丝绸之路就是把中国的丝绸引进到西方,同时也把源于西亚的彩陶(把陶器表面磨光,再在上面描绘上有颜色的波浪纹饰)和新疆的和田(于阗)玉传播到中原汉地、满洲及朝鲜等地。不过,这条道路真正被开辟成东西两方的交通通道,是在公元前二世纪后半期汉武帝派遣张骞出使西域以后了。

十三至十四世纪时丝绸之路的路线,若起点为东方的中

十四世纪法兰西的卡塔兰地图册中出现的商队,
据说描绘的是马可·波罗的旅行

国,则是从大都(北京)出发,沿着阴山在长城地带一直往西行,由宁夏转到河西道,到达甘州、肃州、沙州(敦煌)。敦煌以西是塔里木盆地,丝绸之路从那里分为北路和南路两条路线,南路沿着昆仑山脉的北麓进发,北路则沿着天山山脉的南麓行走,南北两条道路最终会在喀什(疏勒)附近会合。之后翻过帕米尔高原,便会到达撒马尔罕。除了上述两条路线,还有第三条通道。第三条通道主要是隋代以后开发的,从敦煌出发,经由天山山脉北方、巴尔喀什湖南方、伊犁河流域,最后到达撒马尔罕。这条道路会经过哈密(高昌)、别失八里、阿力麻里、塔拉斯、讹答剌等要冲。如果由此往北走,可以走到草原之路。

从撒马尔罕西行,可经布哈拉,渡过阿姆河,再从梅尔夫、内沙布尔(呼罗珊省)沿着厄尔布鲁士山脉往西行,就能到达大不里士。从大不里士出发,我们可以像先前说的那样,继续往西走到叙利亚,去往地中海地区,又或者穿越阿塞拜疆,渡过黑海,经君士坦丁堡到达地中海。还有,如果我们从大不里士出发往南走,越过札格罗斯山脉再往南行,便能到达巴格达。

诚如上文所说,在蒙古帝国时代,蒙古草原与西亚乃至更远的地中海世界(以意大利各城市为首),以及北欧、东欧等地都有频密的交流。蒙古帝国的建立,一下子把当时亚洲内陆各个民族和一众小国的对立消除了,东西交通的障碍也因此消失。另外,因军事、行政、经济贸易上的需要,蒙古帝国还在它广大的领土内整备了驿传制度,因此陆上的交通变得空前兴盛。

上文已介绍了卡尔平尼和鲁布鲁克等人的游记和见闻录。除此以外，如实反映十三至十四世纪东西交通和贸易盛况的书籍，还有意大利商人裴哥罗梯的《通商指南》。

为了方便当时欧洲（特别是意大利）商人到远东进行贸易，裴哥罗梯编辑了这本参考手册。书中详细地记录了有关中国、印度、中亚等地的知识。

按照这本书，到东方中国（大都）的贸易路以位于顿河河口的塔那市（1316年以前是热那亚的领地。从1332年起，成为威尼斯的领土）为起点。之后，可从塔那市先到钦察汗国的首都萨莱城，再从萨莱城出发到位于里海北岸乌拉尔河河口的萨莱奇克城。接着，穿过里海和咸海之间的区域往东南走，可到达阿姆河河畔的乌尔根奇，再循河中地区（夹在阿姆河和锡尔河的地带）东行，到达锡尔河河畔的讹答剌。再一路东行，便会经过阿力麻里到达大都。其实可以看到，这条路线到萨莱城为止是利用的"草原之路"，从萨莱城往东南走即是利用的"丝绸之路"。意大利商人在希腊时代以后，继续通过克里米亚半岛保持与南俄罗斯的商贸关系，大概因为他们特别重视萨莱城。

然而，即使蒙古帝国时代有这么繁盛的陆上贸易交通，不久也便无以为继了。由于海都之乱爆发，三十余年间，亚洲内陆的中心地带阿尔泰地区和中亚成为战场，变得十分混乱。蒙古帝国自窝阔台汗以来苦心经营的连通东西的驿传制度，这时也陷入混乱。海都之乱以后，东方的元朝和西亚的伊尔汗国开始主要利用海路交流。马可·波罗选择以海路回到意大利，恐怕也与陆路动荡有关。以下我们尝试利用《东方见闻录》，追溯马可·波罗回国的路线，借此还原连接元代中国与西方的"海路"。

海　路

马可·波罗在中国驻留了十七年后，于1292年护送元朝公主到伊尔汗国下嫁于其第四代君主阿鲁浑汗，之后便取道回国。

我们下面便利用马可·波罗的游记，参照其他史料，重新勾勒十三至十四世纪由东到西的航海路线。由中国南部的广州、杭州、泉州等港口出发（马可·波罗的船队由十四艘大船组成，应该是从"刺桐"〔泉州〕启程的），沿着印度支那半岛南下，船只一般会先在马来半岛的吉兰丹港口靠岸，之后才出发穿越马六甲海峡，而有些船则选择绕行爪哇岛和苏门答腊岛，无论如何，两者最后都会到达锡兰岛。船只从锡兰岛出发，经过马拉巴尔海岸，沿着印度的西岸北上，经过靠近印度河河口的提飓港，或可进入波斯湾，或可停靠在波斯湾口的霍尔木兹港。

从这里出发到西方，可以采用各种不同的路线。大部分人会由陆路到达巴格达，再北上转到大不里士。之后，便可利用先前提到的丝绸之路，到达意大利的各个都市。

假如从提飓港或霍尔木兹港继续循海路进发，可绕阿拉伯半岛进入红海，再从埃及的亚历山大里亚越过地中海到达意大利的各个城市。当时也有不少人会采用这条路线。

马可·波罗一家回国以后，不久便有人反过来从意大利经由海路到达中国，其中包括若望·孟高维诺、刺桐（泉州）的主教安德鲁、波代诺内的鄂多立克（Odoric of Pordenone）、若望·马黎诺里（Giovanni de' Marignolli）等天主教修士。孟高维诺于1291年从大不里士出发，在霍尔木兹乘船，从海路经过印度洋到达中国。1293年，他抵达大都，此后直至1328年离世，三十四年间他一直专心在这个地方传教。

1311年，鄂多立克从海路到达印度的马德拉斯，之后通过苏门答腊和爪哇，绕婆罗洲到达中国，又从福州、杭州利用大运河到达大都。他在中国前后停留了三年，之后循陆路回国。

1347年（元顺帝至正七年），据说伊本·白图泰（1304—1378年，出生于摩洛哥的丹吉尔。二十二岁时踏上了周游列国的旅程，曾到访非洲、阿拉伯、伊朗、印度等地，也曾经爪

在印度洋中行进的蒙古舰队。马可·波罗护送元朝公主阔阔真嫁与伊尔汗国阿鲁浑汗，此图描绘的是他们前往波斯的情景

哇到达中国）从海路来到中国。他从埃及北部出发，经过巴勒斯坦、叙利亚、伊朗、美索不达米亚、印度、锡兰岛、苏门答腊岛等地，最后从柬埔寨来到泉州，接着又到广州、杭州、大都等地游览。不过，他的那些有关中国的记述是否真确，现在还有疑问。

东西文化的交流

基督教与伊斯兰教

首先，我们来看看基督教与蒙古帝国的关系。蒙古族之中有相当数量的聂斯脱利派基督教徒。他们在宁夏、西宁、甘州、肃州、敦煌等地进行聂斯脱利派的教团活动，马可·波罗也提到他单单在宁夏便发现了三所聂斯脱利派的教堂。另外，在大都出生的突厥人拉班·扫马曾从西亚出发到远方的法国旅行，这位旅行家也是聂斯脱利派的神父。

唐朝崩溃后，景教，也就是聂斯脱利派基督教在中国丧失势力。然而随着蒙古帝国成立，他们又开始逐步扩展范围。根据马可·波罗的记载，元世祖忽必烈与窝阔台汗、蒙哥汗一样，都是同情基督教的。马可·波罗提到忽必烈会在重要的祭典中对主教拿出的福音书叩头，并亲吻福音书。

当时的基督教徒一般被称为"也里可温"。这名称源自叙利亚语，是受到蒙古语影响而产生的讹音。基督教神职者除了不用缴纳租税，还享有各种优待。

察合台汗的葬礼，排在右侧的是景教僧众（出自拉施特的《史集》）

不仅是中国，伊尔汗国这个位于波斯的蒙古政权建立初期，其大汗也对基督教表现出友善的态度。旭烈兀汗的妃子就是一个热心的景教信徒，她在巴格达之战时，还曾恳求丈夫确保市内基督教徒的生命安全。在蒙古帝国的统治下，亚美尼亚的基督教徒经常试图通过宗教与蒙古大汗接触。就这样，被伊斯兰教长年压迫的西亚的基督教徒如今随着蒙古政权的建立而恢复了势力。他们在伊尔汗国的各个地方陆续兴建了很多新教堂。

罗马教会也努力在东方传教。先前我们已经提到罗马教皇英诺森四世派遣卡尔平尼出使，也提及法国国王路易九世派遣鲁布鲁克的事。1289年，受教皇命令到东方传道的方济各会修士若望·孟高维诺（Giovanni da Montecorvino），首先到大不里士侍奉阿鲁浑汗，之后从海路经由印度来到了中国。前面也提过，他在元朝首都大都住了三十多年，在那里修建了两座教堂。1307年，他被任命为大都的第一代大主教，之后与罗马派遣过来的三位方济各会修士一起努力传教。除此以外，教皇还向克里米亚派遣传教士，让他们在钦察汗国传道，还有传教士在中国刺桐城（泉州）宣教。

下面我们再来说说伊斯兰教。伊斯兰教在唐朝传入中国，到了宋代，扬州、杭州、泉州、广州等外国人的居留地，以及天山地区已经发展了不少信徒。随着蒙古帝国的成立，这个西亚的宗教迅速壮大起来。成吉思汗远征西方以来，大量中亚和西亚的穆斯林从海陆两路进入中国，作为"色目人"得到元朝优待。他们被称为"菩萨蛮""木速蛮"（阿拉伯语、波斯语"Musulmān"的音译，意思就是伊斯兰），他们的神职者被称为"答失蛮"（波斯语"Dānishmand"的音译，意思是有知识的人）。这些教徒主要在泉州、杭州等中国东南部的港湾城市居住，同时也有大量教徒在大都、上都、甘肃、陕西等地定居。另外，就整个蒙古帝国而言，中亚和西亚的各个汗国人口都以伊斯兰居民为主，不用说，都采用了伊斯兰的体制。有名的阿拉伯旅行家伊本·白图泰便是在元末从海路访问中国的。

天文学与火炮术

天文学和火炮术可作为当时科学技术从西方传入中国的代表。

亚洲西南地区伊斯兰系的天文历法在这个时代进入中国，给中国原有的天文历法带来了重大的影响。世祖至元四年（1267年），中亚出生的札马剌丁来到大都。他创造了七种称为西域仪象的天体观测仪，又制作了人称万年历的历书，对于中国天文学和历法的进步贡献良多。另外，犹太人爱薛熟知历法和医药学，他在元朝任职，最后晋升为平章政事。中国人受到他们的刺激，在这方面也出现了非常优秀的人才。其中，郭守敬在大都成立了钦天监，也就是现在的天文台。他又奉世祖的命令，修改历法，制作了授时历这部出色的历法。授时历承接了万年历的系统，以后又传到日本，成为贞享历的原型。

关于火炮术，除了宋金时代也在使用的震天雷（把火药放入铁制或陶制的容器，点火后投入敌阵的一种手榴弹），这个时代还有亦思马因、阿老瓦丁等人将西域炮传入中国，应用到实战之上。不过，那是一种投掷灼热的金属或岩石的弩炮，而不是以火药的爆炸力从炮身射出炮弹的火炮。襄阳的攻防战中，亦思马因观察地势，在城池的东南方设置西域炮，以强效的炮击威慑宋军。根据记载，西域炮发射的重达一百五十斤的炮弹可陷入地下七尺。虽然火药早已在宋代出现了，但近世的所谓大炮（以火药的爆炸力从炮身发射弹丸）却至少要到元末左右才出现。

北京古观象台的浑天仪

北京的元代天文台遗址（世祖至元十六年，1279 年创设），
照片中的器物是明代之物

印刷术与指南针

这个时代从东方传到西方的则有印刷术和指南针。从唐末五代的时候开始，木版印刷已经逐步得到应用。到了宋代，木版印刷有了飞跃的发展，以古代典籍为首的各种书籍几乎全部都以木版印刷的方式付梓。可是，这个技术从亚洲西部和北非传到欧洲，却是宋末元初的事。

忽必烈汗发行了交钞这种纸币，从交钞的印刷上看，元朝已经开发出高级的印刷技术。中国的印钞方法也传到了西亚的蒙古政权伊尔汗国。1294 年，海合都汗效法元朝的交钞发行了皮货。后来北印度的突厥系伊斯兰政权图格鲁克王朝的苏丹穆罕默德·宾·图格鲁克又模仿皮货，发行铜的名义货币。

指南针当然是船只能安全航行不可或缺的物件。自古以来，中国就在指南车的制作上运用了磁石。后来到了蒙古时代，这个技术被改良了，进而被介绍到西方。这样一来，船只航行也就更加安全可靠了。以前人们还在利用天文观测导航时，无法在看不见星星的黑夜航行，现在这也就成为可能了。因此，海上交通变得更加繁盛。从马可·波罗一行人的归途，以及伊本·白图泰的例子中，我们也可清楚看到，海路逐渐变成了东西交通的主要通道。元朝与伊尔汗国交换使节也经常利用海路。

绘画与陶瓷器

另外，提到中国对西方的影响，不得不讨论的还有绘画和陶瓷器。

本来，西亚的伊斯兰世界严格禁止偶像崇拜，描画人物、鸟兽都是不被容许的，只可以有几何图案的装饰，但随着塞尔柱突厥和蒙古族进出亚洲西部，在阿拉伯族统治时代一度销声匿迹的波斯绘画艺术传统实现了复兴。而且，蒙古族又把宋、元的山水、花鸟、人物画的技术从东方传到西亚等地，结果这些地区的绘画技术有了飞跃的发展，开始大量创作所谓工笔画。在伊尔汗国的统治之下十分兴盛的工笔画，此后又被帖木儿帝国（1405—1500年，察合台汗国突厥族出身的帖木儿在中亚、伊朗创立的王朝）和印度的莫卧儿帝国（1526—1857年，帖木儿的后裔巴卑尔在印度创建的王朝）继承，实现了独立的发展。

以下我们看看陶瓷器。自古以来，西亚（特别是波斯）与中国之间一直有在陶瓷的技术方面互相交流。隋唐以前，中国常常受到西方的影响。而到了宋元时代，中国制造陶瓷器的技术变得非常发达,大量传入波斯。从塞尔柱王朝到伊尔汗国的统治时期,波斯以前的陶器被取代了,迎来的是以高温处理釉药而制成的瓷器。而且,绘上人物肖像的设计也变得流行起来。中国的陶瓷器制造技术在西亚和欧洲得到很高的评价,以至"china"变成了用来指称陶瓷器的普通名词。[①]

瓷器的制作工艺并不只是从东向西的单向传播。一般认为,中国陶瓷技艺中从元代才开始制作的青色釉,其釉药其实是从西亚传入的。

八思巴文

元代有两种文字,分别是从蒙古帝国时代起便开始使用的畏兀儿文,到了元代新创制的八思巴文。关于畏兀儿文,前文已经介绍过了。以下我们谈一下八思巴文。

至元六年(1269年),世祖命令藏传佛教的法王帝师八思巴制作新字,决定以后政府公文都采用这种元朝的国家文字来书写。由于这种文字由帝师八思巴创作,所以又叫八思巴文。这种新字以藏文为基础创造而成,同一直使用的畏兀儿文字完全不同,其字体过于复杂,日常书写非常不便,因此一般人都不会使用这种文字。相反,畏兀儿文却如同以前一样通行。为了更便于书写蒙古语,畏兀儿文后来多少发生了改变,但大致保持了其形态,形成了现在的蒙古文字。

我们现在还可以看到八思巴文与汉字并列在一起的圣旨

[①] 最早是用瓷器称呼中国,还是用中国称呼瓷器,无定论,两种看法都有。——编注

碑，比较有名的石刻是居庸关云台（塔基）内部左右侧壁所雕刻的如来心经和尊胜陀罗尼经。这些经文都以梵文、藏文、八思巴文、畏兀儿文、西夏文和汉文六体文字雕刻而成。

居庸关位于延庆东南约三十公里外的地方，扼守着从蒙古草原通往大都的要道。至正五年（1345年），人们为了祈求交通安全，在这里建造了过街塔。现在，整座塔已经消失了，留下的只有塔的云台。

云台横跨街道的两边，是一座用大理石制造的巨大拱门，其内外都有雄伟华丽的雕刻。拱门内侧有上面提到的六字体写成的如来心经和尊胜陀罗尼经。另外，经文周围和天井顶部刻有四大天王、曼陀罗图案、坐佛、童男、异兽、大象等浮雕。这些雕刻可以说是汇聚了元代藏传佛教艺术的精粹。关于居庸关云台的雕刻、石造建筑，以及其六字体碑文等，可参看村田次郎编的《居庸关》I、II（京都大学工学部刊）。

第十三章　动乱与元朝的灭亡

最后的君主

一个王朝即将灭亡之时，必定会发生动乱。元末也有大规模的动乱。这背后当然有很多深层次的原因，而发生动乱的其中一个原因，在于元朝最后的君主顺帝的政治态度，毕竟他是当时的政治领袖。

太祖成吉思汗称霸世界，世祖忽必烈汗建立征服王朝。与他们相比，我们几乎会怀疑顺帝是否同样是蒙古人。他被整个王朝末期混乱的潮流冲击得意志消沉，以颓唐的姿态结束了他的一生。

后世学者对他有非常极端的两种评价。有人认为他对政务不感兴趣，反而耽于玩乐，是个品性放荡之人；有人认为他本来可以是个沉稳贤明的君主，只可惜生不逢时，才会沦落为亡国之君。无论如何，他是个非常有趣的君主。特别是，他的成长过程恐怕是中国历代王朝君主中最坎坷的了。

顺帝是元朝第八代君主明宗的长子。他出生于1320年（延祐七年）。由于那年是庚申年，因此他又被称为庚申君。他的母亲是罕禄鲁氏，后来又被追封为贞裕徽圣皇后。不用说，蒙古社会并没有实行一夫一妻制，因此罕禄鲁氏只是明宗后宫之内的一个后妃而已。她的家族谱系可上溯到很早以前，成吉思汗压制西北诸国的时候，有人前来投降并获封为郡王，而罕禄鲁氏正是这位郡王的后裔。元明宗在位时，其家族仍然以蒙古草原为根据地，后来恰巧明宗北上狩猎，便把罕禄鲁氏纳为妃子。顺帝并没有在大都的宫殿中出生，他是在蒙古草原上出生的。后来，他的父亲明宗逝世，叔父文宗即位。其时，明宗的皇后便以"明宗在朔漠之时，素谓非其己子"为由，把顺帝流放到高丽国西北海中的大青岛上。虽然顺帝当时只有十一岁，但也大概有了一些感触吧。后年，顺帝即位，同时也

元宁宗之像（故宫南薰殿旧藏）

册立了皇后。但是，相对于他的皇后，顺帝还是更喜爱高丽的女性。顺帝作为元朝的君主，对于高丽女性的喜爱可说是贯彻始终的。

事实上，顺帝并不仅仅是被流放到高丽。他被流放后的第二年，便有传言说高丽与辽阳行省意图谋反，打算合力拥立顺帝。于是，他再一次被驱逐。这次他被流放到中国南方的广西清江，住在清江的某个寺院。那里的长老可怜他，于是便对他讲授《论语》和《孝经》，而且让他每天学习两个汉字。这样一来，这个蒙古皇族的小孩也就接受了与汉人的孩子几乎一样的教育。据说，后来当元人迎接他回京师即位为国君时，他还把学习工具塞入一个小箱中，不断地检视那些工具。正是这个环境，把他训练成了一个能够理解汉文化的人。

另外，我们不得不多交代一些顺帝即位之前发生的事。顺帝的叔父文宗逝世后，朝臣便推举身为太子的文宗之子继承皇位。不过，文宗的皇后却决定让顺帝的弟弟宁宗担任元朝第十代君主。由于宁宗在位仅仅五十三天便去世了，于是有人再次提议把文宗的儿子立为国君。不过，文宗的皇后却说："吾子尚幼，明宗长子妥懽帖睦尔（顺帝）在广西，今年十三岁矣，理当立之。"于是顺帝即位也就决定下来了。

争夺继承权

顺帝在至正三年十月七日参拜了历代君主的宗庙，当他站在宁宗的庙前时，他向负责礼仪的太常博士问道："朕，宁宗兄也。当拜否？"不仅是顺帝，整个元朝在皇位继承方面都没有长子继承（汉民族王朝非常重视长子继承的原则，不过元朝和满族所建立的清朝都没有采用长子继承的制度）这种固定的形式。即使在入主中原以后，蒙古在这方面也还保留着原来游牧社会的习惯。

本来在那个时代的游牧社会中，众人会把近亲之中具有实力的人推举为领袖。因此，比起无能的长子，被选出来的大多是能干的弟弟或侄子。假如这个制度能以公平的方式推行起来，它其实远比形式化的长子继承制更好，更能确保施政的水平。可是，一旦制度被滥用，君主的权力也就很容易落入权臣的手中。

蒙古人征服中原，在中原安定下来，稳定了统治以后，权臣之间就展开了权力斗争。特别是元朝本身是少数民族出身的征服王朝，因此权臣往往也就分为两派，一派坚持要维持蒙古的风俗习惯，另一派则认为政府应尽量吸收汉文化的优点，借此加强统治，两派阀斗争的情况在元朝时有发生。为此，权臣一般会推举年幼无能的君主，以便自己拥有更大的权力。而且每当掌权者交替时，君主常常会被毒死，再有新的君主即位。有时，君主会留下遗言，指名由谁人接任自己的位置。不过，这类遗言并没有绝对的力量，很多时候都没被遵守。皇位继承缺乏固定的原则，这一点往往会被权臣利用，元朝第一代君主世祖死后，从成宗到宁宗，四十年间就先后出现了九位君主。而且，成宗在位的时间还有十三年之久。假如我们抛去这十三年，从后来的武宗算起，大约二十六年间便有八位君主相继即位，平均每人在位的时间只有三年多而已。

然而，顺帝在位却有三十六年之久。元世祖在位的时间是此前元朝历代君主之中最长的，但与顺帝相比还要短一年。这当然与顺帝的仁恕与贤明有关，但也在于他的出身和经历。一方面，他在蒙古草原出生，蒙古派较能接受他；另一方面，他在广西接受了汉文化的教育，由于他本身对汉文化有深入的理解，因此也得到了中原派的支持。事实上，顺帝也曾几次陷入被暗杀的危机之中，不过每次他都会因为别人告密而逢凶化吉。但是，顺帝并不能随心所欲地施政，特别是他即位的时候只有十三岁，权臣一开始便已在干预朝政了。

权臣伯颜

顺帝在位时的第一位权臣是伯颜（伯颜在蒙古语中是贤者或富豪的意思）。当年，顺帝从广西出发到大都的途中，曾因权臣下达的指示而陷入危险。伯颜那时候恰巧是汴梁的左平章，他立刻带领自己的部下，保护顺帝进入了大都。顺帝因为这件事而非常感激伯颜，因此便重用了他。然而，伯颜对于汉文化极其厌恶，全面推行了以蒙古为中心的政策。这是因为他出身自蒙古的望族蔑儿乞惕部，在武宗即位前还参加了海都之乱。海都之乱以后，蒙古派和汉文化派曾出现几番轮替掌权，而到了顺帝即位前，以钦察人燕帖木儿为首的汉文化派独揽了大权。伯颜在当时并没有得到重用。

燕帖木儿死后，伯颜打倒了他的弟弟和儿子唐其势等人，成功夺取权力的宝座。其反动的第一步，就是要废除科举。在过去特别是宋代，科举是众多士子登上龙门，成为官僚的方式。但到了元朝，朝廷却有很长时间没有开科取士。到了仁宗的时代，才有一点点改变，朝廷会间或开科，以满足汉人的愿望。而伯颜却轻易把这个制度废除了。他的理由非常奇怪，他向顺帝提出："往时我行有把马者，久不见，问之，曰：'往应举未回。'我不想科举都是这等人得了。"另外，当时他还说道："陛下有太子，休教读汉儿人书，汉儿人读书好生欺负人。"后来，他又制定了法令规定蒙古人殴打汉人，对方不得回手。再后来，他又向顺帝提议道："请杀张、王、刘、李、赵五姓汉人。"这五个姓氏是汉人之中最常见的姓氏，假如把他们全部杀掉，还会剩下多少汉人呢？最后这个建议并没有被采纳。

伯颜专权的时间大概有六年，后来他的侄子脱脱背叛了他，取代了他的地位。他被顺帝流放，在到达江西豫章的驿站后，便服毒自尽了。他的尸身被人用杉木棺材装殓，放进上蓝寺中。后来尸水从棺木中流到户外，来往的人全都掩鼻而过。

因为上述记录是饱受欺压的汉人怀着怨恨写下来的，所以似乎非常偏颇，也特别夸张。举例来说，如果行科举，在政治经济论上，蒙古人到底很难与汉人科举出身者抗衡，汉人不久就可以垄断官僚体制上重要的位置，蒙古人的优越地位大概也就会被侵犯。伯颜专权的时代，元朝本来把年号改为"至元"。"至元"是世祖忽必烈汗定下的年号，这大概说明了当时元朝有打算在蒙古中心主义的政策下，再现忽必烈汗的全盛时期。

脱脱的时代

脱脱驱逐了伯颜后,便因这项功绩而获重用。脱脱的时代,正好是伯颜极端的蒙古中心政策反弹的时代。在他的时代,元朝特别尊重汉文化,也在尝试复兴汉文化。他首先做的就是立刻重开科举。只不过,蒙古人和汉人并不会平等地接受考试,汉人仍旧会处于不利的位置(与蒙古人、色目人相比,汉人的考试科目较多,竞争也更激烈。时人说:不先苦读三十年,就没法胜过千万人)。尽管如此,汉人的知识分子还是全面支持这项政策。为了打倒元朝,大部分汉人都在鼓吹民族意识,但在元朝灭亡的时候,在科举中合格的许多汉人都因元朝灭亡而以身殉国。由此可见,科举在汉人对策上是如何重要。

顺帝自己也非常积极地吸收汉文化的精髓。首先,他把年号改为"至正",以图改变整个政治环境的气氛。他挑选了欧阳玄、李好文、黄溍、许有壬四个儒者,让他们五日一次讲解四书五经。他热心上课,又学会了运用古琴来弹奏古调。当时,他已经二十一岁,开始励精图治。但巧合地,从这时候开始,全国每年都发生大规模的旱灾和水灾。特别是从至正二年(1342年)左右到至正七、八年,黄河决堤,元朝受到了极大的损失。顺帝非常积极地施行各种对策。开始的时候,朝廷为灾民提供钱钞,又拿出食物赈灾。食物是从义仓和常平仓中抽调出来的以往积累的谷物,当这些仓库存量不足时朝廷又跟富者借取粮食,或者悬赏鼓励富人亲自救济。除此以外,朝廷还禁止酿酒,以免浪费谷物。

另外,由于财政上的需要,每年朝廷会从江南这个富庶之地运送二百万石左右的谷物到大都，但当南方发生饥荒时，顺帝临时中止了这种输送。至正七年，由于水旱引发的饥荒，越来越多的人甚至都不能再以农业维生。顺帝于是挑选了二十六位能干的官员，让他们担任地方长官，调查民间的实际情况，研究救济灾民的方法。

《辽史》《金史》《宋史》也是这时候撰成的。这三部史书属于所谓的正史，都是在脱脱的监督下完成的，这一点不可忽略。

在中国，历来每当新王朝成立，都有编修前代历史的习惯。元朝却是到了最后的君主顺帝在位时，才第一次编写前代的历史。而且，这三部史书饱受诟病。这是因为当时缺乏出色的学者和文人。尽管如此，这些史书与之后汉民族王朝明朝所编写的《元史》相比，完成得还是较好的。无论如何，元朝虽然由少数民族主政，但是还是完成了中国历代王朝的责任，这一点实在值得嘉许。

脱脱虽然只是名义上的撰修者，不过他还是很重要。因为宋、辽、金当年三分中国，撰修史书的人对于哪个才是正统的王朝议论纷纷，脱脱决定把三个王朝全部视为正统，分别撰写三部史书。今天对于"征服王朝论"的讨论甚为盛行，从这一点来看，可以说脱脱的主张为后世的学者保留了贵重的资料。

藏传佛教

至正年间的前半段，也就是至正十三、十四年左右，顺帝受脱脱等人辅佐，以汉文化政策为中心，励精图治，取得了可观的成果。

可是,天灾仍旧持续,汉人又频频发动叛乱。在顺帝推进汉文化政策的同时,汉人的叛乱却反而更加频繁了,这样下去的话,顺帝最后能依靠的只有蒙古人。但一旦顺帝推行蒙古政策,可以预见汉人的叛乱只会变得越来越激烈。结果,顺帝大概也判断出,这样的矛盾根深蒂固,他已经无力利用什么主义或政策来解决了。

至正十四年,脱脱被色目人(康里人)哈麻弹劾。第二年,脱脱被流放到云南,途中被毒死了。大概是从这时开始,顺帝对于政治已彻底失望。蒙古君主并没有一早指定太子的习惯,但他却早早把爱猷识理答腊定为皇太子,让他分担政务,自己则开始全心全意信仰藏传佛教。

自成吉思汗以来,蒙古人向西从伊朗、俄罗斯起远征到欧洲的匈牙利,往东则把势力扩展到朝鲜。在扩大领土期间,他们接触了种种出色的异质文化,因此在征服和支配汉地时,某种意义上并没有觉得汉文化就是种威胁。从宗教方面上说,他们也接触了各种宗教,即使依据军事策略进行过各种屠杀,但对于宗教却意外地宽大。在元朝的统治下,儒教、道教、佛教、基督教、伊斯兰教等,几乎没有受到任何迫害。其中,自从藏传佛教的法王八思巴成为世祖的帝师以后,这一教派便一直受到特别的保护。

历代君主都大力保护藏传佛教,为了君主的长寿、国家的兴隆,或死者的冥福等,而要求藏传佛教举行佛事。可是,有时也有君主会过分信任藏传佛教。譬如武宗就制定法令:

"殴西番僧者截其手，詈之者断其舌。"这招致藏传佛教徒的肆意妄为（杨琏真伽是其中的代表。他抢走了宋朝皇陵中埋葬的财宝，又挖掘了钱塘、绍兴101座大臣的坟墓，把土地据为己有）。除此以外，为了举行佛事，历代君主还捐赠田地，修建佛寺，毫不吝惜地花费钱财，使国家财政开销迅速膨胀。甚至可以说，元朝灭亡的原因之一，就是他们耗费在藏传佛教上的开支巨大。

顺帝在至正十三、十四年左右皈依藏传佛教。自此以后，他的性格急剧变化。他在哈麻的推荐下，沉迷于房中术的秘诀，又让宫女戴着象牙造的冠冕，穿着金丝银线织成的华美的衣服，伴随着音乐起舞，妄想能借此在现世中再现极乐的世界。一直到元朝灭亡为止，他都无意回到政务之中。

农民起义

中央政府没有主见，政策朝令夕改，高官之间争逐权力，地方官僚也就无心从政，只为私人利益奔走，再加上连年的饥荒和水灾，农民的生活变得极度艰困。尽管如此，农民就个人来说还是只能尽可能忍耐。

可是，一旦这些单独的农民组成集团，抓住什么契机，他们的能量一下就会爆发。大多农民几乎都没有像样的武器，但面对拥有完整装备的政府军，却义无反顾地起来反抗了。顺帝在位时，这样的动乱在全国各地都有发生。其中颇具代表性的是黄河泛滥时所爆发的动乱。

黄河因携带着大量黄土而得名，当它进入平原地带时，黄土堆积下来，一遇暴雨就会引发黄河泛滥。每当黄河泛滥，黄河沿岸广大地区的农民都会因水灾而损失惨重。同时，与黄河相连的运河也必然会遭到破坏。南北的水路交通线一旦被破坏，物资运输便会受阻。因此，黄河泛滥会给社会、经济带来无法估量的影响。也正因此，自古以来，每当黄河泛滥，统治者都会立刻进行整修治理。而且，黄河的治水工程是项大型的土木工程，往往要动员数十万壮丁，甚至可以认为，这个工程是否成功，决定了整个王朝的命运。

虽然说元朝衰弱了，但那时顺帝对政治还是表现出了一定的热忱，他命令工部尚书贾鲁（1297—1352年。出生于河东高平〔山西晋城〕，曾从事《宋史》的编纂工作。治理黄河时，获任命为工部尚书总治河使。后来出兵平定红巾之乱，在攻打濠州城时病死）进行治水工作。贾鲁聚集了十七万壮丁展开工程，在河南省东部开拓新的水路，成功将其与运河连通，于是人们就能像从前一样在水路上航行了。这条新水路被称作贾鲁河，直到后世还一直在使用。这项土木工程可算是非常成功。

可是，工程结束后，朝廷没有任何考虑便把十七万壮丁解散了。这些壮丁大多都是华北地区出身，他们或多或少因黄河泛滥而受害，即是所谓的灾民。治水工程是政府针对失业的政策，有救济灾民的意义。工程结束的同时，他们也就被解散了。从第二日开始，他们又要为食物发愁。

另外，工事进行期间，曾有这样的话广泛流传："石人一只眼，挑动黄河天下反。"后来，正在施工的壮丁果然从黄的旧河道中挖掘出独眼的石人。无知的农民为生活所迫,他们在从众心理的影响下,不用说也开始蠢蠢欲动了。

当然,设计这传言的其实是白莲教教主韩山童。他预先埋下了石头人,目的就是要煽动民众叛乱。

白莲教是佛教的一个宗派,本来是个正经的宗教组织,基于阿弥陀佛的净土信仰,常念阿弥陀佛,戒杀生,断酒肉,不过后来却逐渐变成邪教。除了平民百姓,白莲教又把逃税的贫困农民和贩卖私盐的黑市商人招揽为信徒,进行反政府运动。政府不能对此放任不管,于是加强弹压,禁止人们结社。政府禁止信徒结社,于是这些信徒便改为在地下暗中活动,结成秘密组织对抗朝廷。事情发展成这个局面,即便与宗教无关,也会有人加入这些反政府组织了。

到了元末,在下层农民之间非常兴盛的民间信仰弥勒教渐渐与白莲教结合了起来。

白莲教的领导者便利用这一点,大力宣扬"天下当大乱,弥勒佛下生",来煽动信众。韩山童作为教主,收容了黄河治水工程后出现的大量失业者,逐渐壮大了势力。不过,秘密组织集结的事被泄露到外面,政府也自然出手镇压了。终于,韩山童带领党徒发动叛乱。他们在头上缠上红布,以此作为同党的记号,因此又被称为"红巾军"。

韩山童与日本

韩山童非常适合担任民间宗教的领袖,关于他的故事也特别多。当时,坊间即流传说:"山童实宋徽宗八世孙,当帝中国。"不过,这是他的门人和部下刻意做的宣传,企图利用宗教迷信和民族大义去招揽民众。

另外,他的伪诏被《草木子》记录下来了。其中一句说道:"蕴玉玺于海东,取精兵于日本。"这一句的前半部分,说的大概是宋朝最后一位皇帝在国家灭亡时逃跑到海东的事。至于后半句,则是在宣扬自己从日本得到援兵。

如前所述,日本击败了元军,也因此取得了声势。西国沿岸的人看准日本国内南北朝时代群雄割据、中央政府政令无法彻底实行的机会,频密地在朝鲜和中国沿岸进行走私贸易,借此获取巨额利润。他们偶然会遇上对面国家的监控,于是便以武力反击。由于他们这般强横,因此又被称为倭寇。高丽的庆尚道、全罗道等受到的伤害最大。

从元朝到明朝,中国北方山东半岛一带一直饱受倭寇的侵害。从成宗、武宗的时代开始,中国就已经有了关于倭寇的记录。其中吴莱《论倭》一篇就详细记录了倭寇的情况,以下我们来看看其中一段:

> 今之倭奴非昔之倭奴也。昔虽至弱,犹敢拒中国之兵("元寇"),况今之悍险,且十此者乎?乡自庆元航海而来,艨艟数十,戈矛剑戟莫不毕具,铦锋淬锷天下无利铁。出其重货,公然贸易。即不满所欲,燔焫城郭,抄掠居民,海道之兵猝无以应,追至大洋,且战且却。戕风鼓涛汹涌,前后失于指顾,相去不啻数十百里,遂无奈何。丧士气,亏国体,莫大于此。然取其地不能以

益国，掠其人不可以强民，徒以中国之大而使见侮于小夷，则四方何所观仰哉？

这段文字写于日本后醍醐天皇的末期，也就是足利尊氏担任将军的前后。从元朝的角度，这相当于顺帝即位初期。

韩山童谋划叛乱的时间是顺帝中期左右，他自称得到了日本的援军，大概是想利用蒙古政府对日本的恐惧，提升叛军的士气。这个时候的日本时常被中国人利用。约四十年后，在取得天下的第十三年，明太祖要给当时的宰相胡惟庸罗织罪名，于是便诬陷他同日本和蒙古勾结，企图颠覆王朝。当时，明太祖也是利用了日本。

后来，韩山童的叛乱在没有充分准备的情况下，被元朝政府镇压，韩山童本人也被元朝的官吏逮捕，处以死刑。可是，因为当时政治混乱，经济也不景气，叛乱简直像火舌遇上枯叶一般迅速燃烧，快速蔓延到中国的中部地区，引发了极大的混乱。

红巾军

韩山童的门人刘福通、杜遵道等继承了他的遗志。他们以安徽省颍州为根据地发动叛乱，继而进攻河南省，陆续攻陷了罗山、上蔡等各个县市。战线扩大的同时，其军势也逐渐增强了。

与刘福通等人的叛乱相呼应，红巾军在各地发动了叛乱。其中较有代表性的是徐寿辉、彭莹玉等人。徐寿辉本来是在湖北省蕲州（蕲春县）贩卖棉布的商人，与妖僧彭莹玉等人以妖术把农民聚集过来后，徐寿辉因为他那怪异的容貌而被推举为最高指挥者。红巾军之乱发生后，他很快便在至正十一年（1351年）称帝，定国号为天完，年号为治年。第二年，他们从汉阳、武昌等湖北地方出发，攻占了湖南、江西各地，另外又派军攻下了池州、太平等安徽地区，势力一时间强盛起来。

但是，红巾军一般非常擅长破坏，却没有确实的方针去建设和管治一个地方。徐寿辉也没有远大的计划，其麾下的兵将只有侵略和掠夺的打算，因此最终招来了民众的怨恨，遭到元军的反击后渐渐衰弱下去。而且，红巾军内部也发生了纠纷，实权转移到了徐寿辉的部下倪文俊手中，倪文俊又被自己的部下陈友谅杀死。后来，陈友谅和他的同伙明玉珍都作为元末群雄之一，与将来成为明太祖的朱元璋争逐霸主之位。

另一方面，刘福通那一方却因为元军的关系而落后了。不过，到了至正十五年（1355年），刘福通在安徽、河南地区恢复了势力，又把韩山童的遗孤韩林儿请到亳州，迎立为皇帝，定国号为宋，年号为龙凤。至正十七年，他们兵分三路，开始大举北伐。第二年五月，刘福通亲自带兵攻打开封（汴京）。他占据了开封以后，便把这里定为宋的国都，把韩林儿迎接过来。

北伐军队的一支东路军在毛贵、田丰等人的统率下，径直北上，攻占了山东、河北各地，直接逼近了元朝的首都大都。

中路军则由关先生等人率领，先进入山西地区，再北上越过长城，攻陷了元朝的夏都上都。之后，他们转向东边进军，占领辽东，更进一步进攻朝鲜半岛北部，攻打高丽国的首都开城。但是，他们遇上了高丽的反击，于是又折返回来掠夺上都。中路军就这样经历了一次长征。

西路军由白不信等人带领，从潼关出发，进攻陕西、甘肃等地。

蒙古军的内部矛盾

各地接连发生叛乱，元朝无法坐视不理。尤其当刘福通一派北伐军逼近元朝的首都大都，显示出包围大都之势时，元朝当然不得不做出准备。

虽然说元朝衰弱了，但其武装力量并不比红巾军逊色。朝廷派出了武将察罕帖木儿和孛罗帖木儿迎击敌军。从其祖父的时代开始，察罕帖木儿一家便一直住在沈丘。在叛乱爆发后，他屡屡险中求胜。至正十七年（1357年），红巾军攻占了关中，陕西地区的形势变得十分严峻，他带兵来援，平定了关中。第二年，山东的红巾军逼近首都，他率兵防守，在叛军转到山西后，又追过去将其平定。至正十九年，他击败了韩林儿、刘福通等建都开封的叛军，成功平定河南。至正二十年，他控制了河南、山东、陕西以及河北南部。

另一方面，至正十八年，孛罗帖木儿转战河南、山东各地，屡次取得胜利。第二年，他移兵到代州（山西省代县），从山西北部攻打上都的红巾军。

可是，察罕帖木儿和孛罗帖木儿的战斗地区、势力范围重叠在了一起。他们争夺权势，元军的内部纠纷一直没有休止。至正二十一年，察罕帖木儿被红巾军的降将田丰杀死，他的养子扩廓帖木儿继承了他的兵马，继续与孛罗帖木儿竞争。结果，孛罗帖木儿在角力中胜出，他进入大都，掌握了政权，获顺帝任命为右丞相。

顺帝的皇太子爱猷识理答腊对孛罗帖木儿有所不满，于是逃出都城，打算与扩廓帖木儿一起挽回势力。其间，孛罗帖木儿在大都被他的反对党暗算杀害，皇太子遂带领兵马回到大都。扩廓帖木儿立下大功，被任命为河南王。

就像这样，元朝朝廷内部在最紧要关头还一直在进行权力斗夺。因此，南方群雄在这段时间逐步积聚了势力，割据一

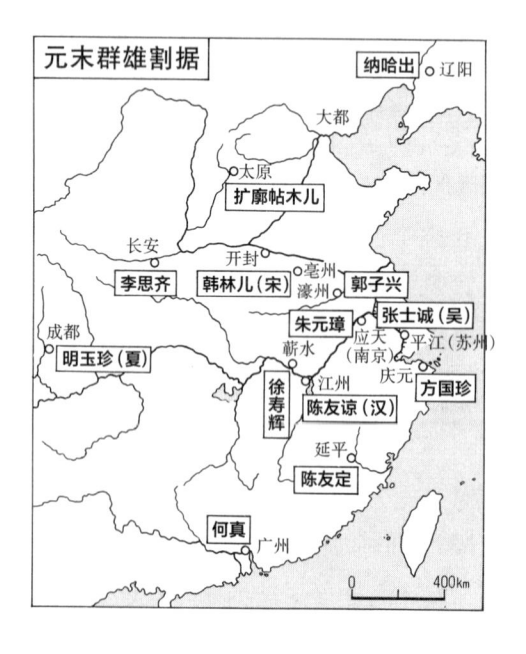

方,又进一步开始筹划如何打倒元朝,确立新的政权。群雄的代表人物有盐徒张士诚、方国珍,以及后来创立明朝的朱元璋(1328—1398年。1368—1398年在位,明朝第一代皇帝。本来的姓名是朱兴宗,后来在1352年改名为元璋。庙号为太祖)。

盐　徒

以下所述的情况并不仅仅在一个王朝的末年发生,每当国家经济出现混乱,政府的财政收入不如预期时,政府首先想到的往往便是把盐的专卖价格调高。盐是生活上一天都不能缺少的东西,因此它的需求非常稳定。再者,盐的产地或在海岸,或在内陆的盐池等特定的地域。因此,统治者只要能控制这些产地,就能把盐变成政府的专卖品,这也就确保了一定的财源。

中国自汉武帝以来就经常实行食盐专卖,这是王朝财政来源的重要部分。

极端的时候,食盐专卖的利润占了政府收入的八成。

当情况变成这样,盐的专卖价格往往会上升到生产费用加其他费用的数十倍。当然,为此愁困的人只会是身为普通民众的消费者。而且,受到政府委托,负责销售食盐的商人及搬运工人或会偷取政府的盐,或会掺入其他物品代替食盐,赚取利益。结果就是民众被迫以高昂的价格来购买劣质的食盐。黑市商人也就因此出现了。

黑市商人避开了政府的管制,偷取了质量较好的盐,再以便宜的价格转卖出去。即使他们的定价是政府规定价格的一半，他们也能从中牟取暴利。政府的盐价越高，黑市也就越发繁荣。

政府因黑市交易猖獗而收入减少，于是便订立了严厉的法例禁止私买私卖。在大多的情况下，黑市商人会被处以死刑。

可是，秘密贩卖食盐利润巨大，而且民众也想继续以便宜的价格买盐，也会比较支持黑市商人。如此一来，虽然政府的管制越来越严厉，但却没有杜绝私自贩卖食盐的情况。倒不如说，政府的监管越严厉，黑市商人为了对抗政府就越懂得采取自卫手段。有些人会以大量金钱贿赂负责监管的官员，请他们或网开一面，或通风报信。有些人则暗中组成秘密组织，以对抗政府的监察。这些组织为了应付紧急时刻，往往会预备武器，随时准备与政府的军队对抗。参加这些秘密组织的人都深知他们若然被捕，就一定会被处以死刑。因此，一旦冲突发生，他们都会拼命反抗。这些因秘密贩卖食盐而形成的暴力组织团体往往被称为盐徒。规模较大的盐贼团体最终会发动叛乱，有时他们的首领甚至会成为王朝的创立者。

元末的张士诚、方国珍就是这样的盐徒。

张士诚

张士诚是泰州制盐场白驹场的一名搬运工。他在运盐到船上时，会扣下一些盐，储存起来，再卖给黑市商人。但是，他生活十分悲惨，常常被黑市商人欺压，有时连盐的货款也收不到。

至正十三年（1353年），他与管理盐场的小吏偶然发生争执，于是带领弟弟和壮士李伯升等十八人杀死小吏。同日，他又放火烧毁了平时愚弄自己的奸商之家。之后，他乘势发动叛乱，带领年纪轻轻的地痞无赖和一些被繁重的劳役折磨的盐丁，攻陷了高邮城。他在这里自立为诚王，不过当时他的兵力只有一万人，还是很小规模的叛乱。不久他便遭到元军的反击，就在他快要全军覆没时，元朝的内部纷争帮了他一把，使他幸免于难。他吸收了淮河下游流域因饥荒而出现的饥民以后，便带兵南下，于至正十六年渡过长江，攻陷了下游三角洲地带的中心地平江。他以此为根据地，又陆续攻占了松江、湖州、常州、嘉兴等地，将势力扩展到杭州。不过，这时他却向元朝投降了。

元朝把太尉的官位授予张士诚，还承认了他所控制的势力范围。不过，条件是张士诚每年必须通过海运向大都缴纳十一万石粮食。张士诚进一步要求元朝加封王爵，不过元朝到底没有答应这个条件。

至正二十三年九月，张士诚与元朝决裂，自立为吴王。张士诚控制的地方是中国最大的产盐地，亦是谷仓地带，经济上最为受益。而且，由于他没有采取严厉的政治手段干涉经济活动，因此地主和富商在他的管辖地聚集起来，使得当地的经济更加繁荣了。他还亲自建造了豪华的宫殿，大量购买金、银、珍宝、古书、名画等。然而，他的势力却没能更进一步发展下去。结果，他败给了朱元璋，被俘虏到南京，最终自缢而死,终年四十七岁。

方国珍

方国珍虽然和张士诚一样是盐徒出身,但他的生活却与张士诚形成了鲜明的对比。方国珍出身于黄岩(浙江台州府),以卖盐为生。最初动乱发生时,他逃到海上,劫掠了漕运船。元朝的地方官过来招降他,他就时而胁迫,时而贿赂,最后终于得到了元朝较高的官位。据说民众为此纷纷成为盗贼,因仰慕方国珍而聚集到他的门下。方国珍也就组成了政府许可的大盗贼集团。这对于元朝来说,其实是不得已的事情。因为接连不断的天灾和叛乱,大都的财政已经非常窘迫,当下就已经缺乏粮食,所以政府必须依赖方国珍来保障海路的畅通、粮食的缴纳。而政府要付出的代价便是把官职授予方国珍。从元朝的角度来看,这样的交易其实是个上策。对于方国珍来说,缴纳粮食的确是个重大负担,但是他可以通过获取的官位公然进行走私贸易和掠夺行为,而且还可以以政府高官的身份对竞争对手加以打压。这样一来,收入恐怕可达支出的数倍。方国珍一开始得到的官职是定海尉(定海在今浙江宁波;尉是官名,掌管刑狱,负责逮捕盗贼),后来他历任徽州路治中、海道漕运万户、福建行省平章事等职位,最终升为了江浙行省左丞相衢国公。

另一方面,朱元璋的势力逐渐变得强大起来。方国珍认为"方今元运将终,豪杰并起",因此打算接近朱元璋。他把黄金五十斤、白金百斤、金织文绮百端献给朱元璋,另外还献上了台、庆、元三郡，甚至打算把次子送到朱元璋身边作为人质，以示对朱元璋的忠诚。但当朱元璋专注东征时，方国珍便不再听从朱元璋的命令，重新回到元朝的统治下。后来朱元璋再次派遣部将到来，方国珍为了避免两军作战，于是便将银一万两、钱二千缗献上，摆出谢罪的姿态。据说朱元璋对于他反复无常的做法非常愤怒。

尽管如此，在元朝灭亡，明朝成立后，方国珍在宫中仅仅位列于明朝开国功臣之下，还获赐南京宅邸，又被册封为广西行省的左丞。不仅仅他本人保住了性命，他的儿子也成了明朝的官员。

方国珍虽然被列为元末群雄中的一员，但他绝对没有统一天下的雄心壮志。他经常在面对其他巨大的势力时，采取表里不一的应对策略。不论是哪一方陷入困境，总有另一方的形势会变得更好，也就是说，他经常会为自己上双重的保险。王朝末期，群雄争霸，在这混乱的时局中，他避开了那些会招致损失的战斗，而是用粮食和金银来做交易，无疑是个十分圆滑的人。

与此相对，张士诚在初期接触朱元璋时，他所倚仗的弟弟张士德中计被擒，但由于朱元璋要在原来的议和条件上多加五十万石粮食，张士诚非常不满，宁可对弟弟见死不救。此后他也完全不愿再进行交涉，而是抗争到最后死去。

张士诚对元朝也一样，元朝拒绝授予他王爵后，他便切断了与元朝的关系。

虽然方国珍和张士诚同样是盐徒出身，但却在乱世中展现出完全不同的生活方式，形成了鲜明的对比。

放弃大都

群雄割据的混乱局面中，朱元璋逐步扩大了自己的势力。朱元璋作为王朝的创立者是个特例，他原本是个贫困的僧人，也没有自己的地盘，甚至连可以依靠的亲族都没有。他虽然参加了红巾军，但本来只是乡土团体的一员，想在接连不断的战乱中保护家乡。后来，他得到了有才干的盟友的协助，南下占据了南京这个经济上和战略上都十分有利的根据地，战胜了陈友谅和张士诚等人。到了至正二十七年（1367年），他开始进攻元朝的首都大都。

虽然说元朝衰弱了，但如果元军全数集结起来，其军事实力还是不容轻视的。明军之中，有些人预测他们将会与元军展开决战，但元朝的态度却与这些人的预期相反。

北伐军总指挥徐达带领军队于洪武元年（1368年）七月二十七日攻陷了通州。当顺帝收到报告，知道明军占领了靠近首都的重要据点时，立即把皇妃、太子等人聚集起来，对他们说："我们避兵北上到蒙古草原吧。"

之后，他便在破晓时分把群臣召集到端明殿，召开了会议。在这个会议上，以左丞相失烈门为首的一部分人主张防卫首都，不过大部分人都不同意，最终他们决定逃到北方去。

当天，顺帝把后事托付给淮王帖木儿不花，让丞相庆童担任留守（当君主外出巡幸时，一般会命重臣替代自己守护京城。留守一名在唐代就变成了官名。从宋代开始，一般会由亲王、大臣担任这个职位），防卫京城。入夜以后，顺帝带领皇妃、太子等人，从健德门逃出京城，通过居庸关，越过长城，朝蒙古草原进发。

元朝就这样把大都让给明军了，再未收复失地，因此这也代表元朝约一百年的统治结束了。

一般来说，历代中国王朝的灭亡都是非常戏剧性的。主战派和议和派对立，双方多日来反复议论。假如主战派占了上风，他们会战斗到底，最终刀折矢尽，全军覆没，以悲惨的一幕结束。如果议和派掌握主导权，他们便会派出代表与敌人反复交涉。一旦和谈破裂，国君便会临阵逃跑，最终或会在逃亡途中被敌军抓住。这种丢人的场面在历史中也屡见不鲜。

元朝与这些情况都有差异。说起来，他们就像早有预备一般，淡然让出了国都。这也可以说是另一种王朝结束的方式。

大都健德门遗址

元朝出现这样的结局，虽说是源于顺帝这最高统治者的意向，但最根本的原因应该还是元朝到最后也能保住蒙古草原，作为蒙古人，他们会因返回原居地而感到安稳。在这一点上，元朝与清朝形成了相当鲜明的对比。清朝在辛亥革命之后亡国，满族人并不能返回满洲这个原居地了。

第十四章　回到北方的蒙古人

民族大迁徙

　　顺帝从大都撤退是按计划进行的，这件事从很早以前就已开始筹备了。顺帝率领着以皇妃、太子为首，包括蒙古族的官僚、军人，以至那些服从于元朝的汉人的队伍，带着满载物资的车辆，越过长城，撤回了蒙古草原。不过，只有元朝中央部队是由居庸关通过的，其他部队则分散到东西，各自取道北上。其中，也有人像王保保（又名扩廓帖木儿）那样暂时以太原为根据地抵抗明军，但他们不久也撤退到蒙古草原。如果我们把全部人算进来，这次迁徙的人数达到数十万之多，真可称得上是一次壮阔的民族大迁徙。其范围大概是由东方的辽东一直到西边的甘肃。

　　本来从东亚的历史看来，位于北方的游牧民族的特色是，他们往往会集结势力，一旦军势膨胀起来，就会侵略南方，移到南方居住。反过来，并没有人大规模地从南方移向北方居住。

元朝本是由蒙古人建立的王朝，因此这次民族迁徙只是他们返回故乡罢了。可是，尽管如此，大规模北上仍然是东亚史上值得关注的现象，投射出了种种的问题。

首先，他们的目的地蒙古草原上的形势会有怎样的变化呢？理论上说，元朝的君主掌握了蒙古草原的统治权。可是，纵观元朝一代，蒙古草原并不一定是平静的。

譬如，第六代泰定帝死后，西域人倒剌沙于上都拥立天顺帝，燕帖木儿则打算于大都拥立怀王（后来的文宗）。他们互相对立，隔着长城进行了激烈的战斗。顺帝至正二十年（1360年），反抗顺帝的势力也曾崛起，但不久便被顺帝压制了。

顺帝从大都迁移到蒙古草原时，整个蒙古草原似乎都没有反抗顺帝的势力。

但是，我们今天已无从得知比这更详细的情况。这是因为当少数民族入主中原进行统治时，他们一般会采用封禁的措施。所谓封禁，意思是为了不让汉人知道少数民族出身地的情况，除了例外，蒙古人一般不会留下任何记录。根据这样的政策或者说习性，我们很难窥探更详细的状况。

无论如何，虽说顺帝被红巾军给驱逐了，但他还是可以在以前的夏都上都暂且安顿下来。

可是，明军乘胜追击，并没有给予顺帝喘息的空间。第二年，名将常遇春（1330—1369年，安徽省怀远人。追随明太祖积极作战，明朝的第二位开国功臣）从热河迫近上都。顺帝也并没有在这里作战，而是往更北的方向逃去，最终逃到达里诺尔附近的应昌。第二年，他便在这里因病去世。

顺帝年幼时曾被流放到高丽和广西，经历了困苦的生活。自从他成为君主之后，又体验到权臣之间丑陋的权力斗争。尽管如此，他在青年时期仍尝试采取汉文化政策，希望在政治上有一番作为。民间甚至衍生出顺帝是宋恭帝（南宋最后的君主）的后代的说法。可是，他的努力并没有产生效果。无论一个君主的力量有多大，他都不可能以一人之力力挽狂澜，把已经倾倒的元朝的支柱重新建立起来。于是他开始脱离现实，沉溺于藏传佛教之中，过着穷奢极侈的生活，最后返回自己出生的蒙古草原，在五十一岁时离开了人世。他的一生，就好像是元朝一代的缩影。顺帝绝不是愚昧的君主，只是命途坎坷罢了。

北元的问题

顺帝死后，皇太子爱猷识理答腊（昭宗）继位，决定以宣光为年号。当然，明朝已经不承认元朝是正式的王朝了，以后人们便称呼其为北元或故元。

爱猷识理答腊是顺帝和高丽女性祁氏所生。他在1339年出生，当时刚刚三十岁出头，正是极为活跃的年纪。他似乎怀抱复兴元朝的意志。可是，他遭遇了明军巧妙的战术，第一步就被对方抢占了先机。这一年，明军大举北上，徐达从西部出发，李文忠（1339—1384年，安徽省盱眙人。明太祖姐姐的孩子，乃明朝开国功臣）则由东部进兵。特别是东路军趁着顺帝病死，元军失去了最重要的支柱而意气消沉时，进袭到了应昌。因此，爱猷识理答腊只得带领数十骑仓皇逃去。他那留在后方的嫡子买的里八剌，连同皇妃、宫女、将领、官兵全部都向明军投降了。

另一方面，在西边抵抗明军的王保保也被徐达的军队击败，撤退到哈拉和林。不久，爱猷识理答腊也来到哈拉和林，在此重新聚集北元的中心势力。

可是，他们还没有片刻的休息时间，明军便在洪武五年（1372年）调动十五万兵力，分三路北上。大将军徐达带领本军从中路进攻，王保保率兵迎击，最后徐达被北元的军队击败，撤退到长城以南。但是，面对从东西两路杀来的明军，数万元军集体投降了。北元军也因此迅速弱化了。

不用说，草原沙漠地带的自然条件非常严苛。在这里谋生的游牧民族在孩子结婚后，便会从长子开始按顺序把财产分给儿子，让他们独立，而最后留下来的幼子则可以继承父母的遗产。他们一直沿用这种幼子继承制。实际上，若要使自己的财产——家畜增加，集体生活是不合适的。通常，独立的夫妇会携带容易拆装的蒙古包和家畜，迁移他处以获得更好的牧草。一百年前，他们的祖先也是与那样严厉的自然环境一边斗争，一边迁移，培养出了强健的肉体和顽强的精神。

一百年间，元朝贵族统治了整个中国，他们的后裔又再次返回蒙古草原。但他们已经不再是从前的蒙古人。他们习惯了定居的集体生活，作为统治阶级而君临天下，又获得了丰富的物资，受到了灿烂的汉文化的熏染，即使越过长城，也尽可能用车把物资运走。他们在草原地带过着不自然的集体生活，继续追逐过去的梦。

两三年之内，他们还能维持这样的生活，不过也渐渐因为严苛的自然环境和物资的匮乏而感到苦恼。而且，这份不安因为明军北上的传闻而更加激烈了。

那时，有些消息传到北元来。据说明军逮捕武力反抗者以后，或将其处死，或流放南方，不过对于立刻降服的人，则会予以热情招待。率先降服的买的里八剌就被明朝封为崇礼侯，赐予龙光山上的宅邸，又获准与母亲和妻子同居，甚至还获得了镀上金银的首饰、纱罗布制的衣服等赏赐。还有，前元朝大将虎都帖木儿于洪武二年（1369 年）九月投降，明朝即把白金二百两、米六十石、帛四十匹、丝绵二十斤等赏赐给了他。

每次有这样的消息传来，北元的人就会想起以前的生活。他们被那些诱惑吸引住了，以洪武五年（1372 年）为高峰，一直到洪武十年，大部分人都向明朝投降了。

元朝崩溃的时候，越过长城的人数达到数十万之多。不过，现在剩余下来的却只有数万人了。洪武十一年，爱猷识理答腊逝世，他的弟弟脱古思帖木儿（北元第二代皇帝，顺帝之子）继位，改年号为天元。

纳哈出的去留

到了脱古思帖木儿的时代，真正留守蒙古草原的人确实很少，可是他们既能战胜严峻的自然环境，也能适应游牧生活，是精选出来的兵力。而且，满洲还有故元势力二十万人。脱古思帖木儿也是满洲军团抱有的唯一希望。

当时满洲军团的总指挥是纳哈出。他是蒙古大帝国时代的功臣木华黎的子孙。当年，木华黎被成吉思汗封为左翼的万户，负责镇抚兴安岭等地。他的子孙也世世代代统治着辽东地区。

但是，元代末年，纳哈出到了江南的太平路。至正十五年（1355年）六月，他被明军攻打，最后沦为明将常遇春的俘虏。他在此期间很希望返回满洲，最终也如愿以偿，回到了北方。接着到了至正二十二年（1362年），他以沈阳为根据地，以行省丞相的身份侵占高丽的东北方，逐步建立了自己的势力。

元朝灭亡前，纳哈出被任命为太尉，成为元朝在满洲最有权势的领袖。明朝也因此非常关注他的举动，屡次派遣使者招抚他。可是，纳哈出并没有理会明朝的招抚，反而经常带兵南下，掠夺和侵害明朝的领地。

尽管他拥有许多兵马，但却缺乏集结全体部下的统率力。因此，他根本没有办法整合反明的军队以复活元朝。

明朝看穿了这种状况，于是便对纳哈出软硬兼施。洪武二十年（1387年）正月，明朝一方面派遣军队攻击纳哈出，另一方面又同时派遣使者招抚他。军事方面，明将冯胜带领了二十万兵北上，命其中五万人守护大宁，本军则向纳哈出的据点金山进发。

明军一路前进，纳哈出的部队越来越多人来投降。明军终于迫近的时候，纳哈出在预先派出的使者的安排下，亲自率领数百骑来到了右副将军蓝玉的军营。纳哈出这时还打算先侦察状况，考虑是战是和。他到达明军营中，发现明军军势强盛，便开始与蓝玉把酒会谈。

但突然，纳哈出像是下定了决心，在酒宴正酣之际，准备乘坐马匹逃跑出去。蓝玉的部下察觉到这一点，便挥刀阻止他。纳哈出的手臂被斩伤，因此也就无法逃出军营，最终向明军投降了。这个拥有二十数万兵力的将军，这个代表元朝反明势力的领袖，最后就这样被简简单单地收拾了。

纳哈出的部下突然收到主将受伤被擒的消息，全都慌乱起来，最终大部分人都投降了。明军没有作战，便俘虏了二十万人，又缴获许多辎重和马畜。这些物资排起来可达一百余里。还有一部分人逃亡到蒙古草原去投靠脱古思帖木儿。就这样，满洲军团转瞬间就溃灭了。

北元的去向

纳哈出投降对蒙古草原的脱古思帖木儿产生了深远的影响。第二年三月，明太祖也对蓝玉下诏说："近者，故元司徒阿速等来降。朕察其事情，知虏心惶惑，众无纪律，度其势不能持久。"

太祖觉得机不可失，便命令蓝玉北进。蓝玉从大宁出发，经过庆州，逐渐迫近敌人的根据地贝尔湖。这时，北元就像灯火即将燃尽一般进行了最后的反击，但明军还是取得了胜利（这场战役中，明军把以脱古思帖木儿的次子地保奴为首的八万人俘虏了,又俘获了马47000匹、骆驼4800匹、牛羊102454头等)。脱古思帖木儿与长子天保奴等数十骑好不容易逃脱,奔向了哈拉和林。但是,他们父子来到土拉河河畔后,便被阿里不哥的后裔也速迭儿杀死了。

自此以后,十数年之间,北元先后拥立了五个首领。不过,他们一个接一个被杀,就连其名字人们也不甚清楚。最后,西方出身的鬼力赤成了可汗。由于鬼力赤已不属于元朝家族,明人从这个时候开始便不再用北元这个称呼,而是直接把他们称为鞑靼。

北元势力就这样经过了二十多年,又再次越过长城,归降了明朝,接受了明朝的统治。如果把满洲纳哈出所带领的人马也算进去的话,其人数大概有六十万之多。以下我们简单地谈谈他们在明人的统治下过着怎样的生活。

诚如前文所述,他们当中有的人被杀死了,有的则被流放到遥远的南方,而另外还有人成了明军的一部分,征伐四川。除此之外,大部分的人都被安置到了长城附近。虽然他们被解除了武装,而且在明军的监视下生活,可还是得到了比较好的待遇,生活有了保证。

但是,这种情况只维持到洪武二十三年(1390年)左右。在洪武二十一年明军远征之后,蒙古草原和满洲都已经不再有反抗明朝的势力了。太祖本来一直采用怀柔政策来优待俘虏,但现在看来已经失去必要了,于是他的态度也就改变了。

远征北方的军费和礼遇俘虏的费用都渐渐成了南京政府的负担。既然北方已被平定了,明朝当然希望可以尽早除去这些经济负担。其中一个方法便是派俘虏去屯田，要求他们从事农耕工作。俘虏是因为已经习惯了或是向往定居生活，才降服于明朝的，他们以往都是统治阶级，是政治家或军人出身，真正有农耕经验的人很少。因此，他们渐渐对明朝有所不满。

太祖先前采用了宽大的处理方式，允许元朝时代的主仆和宗族继续原样过集体生活。但到了这个时候，太祖则开始着手分解那些集团。另外，按照蒙古族的习惯，一个人的父亲或兄弟死了的话，他一般会把死者的妻子给迎娶过来。而明人认为这有伤风化，所以便禁止了这项习俗。北元的人民对于这些压迫和干涉非常反感，渐渐便不再信任南京政府了。

恰巧这时太祖逝世了，明朝内部政局混乱。驻守北平（北京）的燕王（以后的明成祖永乐帝）带兵攻打南京政府，世称"靖难之变"（1399—1402年。明成祖永乐帝从侄子惠帝〔建文帝〕的手上夺走帝位）。北元的遗民支持燕王，在打倒南京政府一事上非常活跃，最终成功推翻惠帝。因为这次功绩，他们恢复了原来的地位，逐渐在明朝统治下融入了中国社会。

鞑靼与瓦剌

北元的脱古思帖木儿死后，蒙古草原上已不存在元朝直系的统治者，演变成弱小部族互相竞争的局面。有些周边部族看准了这个形势，便打算侵入蒙古草原，进而称霸。瓦剌部便是其中一个例子。

瓦剌部从元代开始便在蒙古草原的西北部活动。北元还在的时候，他们并没有什么显著的活动。可是，到了1400年（建文二年），明成祖发动"靖难之变"关键之际，瓦剌部甚至向成祖的根据地北平派遣了使者。

此外，对蒙古草原虎视眈眈的第三方势力是帖木儿（1336—1405年。中亚人，是帖木儿帝国的创建者）。1369年，帖木儿趁着西察合台汗国国力转衰时起兵，以撒马尔罕为首都开创了新王朝。他自称是成吉思汗的子孙，打着重建蒙古帝国的旗号，吞并了那时正呈现衰势的蒙古各派政权，如东察合台汗国、伊尔汗国、钦察汗国等，又侵入印度。1402年，他俘虏了奥斯曼帝国的皇帝巴耶塞特一世，成了版图覆盖中亚及西亚的大帝国的苏丹。

帖木儿打算乘胜追击，继续出兵东征。据说他的目的是要讨伐打倒元朝的新兴势力明朝，但当前的目标其实是重新统一大蒙古帝国的中心、过去成吉思汗的根据地——蒙古草原。蒙古草原因缺少了一个中心势力，已陷入混乱与衰退之中。

也不知道是幸运还是不幸，1405年，帖木儿东征途中在锡尔河河畔的讹答剌病死了。因此，本来拥有最大优势的第三方势力实际上并没有进占蒙古草原。

可是，因为有了帖木儿这个先行者，元朝皇族出身的本雅失里来到了蒙古草原。他与鞑靼部合流，随即成了整个部族的统治者。鞑靼与瓦剌两部对峙的时代也就由此展开。

不过，明成祖永乐帝却在这时候介入了两部之间的战争。他先后五次率军亲征，深入蒙古草原腹地，蒙古草原的形势也就越发复杂了。

奇妙的三角关系

北方民族从很早以前,就经常与中原地区产生交集。这种交集大致分为和平交往——比如称为朝贡的政府间贸易、通过西域商人进行的商业贸易等,以及在和平交往行不通时,凭借入侵掠夺等武力手段进行的交往。无论哪个方法,北方民族都可能通过与中原地区的交往,达到富国强兵的目的。

鞑靼和瓦剌两部对峙时,最初非常积极地笼络明朝的是瓦剌。瓦剌部向明朝朝贡,后来又经过一番交涉,终于在1409年五月,成功使得明朝把马哈木封为顺宁王,把太平封为贤义王,把把秃孛罗封为安乐王。由此,瓦剌部与明朝的关系变得特别紧密。当时瓦剌部由三个部族组成,他们同心协力,采取了一致对外的政策。

另一方面,本雅失里成为鞑靼部的可汗。在马哈木等人被封为王以后,本雅失里带领他的部族长阿鲁台等,对瓦剌发动了攻势。不过,这次征战以失败告终。

明太祖洪武年间,本雅失里长达二十年都只是明朝统治下的一名部将。但到了1404年夏天,他投奔了帖木儿。永乐帝派遣使者拉拢他,他却没有回应。于是,永乐帝在1409年七月,也就是鞑靼和瓦剌的战争之后不久,派出了名将丘福(1343—1409年,安徽凤阳人。他在靖难之变中立下大功,是成祖最重要的功臣,获封为淇国公)带领十万兵马攻打本雅失里。可是,丘福却大败了。

由于明朝、瓦剌部、鞑靼部之间错综复杂的三角关系，永乐帝最终决定于第二年远征鞑靼部，亲自带领五十万大军北伐。本雅失里看到这样的阵势，便打算逃走，却在逃亡之前被瓦剌军抓住杀死了。

这样一来，三角关系也改变了。鞑靼部转弱以后，阿鲁台开始积极地接近明朝。结果，1413 年，阿鲁台被明朝册封为和宁王。另一方面，瓦剌的马哈木等人逐渐壮大起来。他们不但攻击阿鲁台，还到明朝的边境进行掠夺。阿鲁台请求永乐帝远征瓦剌。于是到了第二年，为了惩罚瓦剌，永乐帝再次带领五十万军队远征。这次远征中，瓦剌军集中在一处反击，与明军激战，最终战斗在没有分出绝对的胜负下结束了。此后自 1416 年起，瓦剌和鞑靼的争霸战又开始了。虽然他们经过了数次战争，最后仍没有分出胜负。只是马哈木这时去世了，瓦剌也因此稍稍转弱。

两部与明朝的三角关系又为之一变。瓦剌部再次亲近明朝，马哈木的儿子脱欢获封为顺宁王。另一方面，阿鲁台开始带兵侵犯明朝的边境。1422 年，永乐帝第三次御驾亲征。从 1422 年到 1424 年，永乐帝在三年间前后三次出征鞑靼，却在最后一次远征的归途上，于榆木川附近病逝。从此以后，明朝就没有再介入蒙古草原的事了。

永乐帝亲征的真相

成祖永乐帝五次御驾亲征，亲自带兵到蒙古草原。作为汉人君主来说，这可以说是史无前例的壮举。可是，虽然他的出兵规模很大，但并没有对蒙古草原造成多大影响。这样说，是因为明军是由步兵和骑兵组成的混合军，且需要运输粮食、武器，整体的机动性只是游牧民族的一半。游牧民族被攻打时，如果认为战斗下去也没有胜算，可以很迅速地逃到远方。亲征快要结束时，明军就连敌人的影子都没看到。而且，一旦明军撤回，蒙古军转瞬间就可以聚集起来，恢复军势。

不过，无论是鞑靼部，还是瓦剌部，都有可能会被明军攻击，经常被明军牵制。这对于争夺蒙古草原的主导权相当不利。因此，为了使自己在争夺主导权时的形势变得更加有利，两部往往会邀请明成祖御驾亲征。至少他们可以在明军出兵的期间，既能不费一兵一卒牵制对方，又能安心强化自己的军力。可以说，明军在这场主导权争夺战中只是被利用的棋子。

自古以来，中原王朝的君主要消除来自蒙古草原的威胁，一般会采取"以夷制夷"这种聪明的办法，分裂蒙古草原上的势力，使他们互相争逐。这样一来，即使不派遣远征军，安坐家中，也能压制蒙古的势力。如果只为压制蒙古草原，那永乐帝大可不必调动这么庞大的军队，也不必花耗巨额的军费。他应该会有更加聪明的办法。

御驾亲征的真相，其实并不在蒙古草原，而是在明朝的内政中。

靖难之变这场同族相残的战争，为永乐帝留下了污点。永乐帝为了洗脱篡夺血亲皇位的污名，不得不宣言将恢复太祖洪武帝的政治。既然做出了这样的宣言，就必须彻底压制仍然怀有反叛心理的华南势力。

而且，永乐帝计划由南京迁都北京（1403年〔永乐元年〕，明朝计划迁都北京）。为此，他必须从华南地区征集财富，也必须要为运输物资而大兴土木、建造运河。当然，这也激起了华南地区的抵抗。因此，永乐帝便以亲征蒙古草原为旗号，一举把可能形成反抗中心的军队从全国聚集过来，归于自己的统率之下。他还征集了华南地区的财富作为军费，间接也就把华南的反抗势力连根拔起了。

如果仅从这一点考虑，亲征发挥了很大的作用。不过，对蒙古草原自身来说，其影响却无足轻重。

兀良哈三卫

永乐帝死后，明朝改变了对北方所采取的方针，尽可能采用不干涉政策。蒙古草原上只剩两个游牧部族鞑靼与瓦剌继续对峙。

可是，顺宁王马哈木死后，脱欢继承了王位，瓦剌部的势力急剧增强。脱欢对长期竞争对手鞑靼的阿鲁台发动攻势，逼得他逃往东方。阿鲁台打算逃到鞑靼东边的兀良哈三卫，并藏身此处，不过他一直被追杀，最终只能暂时逃到辽东的塞外。结果在1434年，他还是被脱欢杀死了。

明朝在明初远征北方获得的领地上设立了泰宁、福余、朵颜三卫，这就是兀良哈三卫的起源。广义上来说，兀良哈三卫位于兴安岭东面，可以算作蒙古草原的东部。不过，由于其地既可畜牧，又可耕作，因此又与纯粹的游牧地带不同，成了一片特殊地域。这里也是建立辽朝的契丹族的原居地。这片土地除了是明朝防卫北方的据点,也负责为军队提供军马。因此,明朝一直努力维持对当地的统治。

可是,正因为这个地方的特殊性,如若农耕民族的势力强大起来,其地便会受农耕民族支配。相反,游牧民族的势力强大起来,其地也会转而受游牧民族支配。由此可见,这是一个不稳定的地域。所以说,虽然这个地域有时也会保持中立,起到缓冲地带的作用,但经常受外力影响而变动,是整个明代问题最多的地方。

阿鲁台也打算藏身此处,等待机会东山再起。不过,由于脱欢紧密地追赶,他最终败走了。

由于鞑靼部的衰落,脱欢已无需再担忧外敌,于是便展开了内部工作。此前,为了与鞑靼部抗衡,瓦剌部必须建立稳固的协作体制,形成了顺宁王、贤义王、安乐王三者鼎足而立的局面。在这三者之中,脱欢经常担任指挥的角色。终于,他把贤义王、安乐王消灭了,成为事实上统一蒙古草原的王者。

脱欢打算乘势即位为可汗。不过,这个企图却遭到许多部民反对而以失败告终。这也是因为,当时还是成吉思汗的子孙(黄金氏族)因为门第而拥有极大的权威的时代。不得已,脱欢只好把勉强还保留着一点鞑靼势力的元朝一系的子孙脱脱不花推举为汗。

也先汗

1439年,瓦剌部领袖脱欢去世,他的儿子也先接替了父亲的位置。在父亲脱欢所构筑的基础上,也先完成了宏伟的事业，影响远比自己的父亲要大。

首先，他攻破了哈密，与沙州和赤斤蒙古的首领缔结了婚姻关系。明成祖曾经攻下这个地方，并在这里设立卫所，构建明朝西方的防卫线。另外，此地作为东西交通的要道，自古以来就非常重要，又是以回鹘人为首的各个部族杂居的地方。也先攻占西方要地的目的，就是要确保东西交通路线，把在大蒙古帝国成立过程中以及在元朝统治下大有作为的回鹘商人拉拢为自己的同伙。

巩固了自己在西方的势力后，也先便移兵到东方，攻破了兀良哈三卫，并把当地纳入自己的统治。他又出兵攻打满洲的女真族，甚至威胁到了高丽。这可以说是成吉思汗以后规模最大的势力扩张了。

不用说，回鹘人也重新活跃起来，在背后支持也先汗的伟大事业。东西贸易也再次兴盛起来，而往东贸易的对象不管怎么说都是明朝。也先汗与明朝重新开始和平谈判，又对其朝贡。在这些朝贡使节的引导下，回鹘商人也陆续从大同方面进入中原地区。朝贡的官方贸易与商人的私人贸易都变得一年比一年兴盛，到了1442年前后，一次就有数千人同时进入中原地区。这些商人龙蛇混杂，甚至会大量走私明朝禁止运输的兵器。明人也知道这种贸易能赚取巨额利润，因此在使者和商人往来的道路和城市积极地进行贸易，其中甚至有人秘密建造了工场制造兵器，与进行走私贸易的商人做买卖。

面对瓦剌这种积极的经济攻势，明朝政府也没有对策，最终做出了贸易限制。对也先来说，这是他富国强兵政策的最重要一步，他不能容忍经济要求被拒。1449年七月，他终于从大同等地分四路入侵明朝，以图实现自己的要求。

明英宗听从宦官王振的建议，亲自出兵迎击也先。也先给了明军破坏性的打击，甚至俘虏了英宗，取得了始料未及的战果。

这就是所谓的"土木之变"（土木指土木堡〔河北省怀来县西〕。在这次事变中，明军受诱导作战，几乎全军覆没）。

也先把英宗俘虏后，便暂时撤去了。一年后，他们和明朝缔结了十分有利于自己的和约，于是便送回了英宗。

这一时期的蒙古草原上，从脱欢时代开始登上可汗之位的脱脱不花渐渐在东方积累了势力，表现出与也先对抗的姿态。也先的姐姐是脱脱不花的妻子，但这个婚姻关系也被打破了。也先早早结束了跟明朝的谈判，之后便于1451年底，攻打脱脱不花，将其歼灭，不久又自立为大元田盛可汗（本来应是大元天圣可汗，但因为是明朝用汉字书写蒙古语，所以记录的是"田盛"）。

也先继承父亲的遗志，在大约二十年之间实现了宏图伟业，名副其实地统一了亚洲北部。当年成吉思汗统一亚洲北部，其实也是他最艰苦的一段经历，此后的远征倒不如说都进行得急速且顺利。假如从这一点考虑，也先此后的行动非常值得期待，要再现成吉思汗的壮举，也不是不可能的事。

可是，也先的全盛时期却意外地短暂，仅仅三年左右。1454年，也先被部下阿剌知院突袭杀害。

也先被杀以后，整个帝国也没有出现能够继承他收拾局面的领导人物。也先帝国迅速崛起,又迅速瓦解了。蒙古草原上的部族也就像退潮一般,散落到各地,重新过起原来的游牧生活。

相关年表

1115			女真族建立金朝	
1125			金朝消灭辽朝	
1126			金军对北宋发动攻势，开封沦陷，北宋灭亡	
1127			高宗即位，南宋建立	
1161		铁木真出生（？）		
1185				平氏灭亡
1189		铁木真获得成吉思汗的称号		源义经于衣川自尽
1192				源赖朝建立镰仓幕府
1201		阔亦田之战		
1202		成吉思汗歼灭塔塔儿部		
1203		成吉思汗歼灭泰赤乌部		北条时政成为幕府执权
1204		成吉思汗擒获乃蛮部塔阳汗，征讨蔑儿乞惕部		源赖家于修善寺被杀
1206		成吉思汗统一蒙古族，于斡难河上游即位为汗		
1207		术赤征讨瓦剌族和吉利吉思族		
1209		成吉思汗远征西夏		
1211		成吉思汗亲征金朝。西州回鹘国王出降		
1213			金朝纥石烈执中发动政变，拥立宣宗	

（续表）

1214		成吉思汗与金朝和解	金朝迁都汴京	
1218		哲别消灭喀喇契丹（西辽王国）。耶律楚材获成吉思汗召见		
1219		成吉思汗亲征花剌子模王国		源实朝被杀，源氏正统灭亡
1223			金哀宗即位	
1224		察合台汗国、窝阔台汗国成立		
1225		蒙古军结束西征，胜利而归，返回蒙古草原（成为世界帝国）		
1227		成吉思汗在远征西夏途中逝世。西夏灭亡		
1229		窝阔台汗即位		
1230			窝阔台汗及其弟拖雷亲征金朝	
1232				制定贞永式目
1234		窝阔台汗整备驿站（站赤）制度	窝阔台汗消灭金朝，金哀宗于蔡州城自杀	
1235		定都哈拉和林	中国北部进行户口调查，制作了乙未年籍	
1236		窝阔台汗命令拔都远征欧洲		
1237		蒙古军攻打莫斯科		
1240		蒙古军占领基辅		
1241		窝阔台汗逝世。蒙古军于里格尼茨附近击破德意志与波兰的联军，史称瓦尔斯塔特战役		

(续表)

1243		拔都建立钦察汗国，定都萨莱城		
1246		贵由汗即位		
1251		蒙哥汗即位		
1252			蒙哥汗任命忽必烈为漠南汉地大总督 忽必烈招降大理国（云南）与西藏 中国北部进行户口调查，制作了壬子年籍	
1253		旭烈兀开始远征阿拔斯王朝		日莲创立了日莲宗
1258		旭烈兀攻陷巴格达，阿拔斯王朝覆灭 伊尔汗国成立		
1259		旭烈兀征服叙利亚，攻陷大马士革	蒙哥汗带同忽必烈亲征南宋。蒙哥汗于合州逝世	
1260	中统元年	忽必烈汗（世祖）于开平（上都）即位。于开平设立中书省。阿里不哥之乱爆发		
1261	中统二年		元朝发行中统元宝交钞	
1262	中统三年		李璮（山东军阀）之乱爆发。阿合马获任用	
1264	至元元年	忽必烈汗平定阿里不哥之乱		高丽使者潘阜携忽必烈的国书来到大宰府

（续表）

1265	至元二年		元世祖扩大改组十路宣慰司，并设立诸路总管府	
1266	至元三年	海都之乱爆发（？）		
1267	至元四年		元世祖迁都大都，开平府改称上都	
1268	至元五年		忽必烈汗再次展开对南宋的攻略	
1269	至元六年	北平王那木罕进驻阿力麻里		
1271	至元八年	元朝定国号为大元	马可·波罗由威尼斯出发	元使赵良弼到访
1272	至元九年			赵良弼再次访日
1273	至元十年		元军攻陷襄阳城	
1274	至元十一年		度宗逝世，恭帝即位	文永之役爆发
1275	至元十二年		马可·波罗谒见世祖	北条时宗于龙之口斩杀元使
1276	至元十三年		元军攻陷临安，恭帝投降	
1277	至元十四年		泉州、庆元、上海、澉浦设置市舶司	
1278	至元十五年			北条时宗邀请无学祖元到日参禅
1279	至元十六年		崖山之海战。宋朝灭亡	
1280	至元十七年		于高丽设立征东行省	

（续表）

1281	至元十八年			弘安之役爆发
1282	至元十九年	"整治钞法条划"发布	阿合马被暗杀	
1285	至元二十二年		卢世荣获任用	
1287	至元二十四年	辽东的乃颜叛变，忽必烈汗亲征辽东	桑哥获任用 元朝发行至元通行宝钞	
1288	至元二十五年	辽东诸王之乱被平定		
1291	至元二十八年		元世祖制定至元新格	
1294	至元三十一年	世祖逝世，成宗即位		
1295	元贞元年		马可·波罗回到意大利	
1299	大德三年		马可·波罗于狱中口述《东方见闻录》	
1301	大德五年	海都病死		
1303	大德七年	窝阔台汗国的察八儿提议休战。海都之乱结束		
1306	大德十年			日本商船与元通商
1307	大德十一年	成宗逝世，武宗即位		
1311	至大四年	武宗逝世，仁宗即位		
1326	泰定三年			造胜长寿院并建长寺船从元返日
1333	元统元年		顺帝即位	
1334	元统二年			建武新政开始
1336	至元二年			室町幕府成立
1341	至正元年			日本计划派遣天龙寺船到元

（续表）

1348	至正八年		方国珍于黄岩起兵	楠木正行于河内四条畷战死
1351	至正十一年		红巾之乱（刘福通、徐寿辉）爆发	
1353	至正十三年		张士诚于高邮自称诚王	足利尊氏入京
1368	至正二十八年	顺帝从大都逃回蒙古，史称北元	朱元璋击溃元朝，于南京即位，创建明朝	
1369	洪武二年	帖木儿王朝成立		
1370	洪武三年	顺帝于应昌病逝。爱猷识理答腊（昭宗）即位		
1378	洪武十一年	爱猷识理答腊逝世，脱古思帖木儿继位		
1387	洪武二十年	纳哈出向明军投降		
1388	洪武二十一年	脱古思帖木儿被明军打败		
1402	建文四年		靖难之变结束，永乐帝即位	
1405	永乐三年	帖木儿在东征途中病死		
1410	永乐八年	永乐帝亲征蒙古草原，讨伐鞑靼部		
1414	永乐十二年	永乐帝亲征瓦剌部		
1422	永乐二十年	永乐帝亲征鞑靼部		
1424	永乐二十二年	永乐帝亲征鞑靼部，在归途中病死		
1449	正统十四年	也先于土木之变中掳走英宗		
1454	景泰五年	也先被部下杀死		

解　说

杉山正明

本书所涉及的范围，以公历来计算的话，主要是十三到十四世纪的历史。假如放在日本史来说，大概就是由镰仓时代的后半期开始，一直到南北朝时代的一段历史。这正是成吉思汗所建立的蒙古帝国横扫欧亚大陆、席卷东西南北的时代。这股"蒙古旋风"还刮到了日本。古时人们称其为蒙古来袭；而到了江户时代末期、明治时代以后，人们通常称其为"元寇"。从巨大的外部压力，以及空前的国难这层意味上来说，这在日本史上确实是特别值得关注的事件。

即使居住在日本列岛的日本人并不会动不动就说日本是世界的孤儿，但总会认为自己与世界大势有一步之遥，把自己看成是特别而独立的存在。过去也好，现在也罢，日本人都倾向于或者喜好将世界与日本区分开来论述。在学校教育方面，也把世界史与日本史区分开来。这本来是可笑的事，不过，说不定也反映了人们的真实想法。我们打算在这里稍稍思考一下这方面的问题。

究竟日本列岛以及在这里发生的事（也就是日本史）是否真的在世界史中"特立独行"呢？或者说，日本史是不是非常不同的、特殊的存在？这个我们先不讨论，但毫无疑问，"蒙古旋风"这样在世界史上影响重大的事情，是人们想要梳理"世界和日本"的关系时，最合适的素材和选题，一直以来备受重视。譬如说，以前日本有"神国日本"和"神风"的思想；还有，曾有一段时期出现了日本是"唯一一个赶走蒙古的国家"的说法（当然，全然是错的）；而当越南战争撼动世界时，日本人大概又把时下的状况投影过来，主张"日本可以击退蒙古，多亏了在亚洲各地抵抗蒙古暴虐统治的诸民族"，又或者称"这是看不见的连带胜利"（当然，实际情况是否真的是这样呢？从历史实证角度出发，似乎极难做出判断）。可以说，即便因时代不同，人不同，评价好坏十分极端，但总之这是日本史上非常少见地意识到"世界中的日本"的时候。

顺便说一下，如果我们试着随意打开一些日本使用的教科书，就会发现日本史的教科书中必然会出现"蒙古袭来"和"元寇"的主题，而世界史的教科书中也必定会言及蒙古帝国。而且，我们大抵会找到马可·波罗这位超级名人（其实，纯粹从学术研究的立场看，这人是否实际存在还是有争议的）和"Zipangu"这一有名的词语（事实上，这个词语有各种拼写方式，如 Jipangu、Cipangu、Zipang 等。不过，不论哪种拼写都不是"日本"，而是"日本国"的音译）。至于讲述方式，日本史教科书很多时候或会掺杂轶事，反过来世界史教科书则较少会用这类野史，这应该说是当然的吗？相比较而言，这一时代的日本史和世界史，其实是非常接近的。

横跨欧亚大陆这种体量巨大的蒙古自不必说，日本方面也不仅仅有北条时宗和日莲，还涌现了河野通有、一遍、竹崎季长等一大批官吏。以海音寺潮五郎的《蒙古袭来》和井上靖的《风涛》为首，至今已出现了许多小说以此为题材，这大概是最自然不过的事。更甚者，近年来历史学界和一些论坛之上，也开始流行讨论日本亚洲关联论以及亚洲海域论。也许是这个原因，日本史家开始大量研究蒙古袭来或"元寇"，引起人们注目。那样的气氛，大概是可以理解的。

本来在日本史上，除了近现代，此前和此后都几乎没有对外战争。而且，以此为界，镰仓幕府也步上了由盛而衰的道路，时代开始转折。总之，不管怎么说，这一段历史都洋溢着一种热烈、繁盛、宏大的气息。反过来说，这也很容易让自己和他人都产生这样的想法，即漂浮于欧亚大陆东方海上的日本，往往只是一味接受大陆文明的余风。这种莫名的孤立感容易漂浮的地方，才产生了"蒙古风暴"。果真，日本也是实实在在的世界一员，作为世界史某一个时代下的一员，与其他成员共同生活在那个时代，这一点不需要条件，无论是谁都能想到。

顺带一提，把蒙古视为行径恶劣的一方大概是必然的；

相反，日本是可怜的，是坚强的，而且在周围各国帮忙做这做那时，仍打算自己努力。这其中的意思虽因评论人不同而有细微差别，但却一致把日本描述成受害者。这样的思考模式真是简单明快。日本并不是时代的奸角，这很棒；最后日本还是"取胜"的一方，这就更美好了。——要说的话，这样的认知在我们身上都能发现。

这种把"凶猛强大的世界帝国蒙古"和"远东弱小的岛国日本"两个极端对立起来的思考模式，很早以前就存在了。岂止如此，即使到了现在，我们也承继了这种思维。譬如当我们论述美国和日本的关系时，又或者讨论全球化的世界和局域化的日本时，也经常显示出这种思维。在这种情况下，蒙古和美国成了强大的他者、巨大的外压，让我们联想到所谓的"世界"，对其有了双重印象。我们把日本与世界比较，讨论事情的是非、善恶，这种思维印记的根源，其实是不是也可追溯到蒙古来袭和"元寇"之上呢？如果答案是肯定的，那蒙古袭来的影响其实持续到今时今日。

究竟这是自我意识过剩，还是日本人喜欢超越历史的思考模式呢？笔者也不是很清楚。但是，不论答案是什么，如果我们把事情截然区分为大小、强弱、人我，以极端的想象做出二元对立的思考，结果固然是更浅显易懂，不过也是非常危险的。无论如何，假如我们以心情和感觉为先，那就会远离客观事实。历史也好，现在也罢，这都是大体不变的道理。我们很容易认为对"蒙古旋风"（或蒙古袭来，或"元寇"）已经有了比较充分的认识，但实际上，我们尚需在准确掌握事实，以宽广的视野进行综合判断的基础上，还原历史的整体面貌，今后的路还有很长。

历史本身并没有世界史和日本史的条条框框。真正建构这些框架把史事隔开的，说不定是历史学家。更何况，"蒙古旋风"的确是个在包括日本列岛在内的整个欧亚大陆上发生的历史现象。

历史研究中的分析者和书写者

本书作为人物往来社《东洋的历史》的第七卷出版，是在1967年（昭和四十二年）4月。不好意思在这里提一下私事，当时我正好高中入学，正是喜欢游玩的年纪，所以没怎么好好地读书。只是，这个年份（说得更正确一点，应该是这个年度），有一系列让我印象很深的书籍陆续出版了。其中一本是松平千秋先生的著名译作《希罗多德》（筑摩书房，《世界古典文学全集10》，昭和四十二年7月出版。后收入岩波文库，重新编为上中下三册）。我如饥似渴地读完了这本书，它确实有趣。那时我认为纯粹的历史真的很了不起，而那种心情，到现在都没有改变。顺带一提，重新翻下那本稍微破损的旧书，其价格居然是一千日元。虽然说那时的货币价值不同，不过考虑到此后也经常重读此书，可以说它是廉价的。第二本是多桑著，由佐口透翻译和注释的《蒙古帝国史1》（平凡社，东洋文库，1968年3月）。这是全部六卷的第一册，我除了感觉到蒙古帝国的壮大，还被绪论的史料解题所涵盖的丰富内容震慑了。书里不但引用了许多波斯语、阿拉伯语的文献史料，还提到了拉施特的《史集》(写的是蒙古帝国缔造的空前的世界史,这些都是我第一次接触)。而它已成为我重要的研究对象,想起来还有一点不可思议。

第三就是《东洋的历史》这套丛书了。包括本书在内,这套丛书共有十二卷,后来被重新命名为《中国文明的历史》,收入中公文库。这套书旧版的标题中有"东洋",虽然"东洋"这个词要看怎样定义,不过现在的日本对于亚洲整个地区的历史几乎已经做了全方位研究,而且这套书在内容方面几乎完全以中国史为本,因此这次中公文库改变了这套书的总名,至少是较切合现代的情况。从这一点看,我必须对监修文库版的两人致敬。同时,我还不由得感慨,从旧版到新版刊行中间相距的这三十多年岁月,以及这期间我国东洋史学范围的拓宽。

三十三年前我作为高中一年级生读到了这本书的旧版,至今仍记忆犹新。老实说,最让我印象深刻的是这本书的浅显易懂。当时的我几乎什么都不知道,这本书对我来说就是最好的入门指导书。如果我没有读过这本书,恐怕就无法去研究多桑了。在我负责为这本书写这篇解说时,我已成为所谓专家,算是隔了好久才重读这本书。但惊奇的是,当时那个印象完全没有改变。显然,作者尽可能采用了较短的句子、浅显的叙述,行文不会有不通顺的地方。总之,这本书的显著特色是浅显易懂,但也并不缺乏趣味性。

这样的做法,乍一看是理所当然的。然而,对于专业的研究人员来说,其实这并非必然。特别是埋首在原典之中的文献史家，他们只管阅读，深信寻求事实真相才是最重要的命题。构思整个历史的映像，以笔力将其现实化，这都可以说是极难的。历史研究中，基础的工作和最后的工作还是有很大的距离。本来，我们应该在阅读和写作之间来回往返，好像投接球般反复练习，尝试迫近更真实的东西，本来不论是哪位历史研究者，都应该这样努力，但理想和现实总会有一定的区隔。如何平衡自己在历史研究中"分析者"和"书写者"的角色？无论是过去，还是现在，恐怕这都会是一个问题。

不过另一方面，我也听闻，近年的历史读物虽有很多都出自专业研究人员的手笔，但与过去相比，已变得十分易读了。的确，日本的历史学界出现了不少善于叙述的历史学者。另外，即使是一些文笔并没有特别好的人，总体也更关注平易的叙事文体了。其中一个原因是伴随战后日本的高速增长，出版业迎来了繁盛期，结果涌现了许多历史读物，包括我在内的不少少男少女读者出现，而这些人现已转换为"书写者"登场。我们经常会看到华丽的用语和遣词，看到精致巧妙的表达方式，看到抓住人心的方法论，这些有时都是作者不加思索创作出来的。毫无疑问，这是进步的。但是，毕竟历史最重要的还是内容，历史研究者首先是"分析者"，接着才是"书写者"。这是不容逆转的。即使增加了装饰、调味品，即使新史料出现，即使构思转换了，也不一定就能说历史研究的本质和历史著作的核心变了。有时候我们不由得会想，历史骨架本身，实际上还是我们在读者时期接触的"历史"，很遗憾，这件事情并没有那么稀奇。历史不是那么简单就能改变的，这样的说法大家应该都会同意吧。

总之，经典始终是经典，经典是能超越时代的。希罗多德的《历史》就是如此。假如大家容许我谈论个人偏爱的话，我们身边的我熟悉的经典就有《宫崎市定全集》（岩波书店，全二十四卷，别卷一册）和一系列的文库版（中公文库等）。这些都超越了东洋史和历史学狭窄的框架，可算是二十世纪日本产生出来的智慧的结晶，拥有持续的生命力。在超越时代窥知过去的历史中，真正做到认真表达自身观点、厚积薄发的著作，都是超越时代、超越国度、超越人种，永不褪色的作品。历史著作本身，就是我们超越时代送给后世的礼物。回头看这本书，笔者没有用花巧的修辞，行文直率而简明，这反而给人一种新鲜感。历史著作所以有趣，首先是它能带给人什么思想，这本书正是最好的例子。

多桑及他的后来者

本书的主题即"大蒙古帝国"，对大蒙古帝国及其历史，无论是世界还是日本，都有特别早的研究。在这方面，从专家到普通读者，说不定也都有一些误解。

在西欧，历史学在十九世纪初成为一门近代学术。然而，早在十八世纪，法国学者佩蒂·德·拉克鲁瓦（Pétis de la Croix）便于1710年出版了《成吉思汗大帝的历史》。1770至1780年间，爱德华·吉朋（Edward Gibbon）在英国编写了《罗马帝国衰亡史》，其中也涉及了成吉思汗开创的蒙古帝国的历史，展现出他非凡的造诣。吉朋对于蒙古帝国的研究，即使用现在的眼光去看，其中也有不少切中肯綮的地方。必须肯定地说，吉朋作为历史学家，他的能力和感觉非比寻常。顺便提一下，在十八世纪和十九世纪以后，不论是以英法为首的西欧各国的历史进程，还是它们与亚洲各区域的实际关系，都呈现出了诸多不同的样貌。西欧很早就开始关注了成吉思汗和蒙古帝国等议题，我们应该要注意到这一点。

有了这些基础，到了1824年，《多桑蒙古史》（原题为"Histoire des Mongols"，也就是"蒙古史"）第一册正式出版。这本用法语写成的著作不但在法国流传，在欧美各国也轰动一时。在1834至1835年，此系列陆续出版到了第四卷。多桑出生于君士坦丁堡的亚美尼亚系商人的家庭，除了懂得英、法、德、俄等近代语言，也通晓波斯语、阿拉伯语、突厥语等中东语言。实际上，多桑的父亲就是个具备商业知识，并且通晓多种语言的人。多桑的父亲曾在瑞典驻君士坦丁堡的大使馆工作，此后便正式成了瑞典的外交官，父子二人一起在西欧各地工作（多桑的父亲有关于奥斯曼帝国史的著作，父子二人都同时是商人、外交官、历史学家）。多桑研究蒙古帝国史的契机是他的父亲要成为驻法国公使，到巴黎赴任，他与父亲同行。此后，他继承了父亲的职位。巴黎的国王图书馆（bibliothèque royale，也就是现在的 bibliothèque nationale，即国家图书馆）藏有大量研究蒙古帝国史不可或缺的波斯语、阿拉伯语等原著的古抄本。此前我们提到的《史集》也有数种版本，当中还有附带美丽的袖珍画的古抄本。多桑拥有公使的特权，可以自由出入图书馆利用那些材料，于是他拿到最根本的几种史料，开始一点一点仔细研究。语言障碍对他来说根本不存在。

《多桑蒙古史》就这样诞生了。这是一部空前的历史书，正如其副标题"从成吉思汗到帖木儿"所示，这本书将蒙古帝国的历史看成到帖木儿出现为止，是对横跨欧亚大陆的蒙古帝国历史的综述。当时，柏林大学作为最早的近代大学之一，已经创立了二十多年。在欧美地区，学术研究的热潮以各地的大学为中心迅速地蔓延开来。这本大大超过了此前历史研究高度的著作，展示出宏大的构想、广阔的视野，而且是用流利的法语写就的，一出现便闻名于世。从学术界以至各业余爱好者都会阅读这本书，其影响力相当惊人。

这时候正是西欧列强（以英法两国为首）打算侵略亚洲的前夕。可以说，正是在那个时代的状况下，多桑才会写出这本书，这本书才会那么受欢迎。而且，这也是因为，原本整个欧洲群体都认为过去的蒙古是"来自东方的旋风"，很容易将其视为亚洲的代表。而多桑这本响应时代需求的书籍，也很大程度决定了十九世纪人们对亚洲的印象。亚美尼亚当时已经灭亡，而多桑深信蒙古曾经践踏了故国亚美尼亚的土地，因此他在书中注入了"亡国之民"的怨恨，在回顾历史上的蒙古时，加入了故意歪曲的内容（事实是相反的）。如此一来，民智未开、野蛮、暴力、不文明就成了蒙古的代名词。这些概念又被集中灌输到欧亚内陆世界和在那里生活的人们，特别是游牧民族身上。最终，是不是这也不可避免地成为一种诱因，导致西洋人在无意识的意识下，对亚洲整体出现蔑视和差别看待呢？

不管怎样，多桑的著作成了欧美地区研究亚洲历史的先导。以后，在亚洲史中自不必说，即使在所谓的"东洋学"（或"东方学"）中，蒙古帝国及其时代的研究也都占据了中心地位。假如我们列举那些研究亚洲的"巨人"，比如俄罗斯的巴托尔德以及法国的伯希和，我们会发现几乎每个人都对蒙古有一定研究。而且，这种情况大体上也适用于日本，这里我不打算赘述。假如把直接相关的主要人物列举出来（排名不分先后），我马上会想起那珂通世、白鸟库吉、桑原隲藏、羽田亨、箭内亘、池内宏、田中萃一郎等早期的研究者，以及和田清、前田直典、安部健夫、田村实造、藤枝晃、植村清二、小林高四郎、服部四郎、村山七郎、岩村忍、前岛信次、村上正二、爱宕松男、佐口透、山田信夫、护雅夫、萩原淳平、本田实信、冈田英弘、小泽重男、胜藤猛、惠谷俊之等大名鼎鼎的人物。如果要列举间接研究到蒙古的人，我最先想到的是前文所述的宫崎市定，除此以外，其他不胜枚举。也许甚至可以说，日本的东洋史或者亚洲史研究中，至少有一半儿都与蒙古有关。

有趣的是，这些学术上的前辈很多都横跨多个领域，研究涉及前后不同的时代，比如利用满文文献的清朝史研究、畏兀儿文书研究、敦煌文献研究、辽代史研究等。蒙古帝国史的研究是亚洲史研究的出发点和交接点，同时也可能是亚洲史出现的关键。特别是，在今天外国史研究中逐渐迎来兴盛的伊斯兰史研究，正是从蒙古帝国史研究中衍生出来的。这一点我印象特别深刻。这大概是二三十年前的事，当时人们观察到的是"蒙古帝国史的研究者都往西进发"，这可说是一种"西渐运动"，即研究对象的转变，研究者从蒙古帝国史转移到对伊斯兰史的研究。结果，这样的动向，给由本田实信正式开创的伊朗、伊斯兰文献研究，带来了许多成果。同时，这也表现出蒙古帝国史和伊斯兰史研究从根本上密不可分的关系。另外说一下，多桑的著作归根结底是掌握了以《史集》为首的那些波斯语史书，为其打下了坚实的基础。

反过来说，敏锐的读者可能已经注意到，在本系列丛书十二卷之中，本书占有较特殊的位置。它既是中国史，却也不仅是中国史，可以说，本书的内容正是介于中国史和世界史之间。如果只是本书，我们可以说它的内容和性质都很符合《东洋的历史》这个旧版标题。当然，那是蒙古帝国及其时代的历史本身使然的。

急剧变动的"蒙古时代"的历史面貌

最后，我想概括一下与本书相关的历史研究的近况。

近年，人们常常会用"蒙古时代"一名来称呼十三、十四世纪的历史。其实，这称号是日本的发明，现在已扩大为世界通行的称呼。无可否认，世界史的构建一直以西欧的理解为中心，其中能出现日本的命名、看法、概念，实在是难能可贵的。

这个时代，以拥有欧亚大陆的大半土地的蒙古帝国为中心，欧亚大陆和北非整个地区开始在人类史上首次明确形成了一个整体，即使这个过程比较缓慢。这在世界史上实在是个重要的时代划分。考虑"世界史"一词真正的意义，我们可以说这个时代才是世界史正式的开端。所谓"蒙古时代"，正是我们明确地认识到这一点后采纳的命名。"蒙古时代"同"大航海时代""帝国主义时代"一样，都是横向贯通世界史的"时代史"的概念。

如果从正面观察"世界史"这种观念的话，可以说蒙古时代是关系到其根本的一个大主题。这是个横跨欧亚大陆的研究领域，其史料必然也是跨越东西方的，从一开始就要超越中国、中亚、中东、欧洲等历史世界或文明圈的条条框框。由于史料由二十多国的语言写成，人们很难去阅读、理解、分析这些材料，说这是历史中的历史、历史研究中的历史研究，恐怕也没有夸张。正如前文所述，世界和日本都有一流的学者持续挑战这个领域。尽管如此，我们到底还是连大概的要点都未充分弄明白，大概这是个无涯的领域，其深厚程度难以想象。我打从内心深处认为，这的确是个让人惊惧的历史世界和历史领域。

"蒙古时代史"的研究者很长时间都几乎处于东西分驻的状态。日本、中国等研究者经常会使用以汉文史料为中心的东方文献；中东和欧美的学者，则擅长使用波斯语、阿拉伯语、拉丁语等西方文献。长时间以来，多桑的研究都让东方的研究者如获至宝，这正好反证了东方学者对西方文献并没有非常熟悉。反过来说，以多桑为首的西方学者，也很难精通古汉语的史料。但是，在日本，随着伊斯兰史的研究迅速发展，这一道

"东西方之间的墙"几乎消失了。一个时代开创了，一些人仅凭自己就能读懂东西方的文献材料，这些研究者能看到以前没法看到的历史面貌。"蒙古时代"的命名，以至这名字逐步发扬光大，都表现出日本学界的新气象。

除了上述的情况，这十数年还出现了许多新事态，中国推行了改革开放政策，苏联解体，东欧国家又陆续民主化。其结果是，中国出现了各种各样的新史料，原来苏联地区的史料也一下子变得更易搜集、更易阅览了。这是影响整个历史研究的重大变化，但在"蒙古时代"的研究上，这影响特别显著。以前在全面研究"蒙古时代"的道路上，学界曾遇到不少阻碍，包括政治上的壁垒、史料上的阻碍、心理上的阻隔。可以说，这些阻碍现在大都被击破了。今后，不论是蒙古时代史的发展，还是世界史的进步，我们都可翘首以待。

杉山正明

京都大学教授

出版后记

本书是日本著名的中国史学者编写的丛书《中国文明的历史》中的第七册。就编者个人感受而言，本书的内容应该说是本套丛书中最难的，同时也最为庞杂丰富。其主要原因就像本书"解说"部分讲述的那样，这是个横跨欧亚大陆的研究领域，其史料必然也是跨越东西方的。书中不仅涉及《元史》《黑鞑事略》等基本的汉文献，还有诸多西方史料、日本的一些古典文献。译者需要花费大量心血查找还原这些文献，而编者也需耗费大量精力去核对各类文献，力保书中内容的准确性和权威性。在此过程中，我们付出了巨大的努力，也相信我们的工作能够给读者带来有益的收获。

由于编者水平有限，本书难免有各种疏漏，敬请广大读者批评指正。

服务热线：133-6631-2326　188-1142-1266

读者信箱：reader@hinabook.com

后浪出版公司
2024 年 10 月

© 民主与建设出版社，2024

图书在版编目（CIP）数据

元朝的兴亡 /（日）田村实造编著；许明德译．
北京：民主与建设出版社，2024.10.--ISBN 978-7
-5139-4760-2

Ⅰ. K247.09
中国国家版本馆 CIP 数据核字第 2024AD6706 号

CHUGOKU BUNMEI NO REKISHI (7) DAI MONGOL TEIKOKU
BY Jitsuzo TAMURA
Copyright © 2000 CHUOKORON-SHINSHA, INC./Junzo TAMURA
Original Japanese edition published by CHUOKORON-SHINSHA, INC.
ALL rights reserved
Chinese (in Simplified character only) translation copyright © 2024 by Ginkgo (Beijing)
Book Co., Ltd.
Chinese (in Simplified character only) translation rights arranged with
CHUOKORON-SHINSHA, INC. through Bardon-Chinese Media Agency, Taipei.
本书中文简体版权归属于银杏树下（北京）图书有限责任公司

版登号：01-2024-6401
审图号：GS（2024）第 4561 号

元朝的兴亡
YUANCHAO DE XINGWANG

编　　著	［日］田村实造
译　　者	许明德
责任编辑	周佩芳
封面设计	墨白空间·张萌
出版发行	民主与建设出版社有限责任公司
电　　话	（010）59417749　59419778
社　　址	北京市朝阳区宏泰东街远洋万和南区伍号公馆 4 层
邮　　编	100102
印　　刷	嘉业印刷（天津）有限公司
版　　次	2024 年 10 月第 1 版
印　　次	2025 年 1 月第 1 次印刷
开　　本	880 毫米 ×1194 毫米　1/32
印　　张	10.5
字　　数	218 千字
书　　号	ISBN 978-7-5139-4760-2
定　　价	56.00 元

注：如有印、装质量问题，请与出版社联系。